ZWEEDS

WOORDENSCHAT

I0168759

THEMATISCHE WOORDENLIJST

NEDERLANDS ZWEEDS

De meest bruikbare woorden
Om uw woordenschat uit te breiden en
uw taalvaardigheid aan te scherpen

9000 woorden

Thematische woordenschat Nederlands-Zweeds - 9000 woorden

Door Andrey Taranov

Woordenlijsten van T&P Books zijn bedoeld om u woorden van een vreemde taal te helpen leren, onthouden, en bestudering. Dit woordenboek is ingedeeld in thema's en behandelt alle belangrijk terreinen van het dagelijkse leven, bedrijven, wetenschap, cultuur, etc.

Het proces van het leren van woorden met behulp van de op thema's gebaseerde aanpak van T&P Books biedt u de volgende voordelen:

*   Correct gegroepeerde informatie is bepalend voor succes bij opeenvolgende stadia van het leren van woorden
*   De beschikbaarheid van woorden die van dezelfde stam zijn maakt het mogelijk om woordgroepen te onthouden (in plaats van losse woorden)
*   Kleine groepen van woorden faciliteren het proces van het aanmaken van associatieve verbindingen, die nodig zijn bij het consolideren van de woordenschat
*   Het niveau van talenkennis kan worden ingeschat door het aantal geleerde woorden

Copyright © 2016 T&P Books Publishing

Alle rechten voorbehouden. Niets uit deze uitgave mag worden verveelvoudigd, opgeslagen in een geautomatiseerd gegevensbestand en/of openbaar gemaakt in enige vorm of op enige wijze, hetzij elektronisch, mechanisch, door fotokopieën, opnamen of op enige andere manier zonder voorafgaande schriftelijke toestemming van de uitgever. U mag dit boek niet verspreiden in welk formaat dan ook.

T&P Books Publishing
www.tpbooks.com

ISBN: 978-1-78492-295-5

Dit boek is ook beschikbaar in e-boek formaat.
Gelieve www.tpbooks.com te bezoeken of de belangrijkste online boekwinkels.

ZWEEDSE WOORDENSCHAT
nieuwe woorden leren

T&P Books woordenlijsten zijn bedoeld om u te helpen vreemde woorden te leren, te onthouden, en te bestuderen. De woordenschat bevat meer dan 9000 veel gebruikte woorden die thematisch geordend zijn.

- De woordenlijst bevat de meest gebruikte woorden
- Aanbevolen als aanvulling bij welke taalcursus dan ook
- Voldoet aan de behoeften van de beginnende en gevorderde student in vreemde talen
- Geschikt voor dagelijks gebruik, bestudering en zelftestactiviteiten
- Maakt het mogelijk om uw woordenschat te evalueren

Bijzondere kenmerken van de woordenschat

- De woorden zijn gerangschikt naar hun betekenis, niet volgens alfabet
- De woorden worden weergegeven in drie kolommen om bestudering en zelftesten te vergemakkelijken
- Woorden in groepen worden verdeeld in kleine blokken om het leerproces te vergemakkelijken
- De woordenschat biedt een handige en eenvoudige beschrijving van elk buitenlands woord

De woordenschat bevat 256 onderwerpen zoals:

Basisconcepten, getallen, kleuren, maanden, seizoenen, meeteenheden, kleding en accessoires, eten & voeding, restaurant, familieleden, verwanten, karakter, gevoelens, emoties, ziekten, stad, dorp, bezienswaardigheden, winkelen, geld, huis, thuis, kantoor, werken op kantoor, import & export, marketing, werk zoeken, sport, onderwijs, computer, internet, gereedschap, natuur, landen, nationaliteiten en meer ...

INHOUDSOPGAVE

UITSPRAAKGIDS

Letter	Zweeds voorbeeld	T&P fonetisch alfabet	Nederlands voorbeeld
Aa	bada	[a], [ɑ:]	acht
Bb	tabell	[b]	hebben
Cc [1]	licens	[s]	spreken, kosten
Cc [2]	container	[k]	kennen, kleur
Dd	andra	[d]	Dank u, honderd
Ee	efter	[e]	delen, spreken
Ff	flera	[f]	feestdag, informeren
Gg [3]	gömma	[j]	New York, januari
Gg [4]	truga	[g]	goal, tango
Hh	handla	[h]	het, herhalen
Ii	tillhöra	[i:], [ɪ]	team, iemand
Jj	jaga	[j]	New York, januari
Kk [5]	keramisk	[ɕ]	Chicago, jasje
Kk [6]	frisk	[k]	kennen, kleur
Ll	tal	[l]	delen, luchter
Mm	medalj	[m]	morgen, etmaal
Nn	panik	[n]	nemen, zonder
Oo	tolv	[ɔ]	aankomst, bot
Pp	plommon	[p]	parallel, koper
Qq	squash	[k]	kennen, kleur
Rr	spelregler	[r]	roepen, breken
Ss	spara	[s]	spreken, kosten
Tt	tillhöra	[t]	tomaat, taart
Uu	ungefär	[u], [ʉ:]	hoed, fuut
Vv	overall	[v]	beloven, schrijven
Ww [7]	kiwi	[w]	twee, willen
Xx	sax	[ks]	links, maximaal
Yy	manikyr	[y], [y:]	neus, treurig
Zz	zoolog	[s]	spreken, kosten
Åå	sångare	[ə]	formule, wachten
Ää	tandläkare	[æ]	Nederlands Nedersaksisch - dät, Engels - cat
Öö	kompositör	[ø]	neus, beu

Lettercombinaties

Ss [8]	sjösjuka	[ʃ]	shampoo, machine
sk [9]	skicka	[ʃ]	shampoo, machine
s [10]	först	[ʃ]	shampoo, machine
J j [11]	djärv	[j]	New York, januari

Letter	Zweeds voorbeeld	T&P fonetisch alfabet	Nederlands voorbeeld
Lj [12]	ljus	[j]	New York, januari
kj, tj	kjol	[ɕ]	Chicago, jasje
ng	omkring	[ŋ]	optelling, jongeman

Opmerkingen

* kj voornaamwoorden als
** ng draagt een nasaal geluid over
[1] voor e, i, y
[2] elders
[3] voor e, i, ä, ö
[4] elders
[5] voor e, i, ä, ö
[6] elders
[7] in leenwoorden
[8] in sj, skj, stj
[9] voor de benadrukte e, i, y, ä, ö
[10] in combinatie rs
[11] in dj, hj, gj, kj
[12] aan het begin van woorden

AFKORTINGEN
gebruikt in de woordenschat

Nederlandse afkortingen

abn	-	als bijvoeglijk naamwoord
bijv.	-	bijvoorbeeld
bn	-	bijvoeglijk naamwoord
bw	-	bijwoord
enk.	-	enkelvoud
enz.	-	enzovoort
form.	-	formele taal
inform.	-	informele taal
mann.	-	mannelijk
mil.	-	militair
mv.	-	meervoud
on.ww.	-	onovergankelijk werkwoord
ontelb.	-	ontelbaar
ov.	-	over
ov.ww.	-	overgankelijk werkwoord
telb.	-	telbaar
vn	-	voornaamwoord
vrouw.	-	vrouwelijk
vw	-	voegwoord
vz	-	voorzetsel
wisk.	-	wiskunde
ww	-	werkwoord

Nederlandse artikelen

de	-	gemeenschappelijk geslacht
de/het	-	gemeenschappelijk geslacht, onzijdig
het	-	onzijdig

Zweedse afkortingen

pl	-	meervoud

Zweedse artikelen

den	-	gemeenschappelijk geslacht
det	-	onzijdig
en	-	gemeenschappelijk geslacht
ett	-	onzijdig

BASISBEGRIPPEN

Basisbegrippen Deel 1

1. Voornaamwoorden

ik	jag	['ja:]
jij, je	du	[dʉ:]
hij	han	['han]
zij, ze	hon	['hʊn]
het	det, den	[dɛ], [dɛn]
wij, we	vi	['vi]
jullie	ni	['ni]
zij, ze	de	[de:]

2. Begroetingen. Begroetingen. Afscheid

Hallo! Dag!	Hej!	['hɛj]
Hallo!	Hej! Hallå!	['hɛj], [ha'ˡʲo:]
Goedemorgen!	God morgon!	[ˌgʊd 'mɔrgɔn]
Goedemiddag!	God dag!	[ˌgʊd 'dag]
Goedenavond!	God kväll!	[ˌgʊd 'kvɛlʲ]
gedag zeggen (groeten)	att hälsa	[at 'hɛlʲsa]
Hoi!	Hej!	['hɛj]
groeten (het)	hälsning (en)	['hɛlʲsniŋ]
verwelkomen (ww)	att hälsa	[at 'hɛlʲsa]
Hoe gaat het met u?	Hur står det till?	[hʉr sto: de 'tilʲ]
Hoe is het?	Hur är det?	[hʉr ɛr 'de:]
Is er nog nieuws?	Vad är nytt?	[vad æːr 'nʏt]
Tot ziens! (form.)	Adjö! Hej då!	[a'jø:], [hɛj'do:]
Doei!	Hej då!	[hɛj'do:]
Tot snel! Tot ziens!	Vi ses!	[vi ses]
Vaarwel!	Adjö! Farväl!	[a'jø:], [far've:lʲ]
afscheid nemen (ww)	att säga adjö	[at 'sɛ:ja a'jø:]
Tot kijk!	Hej då!	[hɛj'do:]
Dank u!	Tack!	['tak]
Dank u wel!	Tack så mycket!	['tak sɔ 'mʏkə]
Graag gedaan	Varsågod	['va:ʂoːgʊd]
Geen dank!	Ingen orsak!	['iŋən 'ʊːʂak]
Geen moeite.	Ingen orsak!	['iŋən 'ʊːʂak]
Excuseer me, ... (inform.)	Ursäkta, ...	['ʉːˌsɛkta ...]
Excuseer me, ... (form.)	Ursäkta mig, ...	['ʉːˌsɛkta mɛj ...]

excuseren (verontschuldigen)	att ursäkta	[at 'ʉ:ˌsɛkta]
zich verontschuldigen	att ursäkta sig	[at 'ʉ:ˌsɛkta sɛj]
Mijn excuses.	Jag ber om ursäkt	[ja ber ɔm 'ʉ:ˌsɛkt]
Het spijt me!	Förlåt!	[fœ:'ɭo:t]
vergeven (ww)	att förlåta	[at 'fœ:ˌɭo:ta]
Maakt niet uit!	Det gör inget	[dɛ jør 'iŋet]
alsjeblieft	snälla	['snɛla]

Vergeet het niet!	Glöm inte!	['glʲø:m 'intə]
Natuurlijk!	Naturligtvis!	[na'tʉrligvis]
Natuurlijk niet!	Självklart inte!	['ɧɛlʲvklʲaṭ 'intə]
Akkoord!	OK! Jag håller med.	[ɔ'kej] , [ja 'ho:lʲer me]
Zo is het genoeg!	Det räcker!	[dɛ 'rɛkə]

3. Hoe aan te spreken

Excuseer me, ...	Ursäkta, ...	['ʉ:ˌsɛkta ...]
meneer	herr	['hɛr]
mevrouw	frun	['frʉ:n]
juffrouw	fröken	['frø:kən]
jongeman	unge man	['uŋə ˌman]
jongen	pojke	['pɔjkə]
meisje	flicka	['flika]

4. Kardinale getallen. Deel 1

nul	noll	['nɔlʲ]
een	ett	[ɛt]
twee	två	['tvo:]
drie	tre	['tre:]
vier	fyra	['fyra]

vijf	fem	['fem]
zes	sex	['sɛks]
zeven	sju	['ɧʉ:]
acht	åtta	['ota]
negen	nio	['ni:ʉ]

tien	tio	['ti:ʉ]
elf	elva	['ɛlʲva]
twaalf	tolv	['tɔlʲv]
dertien	tretton	['trɛtɔn]
veertien	fjorton	['fjʉ:ʈɔn]

vijftien	femton	['fɛmtɔn]
zestien	sexton	['sɛkstɔn]
zeventien	sjutton	['ɧʉ:tɔn]
achttien	arton	['a:ʈɔn]
negentien	nitton	['ni:tɔn]

twintig	tjugo	['ɕʉgʉ]
eenentwintig	tjugoett	['ɕʉgʉˌɛt]

| tweeëntwintig | tjugotvå | ['ɕɵgɵˌtvo:] |
| drieëntwintig | tjugotre | ['ɕɵgɵˌtre:] |

dertig	trettio	['trɛttiɵ]
eenendertig	trettioett	['trɛttiɵˌɛt]
tweeëndertig	trettiotvå	['trɛttiɵˌtvo:]
drieëndertig	trettiotre	['trɛttiɵˌtre:]

veertig	fyrtio	['fœ:ʈiɵ]
eenenveertig	fyrtioett	['fœ:ʈiɵˌɛt]
tweeënveertig	fyrtiotvå	['fœ:ʈiɵˌtvo:]
drieënveertig	fyrtiotre	['fœ:ʈiɵˌtre:]

vijftig	femtio	['fɛmtiɵ]
eenenvijftig	femtioett	['fɛmtiɵˌɛt]
tweeënvijftig	femtiotvå	['fɛmtiɵˌtvo:]
drieënvijftig	femtiotre	['fɛmtiɵˌtre:]

zestig	sextio	['sɛkstiɵ]
eenenzestig	sextioett	['sɛkstiɵˌɛt]
tweeënzestig	sextiotvå	['sɛkstiɵˌtvo:]
drieënzestig	sextiotre	['sɛkstiɵˌtre:]

zeventig	sjuttio	['ɧuttiɵ]
eenenzeventig	sjuttioett	['ɧuttiɵˌɛt]
tweeënzeventig	sjuttiotvå	['ɧuttiɵˌtvo:]
drieënzeventig	sjuttiotre	['ɧuttiɵˌtre:]

tachtig	åttio	['ottiɵ]
eenentachtig	åttioett	['ottiɵˈɛt]
tweeëntachtig	åttiotvå	['ottiɵˌtvo:]
drieëntachtig	åttiotre	['ottiɵˌtre:]

negentig	nittio	['nittiɵ]
eenennegentig	nittioett	['nittiɵˌɛt]
tweeënnegentig	nittiotvå	['nittiɵˌtvo:]
drieënnegentig	nittiotre	['nittiɵˌtre:]

5. Kardinale getallen. Deel 2

honderd	hundra (ett)	['hundra]
tweehonderd	tvåhundra	['tvo:ˌhundra]
driehonderd	trehundra	['treˌhundra]
vierhonderd	fyrahundra	['fyraˌhundra]
vijfhonderd	femhundra	['femˌhundra]

zeshonderd	sexhundra	['sɛksˌhundra]
zevenhonderd	sjuhundra	['ɧʉ:ˌhundra]
achthonderd	åttahundra	['otaˌhundra]
negenhonderd	niohundra	['niɵˌhundra]

duizend	tusen (ett)	['tʉ:sən]
tweeduizend	tvåtusen	['tvo:ˌtʉ:sən]
drieduizend	tretusen	['tre:ˌtʉ:sən]

tienduizend	tiotusen	['ti:ʊˌtɯ:sən]
honderdduizend	hundratusen	['hundraˌtɯ:sən]
miljoen (het)	miljon (en)	[mi'ljʊn]
miljard (het)	miljard (en)	[mi'lja:ɖ]

6. Ordinale getallen

eerste (bn)	första	['fœ:ʂta]
tweede (bn)	andra	['andra]
derde (bn)	tredje	['trɛdjə]
vierde (bn)	fjärde	['fjæ:ɖə]
vijfde (bn)	femte	['fɛmtə]

zesde (bn)	sjätte	['ɧæ:tə]
zevende (bn)	sjunde	['ɧundə]
achtste (bn)	åttonde	['ottɔndə]
negende (bn)	nionde	['ni:ˌʊndə]
tiende (bn)	tionde	['ti:ˌɔndə]

7. Getallen. Breuken

breukgetal (het)	bråk (ett)	['bro:k]
half	en halv	[en 'halʲv]
een derde	en tredjedel	[en 'trɛdjəˌdelʲ]
kwart	en fjärdedel	[en 'fjæ:ɖeˌdelʲ]

een achtste	en åttondedel	[en 'otɔndeˌdelʲ]
een tiende	en tiondedel	[en 'ti:ɔndeˌdelʲ]
twee derde	två tredjedelar	['tvo: 'trɛdjəˌdelʲar]
driekwart	tre fjärdedelar	[tre: 'fjæ:ɖeˌdelʲar]

8. Getallen. Eenvoudige berekeningen

aftrekking (de)	subtraktion (en)	[subtrak'ɧʊn]
aftrekken (ww)	att subtrahera	[at subtra'hera]
deling (de)	division (en)	[divi'ɧʊn]
delen (ww)	att dividera	[at divi'dera]
optelling (de)	addition (en)	[adi'ɧʊn]
erbij optellen (bij elkaar voegen)	att addera	[at a'de:ra]
optellen (ww)	att addera	[at a'de:ra]
vermenigvuldiging (de)	multiplikation (en)	[mɯlʲtiplika'ɧʊn]
vermenigvuldigen (ww)	att multiplicera	[at mulʲtipli'sera]

9. Getallen. Diversen

| cijfer (het) | siffra (en) | ['sifra] |
| nummer (het) | tal (ett) | ['talʲ] |

18

telwoord (het)	räkneord (ett)	['rɛknɛˌʊːd]
minteken (het)	minus (ett)	['minus]
plusteken (het)	plus (ett)	['plʉs]
formule (de)	formel (en)	['fɔrməlʲ]

berekening (de)	beräkning (en)	[be'rɛkniŋ]
tellen (ww)	att räkna	[at 'rɛkna]
bijrekenen (ww)	att beräkna	[at be'rɛkna]
vergelijken (ww)	att jämföra	[at 'jɛmˌføra]

Hoeveel? (ontelb.)	Hur mycket?	[hʉr 'mʏkə]
Hoeveel? (telb.)	Hur många?	[hʉr 'mɔŋa]
som (de), totaal (het)	summa (en)	['suma]
uitkomst (de)	resultat (ett)	[resulʲ'tat]
rest (de)	rest (en)	['rɛst]

enkele (bijv. ~ minuten)	flera	['flʲera]
restant (het)	det övriga	[dɛ øv'riga]
anderhalf	halvannan	[halʲ'vanan]
dozijn (het)	dussin (ett)	['dusin]

middendoor (bw)	i hälften	[i 'hɛlʲftən]
even (bw)	jämnt	['jɛmnt]
helft (de)	halva (en)	['halʲˌva]
keer (de)	gång (en)	['gɔŋ]

10. De belangrijkste werkwoorden. Deel 1

aanbevelen (ww)	att rekommendera	[at rekɔmən'dera]
aandringen (ww)	att insistera	[at insi'stera]
aankomen (per auto, enz.)	att ankomma	[at 'anˌkɔma]
aanraken (ww)	att röra	[at 'røːra]
adviseren (ww)	att råda	[at 'roːda]

afdalen (on.ww.)	att gå ned	[at 'goː ˌned]
afslaan (naar rechts ~)	att svänga	[at 'svɛŋa]
antwoorden (ww)	att svara	[at 'svara]
bang zijn (ww)	att frukta	[at 'frʉkta]
bedreigen (bijv. met een pistool)	att hota	[at 'hʊta]

bedriegen (ww)	att fuska	[at 'fʉska]
beëindigen (ww)	att sluta	[at 'slʉːta]
beginnen (ww)	att begynna	[at be'jina]
begrijpen (ww)	att förstå	[at fœː'ʂtoː]
beheren (managen)	att styra, att leda	[at 'styra], [at 'lʲeda]

beledigen (met scheldwoorden)	att förolämpa	[at 'førʊˌlʲɛmpa]
beloven (ww)	att lova	[at 'lʲova]
bereiden (koken)	att laga	[at 'lʲaga]
bespreken (spreken over)	att diskutera	[at diskʉ'tera]
bestellen (eten ~)	att beställa	[at be'stɛlʲa]
bestraffen (een stout kind ~)	att straffa	[at 'strafa]

19

betalen (ww)	att betala	[at be'talʲa]
betekenen (beduiden)	att betyda	[at be'tyda]
betreuren (ww)	att beklaga	[at be'klʲaga]

bevallen (prettig vinden)	att gilla	[at 'jilʲa]
bevelen (mil.)	att beordra	[at be'o:dra]
bevrijden (stad, enz.)	att befria	[at be'fria]
bewaren (ww)	att behålla	[at be'ho:lʲa]
bezitten (ww)	att besitta, att äga	[at be'sita], [at 'ɛ:ga]

bidden (praten met God)	att be	[at 'be:]
binnengaan (een kamer ~)	att komma in	[at 'kɔma 'in]
breken (ww)	att bryta	[at 'bryta]
controleren (ww)	att kontrollera	[at kɔntrɔ'lʲera]
creëren (ww)	att skapa	[at 'skapa]

deelnemen (ww)	att delta	[at 'dɛlʲta]
denken (ww)	att tänka	[at 'tɛŋka]
doden (ww)	att döda, att mörda	[at 'dø:da], [at 'mø:da]
doen (ww)	att göra	[at 'jø:ra]
dorst hebben (ww)	att vara törstig	[at 'vara 'tø:ʂtig]

11. De belangrijkste werkwoorden. Deel 2

een hint geven	att ge en vink	[at je: en 'viŋk]
eisen (met klem vragen)	att kräva	[at 'krɛ:va]
excuseren (vergeven)	att ursäkta	[at 'ɯ:ˌʂɛkta]
existeren (bestaan)	att existera	[at ɛksi'stera]
gaan (te voet)	att gå	[at 'go:]

gaan zitten (ww)	att sätta sig	[at 'sæta sɛj]
gaan zwemmen	att bada	[at 'bada]
geven (ww)	att ge	[at je:]
glimlachen (ww)	att småle	[at 'smo:lʲe]
goed raden (ww)	att gissa	[at 'jisa]

grappen maken (ww)	att skämta, att skoja	[at 'ɧɛmta], [at 'skɔja]
graven (ww)	att gräva	[at 'grɛ:va]

hebben (ww)	att ha	[at 'ha]
helpen (ww)	att hjälpa	[at 'jɛlʲpa]
herhalen (opnieuw zeggen)	att upprepa	[at 'uprepa]
honger hebben (ww)	att vara hungrig	[at 'vara 'huŋrig]

hopen (ww)	att hoppas	[at 'hɔpas]
horen (waarnemen met het oor)	att höra	[at 'hø:ra]
huilen (wenen)	att gråta	[at 'gro:ta]
huren (huis, kamer)	att hyra	[at 'hyra]
informeren (informatie geven)	att informera	[at infɔr'mera]
instemmen (akkoord gaan)	att samtycka	[at 'sam,tʏka]
jagen (ww)	att jaga	[at 'jaga]
kennen (kennis hebben van iemand)	att känna	[at 'ɕɛna]

| kiezen (ww) | att välja | [at 'vɛlja] |
| klagen (ww) | att klaga | [at 'klʲaga] |

kosten (ww)	att kosta	[at 'kɔsta]
kunnen (ww)	att kunna	[at 'kuna]
lachen (ww)	att skratta	[at 'skrata]
laten vallen (ww)	att tappa	[at 'tapa]
lezen (ww)	att läsa	[at 'lʲɛːsa]

liefhebben (ww)	att älska	[at 'ɛlʲska]
lunchen (ww)	att äta lunch	[at 'ɛːta ˌlɯnɕ]
nemen (ww)	att ta	[at ta]
nodig zijn (ww)	att vara behövd	[at 'vara be'høːvd]

12. De belangrijkste werkwoorden. Deel 3

onderschatten (ww)	att underskatta	[at 'undeˌskata]
ondertekenen (ww)	att underteckna	[at 'undeˌtɛkna]
ontbijten (ww)	att äta frukost	[at 'ɛːta 'frɯːkɔst]
openen (ww)	att öppna	[at 'øpna]
ophouden (ww)	att sluta	[at 'slɯːta]
opmerken (zien)	att märka	[at 'mæːrka]

opscheppen (ww)	att skryta	[at 'skryta]
opschrijven (ww)	att skriva ner	[at 'skriva ner]
plannen (ww)	att planera	[at plʲa'nera]
prefereren (verkiezen)	att föredra	[at 'føredra]
proberen (trachten)	att pröva	[at 'prøːva]
redden (ww)	att rädda	[at 'rɛda]

rekenen op ...	att räkna med ...	[at 'rɛkna me ...]
rennen (ww)	att löpa, att springa	[at 'lʲøːpa], [at 'spriŋa]
reserveren (een hotelkamer ~)	att reservera	[at resɛr'vera]
roepen (om hulp)	att tillkalla	[at 'tilʲˌkalʲa]
schieten (ww)	att skjuta	[at 'ʃɯːta]
schreeuwen (ww)	att skrika	[at 'skrika]

schrijven (ww)	att skriva	[at 'skriva]
souperen (ww)	att äta kvällsmat	[at 'ɛːta 'kvɛlʲsˌmat]
spelen (kinderen)	att leka	[at 'lʲeka]
spreken (ww)	att tala	[at 'talʲa]
stelen (ww)	att stjäla	[at 'ɧɛːlʲa]
stoppen (pauzeren)	att stanna	[at 'stana]

studeren (Nederlands ~)	att studera	[at stu'dera]
sturen (zenden)	att skicka	[at 'ɧika]
tellen (optellen)	att räkna	[at 'rɛkna]
toebehoren ...	att tillhöra ...	[at 'tilʲˌhøːra ...]
toestaan (ww)	att tillåta	[at 'tilʲoːta]
tonen (ww)	att visa	[at 'visa]

| twijfelen (onzeker zijn) | att tvivla | [at 'tvivlʲa] |
| uitgaan (ww) | att gå ut | [at 'goː ɯt] |

uitnodigen (ww)	att inbjuda, att invitera	[at in'bjʉːda], [at invi'tera]
uitspreken (ww)	att uttala	[at 'ʉt͜talʲa]
uitvaren tegen (ww)	att skälla	[at 'ɧɛlʲa]

13. De belangrijkste werkwoorden. Deel 4

vallen (ww)	att falla	[at 'falʲa]
vangen (ww)	att fånga	[at 'foŋa]
veranderen (anders maken)	att ändra	[at 'ɛndra]
verbaasd zijn (ww)	att bli förvånad	[at bli før'voːnad]
verbergen (ww)	att gömma	[at 'jœma]

verdedigen (je land ~)	att försvara	[at fœːˈʂvara]
verenigen (ww)	att förena	[at 'førena]
vergelijken (ww)	att jämföra	[at 'jɛmˌføra]
vergeten (ww)	att glömma	[at 'glʲœma]
vergeven (ww)	att förlåta	[at 'fœːˌlʲoːta]

verklaren (uitleggen)	att förklara	[at før'klʲara]
verkopen (per stuk ~)	att sälja	[at 'sɛlja]
vermelden (praten over)	att omnämna	[at 'omˌnɛmna]
versieren (decoreren)	att pryda	[at 'pryda]
vertalen (ww)	att översätta	[at 'øːvəˌsæta]

vertrouwen (ww)	att lita på	[at 'lita pɔ]
vervolgen (ww)	att fortsätta	[at 'fʊtˌsæta]
verwarren (met elkaar ~)	att förväxla	[at før'vɛkslʲa]
verzoeken (ww)	att be	[at 'beː]
verzuimen (school, enz.)	att missa	[at 'misa]

vinden (ww)	att finna	[at 'fina]
vliegen (ww)	att flyga	[at 'flʲyga]
volgen (ww)	att följa efter ...	[at 'følja 'ɛftər ...]
voorstellen (ww)	att föreslå	[at 'førəˌslʲoː]
voorzien (verwachten)	att förutse	[at 'førʉtˌse]
vragen (ww)	att fråga	[at 'froːga]

waarnemen (ww)	att observera	[at obsɛr'vera]
waarschuwen (ww)	att varna	[at 'vaːɳa]
wachten (ww)	att vänta	[at 'vɛnta]
weerspreken (ww)	att invända	[at 'inˌvɛnda]
weigeren (ww)	att vägra	[at 'vɛgra]

werken (ww)	att arbeta	[at 'arˌbeta]
weten (ww)	att veta	[at 'veta]
willen (verlangen)	att vilja	[at 'vilja]
zeggen (ww)	att säga	[at 'sɛːja]
zich haasten (ww)	att skynda sig	[at 'ɧynda sɛj]

zich interesseren voor ...	att intressera sig	[at intrɛ'sera sɛj]
zich vergissen (ww)	att göra fel	[at 'jøːra ˌfelʲ]
zich verontschuldigen	att ursäkta sig	[at 'ʉːˌsɛkta sɛj]
zien (ww)	att se	[at 'seː]
zijn (ww)	att vara	[at 'vara]

zoeken (ww)	att söka ...	[at 'sø:ka ...]
zwemmen (ww)	att simma	[at 'sima]
zwijgen (ww)	att tiga	[at 'tiga]

14. Kleuren

kleur (de)	färg (en)	['fæ:rj]
tint (de)	nyans (en)	[ny'ans]
kleurnuance (de)	färgton (en)	['fæ:rj‚tʊn]
regenboog (de)	regnbåge (en)	['rɛgn‚bo:gə]

wit (bn)	vit	['vit]
zwart (bn)	svart	['sva:t̪]
grijs (bn)	grå	['gro:]

groen (bn)	grön	['grø:n]
geel (bn)	gul	['gʉ:lʲ]
rood (bn)	röd	['rø:d]

blauw (bn)	blå	['blʲo:]
lichtblauw (bn)	ljusblå	['jʉ:s‚blʲo:]
roze (bn)	rosa	['rɔsa]
oranje (bn)	orange	[ɔ'ranʃ]
violet (bn)	violett	[viʊ'lʲet]
bruin (bn)	brun	['brʉ:n]

goud (bn)	guld-	['gulʲd-]
zilverkleurig (bn)	silver-	['silʲvər-]

beige (bn)	beige	['bɛʃ]
roomkleurig (bn)	cremefärgad	['krɛ:m‚fæ:rjad]
turkoois (bn)	turkos	[tur'ko:s]
kersrood (bn)	körsbärsröd	['ɕø:ʂbæ:ʂ‚rø:d]
lila (bn)	lila	['lilʲa]
karmijnrood (bn)	karmosinröd	[kar'mosin‚rø:d]

licht (bn)	ljus	['jʉ:s]
donker (bn)	mörk	['mœ:rk]
fel (bn)	klar	['klʲar]

kleur-, kleurig (bn)	färg-	['fæ:rj-]
kleuren- (abn)	färg-	['fæ:rj-]
zwart-wit (bn)	svartvit	['sva:t̪‚vit]
eenkleurig (bn)	enfärgad	['ɛn‚fæ:rjad]
veelkleurig (bn)	mångfärgad	['mɔŋ‚fæ:rjad]

15. Vragen

Wie?	Vem?	['vem]
Wat?	Vad?	['vad]
Waar?	Var?	['var]
Waarheen?	Vart?	['va:t̪]

Waar ... vandaan?	Varifrån?	['varifro:n]
Wanneer?	När?	['næ:r]
Waarom?	Varför?	['va:fø:r]
Waarom?	Varför?	['va:fø:r]

Waarvoor dan ook?	För vad?	['før vad]
Hoe?	Hur?	['hʉ:r]
Wat voor ...?	Vilken?	['vilʲkən]
Welk?	Vilken?	['vilʲkən]

Aan wie?	Till vem?	[tilʲ 'vem]
Over wie?	Om vem?	[ɔm 'vem]
Waarover?	Om vad?	[ɔm 'vad]
Met wie?	Med vem?	[me 'vem]

| Hoeveel? (telb.) | Hur många? | [hʉr 'mɔŋa] |
| Van wie? (mann.) | Vems? | ['vɛms] |

16. Voorzetsels

met (bijv. ~ beleg)	med	['me]
zonder (~ accent)	utan	['ʉtan]
naar (in de richting van)	till	['tilʲ]
over (praten ~)	om	['ɔm]
voor (in tijd)	för, inför	['fø:r], ['infø:r]
voor (aan de voorkant)	framför	['framfø:r]

onder (lager dan)	under	['undər]
boven (hoger dan)	över	['ø:vər]
op (bovenop)	på	[pɔ]
van (uit, afkomstig van)	från	['frɔn]
van (gemaakt van)	av	[av]

| over (bijv. ~ een uur) | om | ['ɔm] |
| over (over de bovenkant) | över | ['ø:vər] |

17. Functiewoorden. Bijwoorden. Deel 1

Waar?	Var?	['var]
hier (bw)	här	['hæ:r]
daar (bw)	där	['dæ:r]

| ergens (bw) | någonstans | ['no:gɔn͵stans] |
| nergens (bw) | ingenstans | ['iŋən͵stans] |

| bij ... (in de buurt) | vid | ['vid] |
| bij het raam | vid fönstret | [vid 'fœnstrət] |

Waarheen?	Vart?	['va:t]
hierheen (bw)	hit	['hit]
daarheen (bw)	dit	['dit]
hiervandaan (bw)	härifrån	['hæ:ri͵fro:n]

daarvandaan (bw)	därifrån	['dæ:ri͵fro:n]
dichtbij (bw)	nära	['næ:ra]
ver (bw)	långt	['lʲoŋt]
in de buurt (van …)	nära	['næ:ra]
vlakbij (bw)	i närheten	[i 'næ:r͵hetən]
niet ver (bw)	inte långt	['intə 'lʲoŋt]
linker (bn)	vänster	['vɛnstər]
links (bw)	till vänster	[tilʲ 'vɛnstər]
linksaf, naar links (bw)	till vänster	[tilʲ 'vɛnstər]
rechter (bn)	höger	['hø:gər]
rechts (bw)	till höger	[tilʲ 'hø:gər]
rechtsaf, naar rechts (bw)	till höger	[tilʲ 'hø:gər]
vooraan (bw)	framtill	['framtilʲ]
voorste (bn)	främre	['frɛmrə]
vooruit (bw)	framåt	['framo:t]
achter (bw)	bakom, baktill	['bakɔm], ['bak'tilʲ]
van achteren (bw)	bakifrån	['baki͵fro:n]
achteruit (naar achteren)	tillbaka	[tilʲ'baka]
midden (het)	mitt (en)	['mit]
in het midden (bw)	i mitten	[i 'mitən]
opzij (bw)	från sidan	[frɔn 'sidan]
overal (bw)	överallt	['ø:vər͵alʲt]
omheen (bw)	runt omkring	[runt ɔm'kriŋ]
binnenuit (bw)	inifrån	['ini͵fro:n]
naar ergens (bw)	någonstans	['no:gɔn͵stans]
rechtdoor (bw)	rakt, rakt fram	['rakt], ['rakt fram]
terug (bijv. ~ komen)	tillbaka	[tilʲ'baka]
ergens vandaan (bw)	från var som helst	[frɔn va sɔm 'hɛlʲst]
ergens vandaan	från någonstans	[frɔn 'no:gɔn͵stans]
(en dit geld moet ~ komen)		
ten eerste (bw)	för det första	['før de 'fœ:ʂta]
ten tweede (bw)	för det andra	['før de 'andra]
ten derde (bw)	för det tredje	['før de 'trɛdjə]
plotseling (bw)	plötsligt	['plʲøtslit]
in het begin (bw)	i början	[i 'bœrjan]
voor de eerste keer (bw)	för första gången	['før 'fœ:ʂta 'gɔŋən]
lang voor … (bw)	långt innan …	['lʲoŋt 'inan …]
opnieuw (bw)	på nytt	[pɔ 'nʏt]
voor eeuwig (bw)	för gott	[før 'gɔt]
nooit (bw)	aldrig	['alʲdrig]
weer (bw)	igen	['ijɛn]
nu (bw)	nu	['nʉ:]
vaak (bw)	ofta	['ɔfta]
toen (bw)	då	['do:]

| urgent (bw) | brådskande | ['brɔˌskandə] |
| meestal (bw) | vanligtvis | ['vanˌlitvis] |

trouwens, ...	förresten ...	[fœ:'rɛstən ...]
(tussen haakjes)		
mogelijk (bw)	möjligen	['mœjligən]
waarschijnlijk (bw)	sannolikt	[sanʊ'likt]
misschien (bw)	kanske	['kanŋə]
trouwens (bw)	dessutom ...	[des'ʉ:tʊm ...]
daarom ...	därför ...	['dæ:før ...]
in weerwil van ...	i trots av ...	[i 'trɔts av ...]
dankzij ...	tack vare ...	['tak ˌvarə ...]

wat (vn)	vad	['vad]
dat (vw)	att	[at]
iets (vn)	något	['no:gɔt]
iets	något	['no:gɔt]
niets (vn)	ingenting	['iŋəntiŋ]

wie (~ is daar?)	vem	['vem]
iemand (een onbekende)	någon	['no:gɔn]
iemand	någon	['no:gɔn]
(een bepaald persoon)		

niemand (vn)	ingen	['iŋən]
nergens (bw)	ingenstans	['iŋənˌstans]
niemands (bn)	ingens	['iŋəns]
iemands (bn)	någons	['no:gɔns]

zo (Ik ben ~ blij)	så	['so:]
ook (evenals)	också	['ɔkso:]
alsook (eveneens)	också	['ɔkso:]

18. Functiewoorden. Bijwoorden. Deel 2

Waarom?	Varför?	['va:fø:r]
om een bepaalde reden	av någon anledning	[av 'no:gɔn 'anˌlʲedniŋ]
omdat ...	därför att ...	['dæ:før at ...]
voor een bepaald doel	av någon anledning	[av 'no:gɔn 'anˌlʲedniŋ]

en (vw)	och	['ɔ]
of (vw)	eller	['ɛlʲer]
maar (vw)	men	['men]
voor (vz)	för, till	['fø:r]

te (~ veel mensen)	för, alltför	['fø:r], ['alʲtfø:r]
alleen (bw)	bara, endast	['bara], ['ɛndast]
precies (bw)	precis, exakt	[prɛ'sis], [ɛk'sakt]
ongeveer (~ 10 kg)	cirka	['sirka]

omstreeks (bw)	ungefär	['uŋəˌfæ:r]
bij benadering (bn)	ungefärlig	['uŋəˌfæ:lʲig]
bijna (bw)	nästan	['nɛstan]
rest (de)	rest (en)	['rɛst]

de andere (tweede)	den andra	[dɛn 'andra]
ander (bn)	andre	['andrə]
elk (bn)	var	['var]
om het even welk	vilken som helst	['vilˈkən sɔm 'hɛlˈst]
veel (grote hoeveelheid)	mycken, mycket	['mʏkən], ['mʏkə]
veel mensen	många	['mɔŋa]
iedereen (alle personen)	alla	['alˈa]

in ruil voor ...	i gengäld för ...	[i 'jɛŋɛld ˌfør ...]
in ruil (bw)	i utbyte	[i 'ʉtˌbytə]
met de hand (bw)	för hand	[før 'hand]
onwaarschijnlijk (bw)	knappast	['knapast]

waarschijnlijk (bw)	sannolikt	[sanʊ'likt]
met opzet (bw)	med flit, avsiktligt	[me flit], ['avsiktlit]
toevallig (bw)	tillfälligtvis	['tilˈfɔlitvis]

zeer (bw)	mycket	['mʏkə]
bijvoorbeeld (bw)	till exempel	[tilˈ ɛk'sɛmpəl]
tussen (~ twee steden)	mellan	['mɛlˈan]
tussen (te midden van)	bland	['blˈand]
zoveel (bw)	så mycket	[sɔ 'mʏkə]
vooral (bw)	särskilt	['sæːˌʂilˈt]

Basisbegrippen Deel 2

19. Dagen van de week

maandag (de)	måndag (en)	['mɔn,dag]
dinsdag (de)	tisdag (en)	['tis,dag]
woensdag (de)	onsdag (en)	['uns,dag]
donderdag (de)	torsdag (en)	['tuːʂ,dag]
vrijdag (de)	fredag (en)	['fre,dag]
zaterdag (de)	lördag (en)	['lʲøːdag]
zondag (de)	söndag (en)	['sœn,dag]

vandaag (bw)	i dag	[i 'dag]
morgen (bw)	i morgon	[i 'mɔrgɔn]
overmorgen (bw)	i övermorgon	[i 'øːvə,mɔrgɔn]
gisteren (bw)	i går	[i 'goːr]
eergisteren (bw)	i förrgår	[i 'fœːr,goːr]

dag (de)	dag (en)	['dag]
werkdag (de)	arbetsdag (en)	['arbets,dag]
feestdag (de)	helgdag (en)	['hɛlj,dag]
verlofdag (de)	ledig dag (en)	['lʲedig ,dag]
weekend (het)	helg, veckohelg (en)	[hɛlj], ['vɛkɔ,hɛlj]

de hele dag (bw)	hela dagen	['helʲa 'dagən]
de volgende dag (bw)	nästa dag	['nɛsta ,dag]
twee dagen geleden	för två dagar sedan	[før ,tvoː 'dagar 'sedan]
aan de vooravond (bw)	dagen innan	['dagən 'inan]
dag-, dagelijks (bn)	daglig	['daglig]
elke dag (bw)	varje dag	['varjə dag]

week (de)	vecka (en)	['vɛka]
vorige week (bw)	förra veckan	['fœːra 'vɛkan]
volgende week (bw)	i nästa vecka	[i 'nɛsta 'vɛka]
wekelijks (bn)	vecko-	['vɛkɔ-]
elke week (bw)	varje vecka	['varjə 'vɛka]
twee keer per week	två gångar i veckan	[tvoː 'gɔŋar i 'vɛkan]
elke dinsdag	varje tisdag	['varjə ,tisdag]

20. Uren. Dag en nacht

morgen (de)	morgon (en)	['mɔrgɔn]
's morgens (bw)	på morgonen	[pɔ 'mɔrgɔnən]
middag (de)	middag (en)	['mid,dag]
's middags (bw)	på eftermiddagen	[pɔ 'ɛftə,midagən]

avond (de)	kväll (en)	[kvɛlʲ]
's avonds (bw)	på kvällen	[pɔ 'kvɛlʲen]

nacht (de)	natt (en)	['nat]
's nachts (bw)	om natten	[ɔm 'natən]
middernacht (de)	midnatt (en)	['mid,nat]

seconde (de)	sekund (en)	[se'kund]
minuut (de)	minut (en)	[mi'nʉːt]
uur (het)	timme (en)	['timə]
halfuur (het)	halvtimme (en)	['halʲv,timə]
kwartier (het)	kvart (en)	['kvaːt]
vijftien minuten	femton minuter	['fɛmtɔn mi'nʉːtər]
etmaal (het)	dygn (ett)	['dʏgn]

zonsopgang (de)	soluppgång (en)	['sʊlʲ ,up'gɔŋ]
dageraad (de)	gryning (en)	['gryniŋ]
vroege morgen (de)	tidig morgon (en)	['tidig 'mɔrgɔn]
zonsondergang (de)	solnedgång (en)	['sʊlʲ 'ned,gɔŋ]

's morgens vroeg (bw)	tidigt på morgonen	['tidit pɔ 'mɔrgɔnən]
vanmorgen (bw)	i morse	[i 'mɔːʂə]
morgenochtend (bw)	i morgon bitti	[i 'mɔrgɔn 'biti]
vanmiddag (bw)	i eftermiddag	[i 'ɛftə,midag]
's middags (bw)	på eftermiddagen	[pɔ 'ɛftə,midagən]
morgenmiddag (bw)	i morgon eftermiddag	[i 'mɔrgɔn 'ɛftə,midag]
vanavond (bw)	i kväll	[i 'kvɛlʲ]
morgenavond (bw)	i morgon kväll	[i 'mɔrgɔn 'kvɛlʲ]

klokslag drie uur	precis klockan tre	[prɛ'sis 'klʲɔkan treː]
ongeveer vier uur	vid fyratiden	[vid 'fyra,tidən]
tegen twaalf uur	vid klockan tolv	[vid 'klʲɔkan 'tɔlʲv]

over twintig minuten	om tjugo minuter	[ɔm 'ɕʉgɔ mi'nʉːtər]
over een uur	om en timme	[ɔm en 'timə]
op tijd (bw)	i tid	[i 'tid]

kwart voor ...	kvart i ...	['kvaːt̪ i ...]
binnen een uur	inom en timme	['inɔm en 'timə]
elk kwartier	varje kvart	['varjə kvaːt]
de klok rond	dygnet runt	['dʏŋgnet ,runt]

21. Maanden. Seizoenen

januari (de)	januari	['janu,ari]
februari (de)	februari	[fɛbrʉ'ari]
maart (de)	mars	['maːʂ]
april (de)	april	[a'prilʲ]
mei (de)	maj	['maj]
juni (de)	juni	['juːni]

juli (de)	juli	['juːli]
augustus (de)	augusti	[au'gusti]
september (de)	september	[sɛp'tɛmbər]
oktober (de)	oktober	[ɔk'tʊbər]
november (de)	november	[nɔ'vɛmbər]
december (de)	december	[de'sɛmbər]

lente (de)	vår (en)	['vo:r]
in de lente (bw)	på våren	[pɔ 'vo:rən]
lente- (abn)	vår-	['vo:r-]
zomer (de)	sommar (en)	['sɔmar]
in de zomer (bw)	på sommaren	[pɔ 'sɔmarən]
zomer-, zomers (bn)	sommar-	['sɔmar-]
herfst (de)	höst (en)	['høst]
in de herfst (bw)	på hösten	[pɔ 'høstən]
herfst- (abn)	höst-	['høst-]
winter (de)	vinter (en)	['vintər]
in de winter (bw)	på vintern	[pɔ 'vintərn]
winter- (abn)	vinter-	['vintər-]
maand (de)	månad (en)	['mo:nad]
deze maand (bw)	den här månaden	[dɛn hæ:r 'mo:nadən]
volgende maand (bw)	nästa månad	['nɛsta 'mo:nad]
vorige maand (bw)	förra månaden	['fœ:ra 'mo:nadən]
een maand geleden (bw)	för en månad sedan	['før en 'mo:nad 'sedan]
over een maand (bw)	om en månad	[ɔm en 'mo:nad]
over twee maanden (bw)	om två månader	[ɔm tvo: 'mo:nadər]
de hele maand (bw)	en hel månad	[en helʲ 'mo:nad]
een volle maand (bw)	hela månaden	['helʲa 'mo:nadən]
maand-, maandelijks (bn)	månatlig	[mo'natlig]
maandelijks (bw)	månatligen	[mo'natligən]
elke maand (bw)	varje månad	['varjə ˌmo:nad]
twee keer per maand	två gånger i månaden	[tvo: 'gɔŋər i 'mɔ:nadən]
jaar (het)	år (ett)	['o:r]
dit jaar (bw)	i år	[i 'o:r]
volgend jaar (bw)	nästa år	['nɛsta ˌo:r]
vorig jaar (bw)	i fjol, förra året	[i 'fjʊlʲ], ['fœ:ra 'o:ret]
een jaar geleden (bw)	för ett år sedan	['før et 'o:r 'sedan]
over een jaar	om ett år	[ɔm et 'o:r]
over twee jaar	om två år	[ɔm tvo: 'o:r]
het hele jaar	ett helt år	[ɛt helʲt 'o:r]
een vol jaar	hela året	['helʲa 'o:ret]
elk jaar	varje år	['varjə 'o:r]
jaar-, jaarlijks (bn)	årlig	['o:ḷig]
jaarlijks (bw)	årligen	['o:ḷigən]
4 keer per jaar	fyra gånger om året	['fyra 'gɔŋər ɔm 'o:ret]
datum (de)	datum (ett)	['datum]
datum (de)	datum (ett)	['datum]
kalender (de)	almanacka (en)	['alʲmanaka]
een half jaar	halvår (ett)	['halʲvˌo:r]
zes maanden	halvår (ett)	['halʲvˌo:r]
seizoen (bijv. lente, zomer)	årstid (en)	['o:ṣˌtid]
eeuw (de)	sekel (ett)	['sekəlʲ]

22. Tijd. Diversen

tijd (de)	tid (en)	['tid]
ogenblik (het)	ögonblick (ett)	['ø:gɔnˌblik]
moment (het)	ögonblick (ett)	['ø:gɔnˌblik]
ogenblikkelijk (bn)	ögonblicklig	['ø:gɔnˌbliklig]
tijdsbestek (het)	tidsavsnitt (ett)	['tidsˌavsnit]
leven (het)	liv (ett)	['liv]
eeuwigheid (de)	evighet (en)	['evigˌhet]

epoche (de), tijdperk (het)	epok (en)	[ɛ'po:k]
era (de), tijdperk (het)	era (en)	['era]
cyclus (de)	cykel (en)	['sykəlʲ]
periode (de)	period (en)	[peri'ʊd]
termijn (vastgestelde periode)	tid, period (en)	['tid], [peri'ʊd]

toekomst (de)	framtid (en)	['framˌtid]
toekomstig (bn)	framtida	['framˌtida]
de volgende keer	nästa gång	['nɛsta ˌgɔŋ]
verleden (het)	det förflutna	[dɛ 'førˌflʉ:tna]
vorig (bn)	förra	['fœ:ra]
de vorige keer	förra gången	['fœ:ra 'gɔŋən]

later (bw)	senare	['senarə]
na (~ het diner)	efter	['ɛftər]
tegenwoordig (bw)	nuförtiden	['nʉːˌfør'tidən]
nu (bw)	nu	['nʉː]
onmiddellijk (bw)	omedelbart	[ʊ:'medəlʲˌba:t]
snel (bw)	snart	['sna:t]
bij voorbaat (bw)	i förväg	[i 'førˌvɛ:g]

lang geleden (bw)	längesedan	['lʲɛŋəˌsedan]
kort geleden (bw)	nyligen	['nyligən]
noodlot (het)	öde (ett)	['ø:də]
herinneringen (mv.)	minnen (pl)	['minən]
archief (het)	arkiv (ett)	[ar'kiv]

tijdens ... (ten tijde van)	under ...	['undər ...]
lang (bw)	länge	['lʲɛŋə]
niet lang (bw)	inte länge	['intə 'lʲɛŋə]
vroeg (bijv. ~ in de ochtend)	tidigt	['tidit]
laat (bw)	sent	['sɛnt]

voor altijd (bw)	för alltid	['før 'alʲtid]
beginnen (ww)	att börja	[at 'bœrja]
uitstellen (ww)	att skjuta upp	[at 'hʉ:ta up]

tegelijkertijd (bw)	samtidigt	['samˌtidit]
voortdurend (bw)	alltid, ständigt	['alʲtid], ['stɛndit]
constant (bijv. ~ lawaai)	konstant	[kɔn'stant]
tijdelijk (bn)	tillfällig, temporär	['tilʲˌfolig], [tempo'rɛr]

soms (bw)	ibland	['iblʲand]
zelden (bw)	sällan	['sɛlʲan]
vaak (bw)	ofta	['ɔfta]

23. Tegenovergestelden

rijk (bn)	rik	['rik]
arm (bn)	fattig	['fatig]
ziek (bn)	sjuk	['ɧʉːk]
gezond (bn)	frisk	['frisk]
groot (bn)	stor	['stʊr]
klein (bn)	liten	['litən]
snel (bw)	fort, snabbt	[fʊːt], ['snabt]
langzaam (bw)	långsamt	['lʲɔŋˌsamt]
snel (bn)	snabb	['snab]
langzaam (bn)	långsam	['lʲɔŋˌsam]
vrolijk (bn)	glad	['glʲad]
treurig (bn)	sorgmodig	['sɔrjˌmʊdig]
samen (bw)	tillsammans	[tilʲ'samans]
apart (bw)	separat	[sepa'rat]
hardop (~ lezen)	högt	['hœgt]
stil (~ lezen)	för sig själv	[før ˌsɛj 'ɧɛlʲv]
hoog (bn)	hög	['høːg]
laag (bn)	låg	['lʲoːg]
diep (bn)	djup	['jʉːp]
ondiep (bn)	grund	['grʉnd]
ja	ja	['ja]
nee	nej	['nɛj]
ver (bn)	fjärran	['fʲæːran]
dicht (bn)	nära	['næːra]
ver (bw)	långt	['lʲɔŋt]
dichtbij (bw)	i närheten	[i 'næːrˌhetən]
lang (bn)	lång	['lʲɔŋ]
kort (bn)	kort	['kɔːt]
vriendelijk (goedhartig)	god	['gʊd]
kwaad (bn)	ond	['ʊnd]
gehuwd (mann.)	gift	['jift]
ongehuwd (mann.)	ogift	[ʊː'jift]
verbieden (ww)	att förbjuda	[at før'bjʉːda]
toestaan (ww)	att tillåta	[at 'tilʲoːta]
einde (het)	slut (ett)	['slʉːt]
begin (het)	början (en)	['bœrjan]

| linker (bn) | vänster | ['vɛnstər] |
| rechter (bn) | höger | ['hø:gər] |

| eerste (bn) | först | [fœ:ʂt] |
| laatste (bn) | sista | ['sista] |

| misdaad (de) | brott (ett) | ['brɔt] |
| bestraffing (de) | straff (ett) | ['straf] |

| bevelen (ww) | att beordra | [at be'o:dra] |
| gehoorzamen (ww) | att underordna sig | [at 'undər,ɔ:dna sɛj] |

| recht (bn) | rak, rakt | ['rak], ['rakt] |
| krom (bn) | krokig | ['krʊkig] |

| paradijs (het) | paradis (ett) | ['para,dis] |
| hel (de) | helvete (ett) | ['hɛlʲvetə] |

| geboren worden (ww) | att födas | [at 'fø:das] |
| sterven (ww) | att dö | [at 'dø:] |

| sterk (bn) | stark | ['stark] |
| zwak (bn) | svag | ['svag] |

| oud (bn) | gammal | ['gamalʲ] |
| jong (bn) | ung | ['uŋ] |

| oud (bn) | gammal | ['gamalʲ] |
| nieuw (bn) | ny | ['ny] |

| hard (bn) | hård | ['ho:d] |
| zacht (bn) | mjuk | ['mjɵ:k] |

| warm (bn) | varm | ['varm] |
| koud (bn) | kall | ['kalʲ] |

| dik (bn) | tjock | ['ɕøk] |
| dun (bn) | mager | ['magər] |

| smal (bn) | smal | ['smalʲ] |
| breed (bn) | bred | ['bred] |

| goed (bn) | bra | ['brɔ:] |
| slecht (bn) | dålig | ['do:lig] |

| moedig (bn) | tapper | ['tapər] |
| laf (bn) | feg | ['feg] |

24. Lijnen en vormen

vierkant (het)	kvadrat (en)	[kva'drat]
vierkant (bn)	kvadratisk	[kva'dratisk]
cirkel (de)	cirkel (en)	['sirkəlʲ]
rond (bn)	rund	['rund]

| driehoek (de) | triangel (en) | ['tri͵aŋəlʲ] |
| driehoekig (bn) | triangulär | [triaŋu'lʲæːr] |

ovaal (het)	oval (en)	[ʊ'valʲ]
ovaal (bn)	oval	[ʊ'valʲ]
rechthoek (de)	rektangel (en)	['rɛk͵taŋəlʲ]
rechthoekig (bn)	rätvinklig	['rɛt͵viŋklig]

piramide (de)	pyramid (en)	[pyra'mid]
ruit (de)	romb (en)	['rɔmb]
trapezium (het)	trapets (en)	[tra'pets]
kubus (de)	kub (en)	['kʉːb]
prisma (het)	prisma (en)	['prisma]

omtrek (de)	omkrets (en)	['ɔm͵krɛts]
bol, sfeer (de)	sfär (en)	['sfæːr]
bal (de)	klot (ett)	['klʲɔt]

diameter (de)	diameter (en)	['dia͵metər]
straal (de)	radie (en)	['radiə]
omtrek (~ van een cirkel)	perimeter (en)	[peri'metər]
middelpunt (het)	medelpunkt (en)	['medəlʲ͵puŋkt]

horizontaal (bn)	horisontal	[hʊrisɔn'talʲ]
verticaal (bn)	lodrät, lod-	['lʲod͵rɛt], ['lʲod-]
parallel (de)	parallell (en)	[para'lʲɛlʲ]
parallel (bn)	parallell	[para'lʲɛlʲ]

lijn (de)	linje (en)	['linjə]
streep (de)	linje (en)	['linjə]
rechte lijn (de)	rät linje (en)	[rɛːt 'linjə]
kromme (de)	kurva (en)	['kurva]
dun (bn)	tunn	['tun]
omlijning (de)	kontur (en)	[kɔn'tʉːr]

snijpunt (het)	skärningspunkt (en)	['ɧæːrniŋs͵punkt]
rechte hoek (de)	rät vinkel (en)	[rɛːt 'viŋkəlʲ]
segment (het)	segment (ett)	[seg'mɛnt]
sector (de)	sektor (en)	['sektʊr]
zijde (de)	sida (en)	['sida]
hoek (de)	vinkel (en)	['viŋkəlʲ]

25. Meeteenheden

gewicht (het)	vikt (en)	['vikt]
lengte (de)	längd (en)	[lʲɛŋd]
breedte (de)	bredd (en)	['brɛd]
hoogte (de)	höjd (en)	['hœjd]
diepte (de)	djup (ett)	['jʉːp]
volume (het)	volym (en)	[vɔ'lʲym]
oppervlakte (de)	yta, areal (en)	['yta], [are'alʲ]

| gram (het) | gram (ett) | ['gram] |
| milligram (het) | milligram (ett) | ['mili͵gram] |

kilogram (het)	kilogram (ett)	[ɕiⁱʲɔ'gram]
ton (duizend kilo)	ton (en)	['tʊn]
pond (het)	skålpund (ett)	['sko:lʲˌpund]
ons (het)	uns (ett)	['uns]

meter (de)	meter (en)	['metər]
millimeter (de)	millimeter (en)	['miliˌmetər]
centimeter (de)	centimeter (en)	[sɛnti'metər]
kilometer (de)	kilometer (en)	[ɕiⁱʲɔ'metər]
mijl (de)	mil (en)	['miⁱʲ]

duim (de)	tum (en)	['tum]
voet (de)	fot (en)	['fʊt]
yard (de)	yard (en)	['ja:d]

| vierkante meter (de) | kvadratmeter (en) | [kva'dratˌmetər] |
| hectare (de) | hektar (ett) | [hɛk'tar] |

liter (de)	liter (en)	['litər]
graad (de)	grad (en)	['grad]
volt (de)	volt (en)	['vɔlʲt]
ampère (de)	ampere (en)	[am'pɛr]
paardenkracht (de)	hästkraft (en)	['hɛstˌkraft]

hoeveelheid (de)	mängd, kvantitet (en)	['mɛŋt], [kwanti'tet]
een beetje ...	få ..., inte många ...	['fo: ...], ['intə 'mɔŋa ...]
helft (de)	hälft (en)	['hɛlʲft]
dozijn (het)	dussin (ett)	['dusin]
stuk (het)	stycke (ett)	['stʏkə]

| afmeting (de) | storlek (en) | ['stʊːⁱʲek] |
| schaal (bijv. ~ van 1 op 50) | skala (en) | ['skalʲa] |

minimaal (bn)	minimal	[mini'malʲ]
minste (bn)	minst	['minst]
medium (bn)	medel	['medəlʲ]
maximaal (bn)	maximal	[maksi'malʲ]
grootste (bn)	störst	['stø:ʂt]

26. Containers

glazen pot (de)	glasburk (en)	['glʲasˌburk]
blik (conserven~)	burk (en)	['burk]
emmer (de)	hink (en)	['hiŋk]
ton (bijv. regenton)	tunna (en)	['tuna]

ronde waterbak (de)	tvättfat (ett)	['tvætˌfat]
tank (bijv. watertank-70-ltr)	tank (en)	['taŋk]
heupfles (de)	plunta, fickflaska (en)	['plʉnta], ['fikˌflʲaska]
jerrycan (de)	dunk (en)	['du:ŋk]
tank (bijv. ketelwagen)	tank (en)	['taŋk]

| beker (de) | mugg (en) | ['mug] |
| kopje (het) | kopp (en) | ['kop] |

schoteltje (het)	tefat (ett)	['te͵fat]
glas (het)	glas (ett)	['glʲas]
wijnglas (het)	vinglas (ett)	['vin͵glʲas]
steelpan (de)	kastrull, gryta (en)	[ka'strulʲ], ['gryta]

| fles (de) | flaska (en) | ['flʲaska] |
| flessenhals (de) | flaskhals (en) | ['flʲask͵halʲs] |

karaf (de)	karaff (en)	[ka'raf]
kruik (de)	kanna (en) med handtag	['kana me 'han͵tag]
vat (het)	behållare (en)	[be'hoː:lʲarə]
pot (de)	kruka (en)	['krʉka]
vaas (de)	vas (en)	['vas]

flacon (de)	flakong (en)	[flʲa'kɔŋ]
flesje (het)	flaska (en)	['flʲaska]
tube (bijv. ~ tandpasta)	tub (en)	['tʉː:b]

zak (bijv. ~ aardappelen)	säck (en)	['sɛk]
tasje (het)	påse (en)	['poː:sə]
pakje (~ sigaretten, enz.)	paket (ett)	[pa'ket]

doos (de)	ask (en)	['ask]
kist (de)	låda (en)	['lʲoː:da]
mand (de)	korg (en)	['kɔrj]

27. Materialen

materiaal (het)	material (ett)	[mate'rjalʲ]
hout (het)	trä (ett)	['trɛː:]
houten (bn)	trä-	['trɛː:-]

| glas (het) | glas (ett) | ['glʲas] |
| glazen (bn) | av glas, glas- | [av glʲas], [glʲas-] |

| steen (de) | sten (en) | ['sten] |
| stenen (bn) | sten- | ['sten-] |

| plastic (het) | plast (en) | ['plʲast] |
| plastic (bn) | plast- | [plʲast-] |

| rubber (het) | gummi (ett) | ['gumi] |
| rubber-, rubberen (bn) | gummi- | ['gumi-] |

| stof (de) | tyg (ett) | ['tyg] |
| van stof (bn) | tyg- | ['tyg-] |

| papier (het) | papper (ett) | ['papər] |
| papieren (bn) | papper- | ['papər-] |

karton (het)	papp, kartong (en)	['pap], [ka:'țɔŋ]
kartonnen (bn)	papp-, kartong-	['pap-], [ka:'țɔŋ-]
polyethyleen (het)	polyetylen (en)	['polʲɛty͵lʲen]
cellofaan (het)	cellofan (en)	[sɛlʲʉ'fan]

multiplex (het)	kryssfaner (ett)	['krys͵fa'nɛ:r]
porselein (het)	porslin (ett)	[pɔ:'ʂlin]
porseleinen (bn)	av porslin	[av pɔ:'ʂlin]
klei (de)	lera (en)	['lʲera]
klei-, van klei (bn)	ler-	['lʲer-]
keramiek (de)	keramik (en)	[ɕera'mik]
keramieken (bn)	keramisk	[ɕe'ramisk]

28. Metalen

metaal (het)	metall (en)	[me'talʲ]
metalen (bn)	metall-	[me'talʲ-]
legering (de)	legering (en)	[lʲe'ge:riŋ]
goud (het)	guld (ett)	['gulʲd]
gouden (bn)	guld-	['gulʲd-]
zilver (het)	silver (ett)	['silʲver]
zilveren (bn)	silver-	['silʲver-]
IJzer (het)	järn (ett)	['jæ:n]
IJzeren (bn)	järn-	['jæ:n-]
staal (het)	stål (ett)	['sto:lʲ]
stalen (bn)	stål-	['sto:lʲ-]
koper (het)	koppar (en)	['kopar]
koperen (bn)	koppar-	['kopar-]
aluminium (het)	aluminium (ett)	[alʉ'mi:nium]
aluminium (bn)	aluminium-	[alʉ'mi:nium-]
brons (het)	brons (en)	['brɔns]
bronzen (bn)	brons-	['brɔns-]
messing (het)	mässing (en)	['mɛsiŋ]
nikkel (het)	nickel (ett)	['nikelʲ]
platina (het)	platina (en)	['plʲatina]
kwik (het)	kvicksilver (ett)	['kvik͵silʲver]
tin (het)	tenn (ett)	['tɛn]
lood (het)	bly (ett)	['blʲy]
zink (het)	zink (en)	['siŋk]

MENS

Mens. Het lichaam

29. Mensen. Basisbegrippen

mens (de)	människa (en)	['mɛniɲa]
man (de)	man (en)	['man]
vrouw (de)	kvinna (en)	['kvina]
kind (het)	barn (ett)	['baːɳ]
meisje (het)	flicka (en)	['flika]
jongen (de)	pojke (en)	['pɔjkə]
tiener, adolescent (de)	tonåring (en)	[tɔ'noːriŋ]
oude man (de)	gammal man (en)	['gamalʲ ˌman]
oude vrouw (de)	gumma (en)	['guma]

30. Menselijke anatomie

organisme (het)	organism (en)	[ɔrga'nism]
hart (het)	hjärta (ett)	['jæːʈa]
bloed (het)	blod (ett)	['blʲʊd]
slagader (de)	artär (en)	[a'ʈæːr]
ader (de)	ven (en)	['veːn]
hersenen (mv.)	hjärna (en)	['jæːɳa]
zenuw (de)	nerv (en)	['nɛrv]
zenuwen (mv.)	nerver (pl)	['nɛrvər]
wervel (de)	ryggkota (en)	['rʏɡˌkɔta]
ruggengraat (de)	ryggrad (en)	['rʏɡˌrad]
maag (de)	magsäck (en)	['maɡˌsɛk]
darmen (mv.)	tarmar, inälvor (pl)	['tarmar], [inɛlʲvʊr]
darm (de)	tarm (en)	['tarm]
lever (de)	lever (en)	['lʲevər]
nier (de)	njure (en)	['njɵːrə]
been (deel van het skelet)	ben (ett)	['beːn]
skelet (het)	skelett (ett)	[ske'lʲet]
rib (de)	revben (ett)	['revˌbeːn]
schedel (de)	skalle (en)	['skalʲe]
spier (de)	muskel (en)	['muskəlʲ]
biceps (de)	biceps (en)	['bisɛps]
triceps (de)	triceps (en)	['trisɛps]
pees (de)	sena (en)	['seːna]
gewricht (het)	led (en)	['lʲed]

longen (mv.)	lungor (pl)	['lɵŋʊr]
geslachtsorganen (mv.)	könsorganen (pl)	['ɕœns ɔr'ganən]
huid (de)	hud (en)	['hɵ:d]

31. Hoofd

hoofd (het)	huvud (ett)	['hɵ:vɵd]
gezicht (het)	ansikte (ett)	['ansiktə]
neus (de)	näsa (en)	['nɛ:sa]
mond (de)	mun (en)	['mu:n]

oog (het)	öga (ett)	['ø:ga]
ogen (mv.)	ögon (pl)	['ø:gɔn]
pupil (de)	pupill (en)	[pɵ'piĺ]
wenkbrauw (de)	ögonbryn (ett)	['ø:gɔn͵bryn]
wimper (de)	ögonfrans (en)	['ø:gɔn͵frans]
ooglid (het)	ögonlock (ett)	['ø:gɔn͵ĺɔk]

tong (de)	tunga (en)	['tuŋa]
tand (de)	tand (en)	['tand]
lippen (mv.)	läppar (pl)	['ĺɛpar]
jukbeenderen (mv.)	kindben (pl)	['ɕind͵be:n]
tandvlees (het)	tandkött (ett)	['tand͵ɕœt]
gehemelte (het)	gom (en)	['gʊm]

neusgaten (mv.)	näsborrar (pl)	['nɛ:s͵bɔrar]
kin (de)	haka (en)	['haka]
kaak (de)	käke (en)	['ɕɛ:kə]
wang (de)	kind (en)	['ɕind]

voorhoofd (het)	panna (en)	['pana]
slaap (de)	tinning (en)	['tiniŋ]
oor (het)	öra (ett)	['ø:ra]
achterhoofd (het)	nacke (en)	['nakə]
hals (de)	hals (en)	['halĺs]
keel (de)	strupe, hals (en)	['strɵpə], ['halĺs]

haren (mv.)	hår (pl)	['ho:r]
kapsel (het)	frisyr (en)	[fri'syr]
haarsnit (de)	klippning (en)	['klipniŋ]
pruik (de)	peruk (en)	[pe'rɵ:k]

snor (de)	mustasch (en)	[mɵ'sta:ʃ]
baard (de)	skägg (ett)	['ʃɛg]
dragen (een baard, enz.)	att ha	[at 'ha]
vlecht (de)	fläta (en)	['flĺɛ:ta]
bakkebaarden (mv.)	polisonger (pl)	[pɔli'sɔŋər]

ros (roodachtig, rossig)	rödhårig	['rø:d͵ho:rig]
grijs (~ haar)	grå	['gro:]
kaal (bn)	skallig	['skalig]
kale plek (de)	flint (en)	['flint]
paardenstaart (de)	hästsvans (en)	['hɛst͵svans]
pony (de)	lugg, pannlugg (en)	[lɵg], ['pan͵lɵg]

32. Menselijk lichaam

hand (de)	hand (en)	['hand]
arm (de)	arm (en)	['arm]
vinger (de)	finger (ett)	['fɪŋər]
teen (de)	tå (en)	['toː]
duim (de)	tumme (en)	['tumə]
pink (de)	lillfinger (ett)	['lilʲˌfɪŋər]
nagel (de)	nagel (en)	['nagəlʲ]
vuist (de)	knytnäve (en)	['knʏtˌnɛːvə]
handpalm (de)	handflata (en)	['handˌflʲata]
pols (de)	handled (en)	['handˌlʲed]
voorarm (de)	underarm (en)	['undərˌarm]
elleboog (de)	armbåge (en)	['armˌboːgə]
schouder (de)	skuldra (en)	['skulʲdra]
been (rechter ~)	ben (ett)	['beːn]
voet (de)	fot (en)	['fʊt]
knie (de)	knä (ett)	['knɛː]
kuit (de)	vad (ett)	['vad]
heup (de)	höft (en)	['hœft]
hiel (de)	häl (en)	['hɛːlʲ]
lichaam (het)	kropp (en)	['krɔp]
buik (de)	mage (en)	['magə]
borst (de)	bröst (ett)	['brœst]
borst (de)	bröst (ett)	['brœst]
zijde (de)	sida (en)	['sida]
rug (de)	rygg (en)	['rʏg]
lage rug (de)	ländrygg (en)	['lʲɛndˌrʏg]
taille (de)	midja (en)	['midja]
navel (de)	navel (en)	['navəlʲ]
billen (mv.)	stjärtar, skinkor (pl)	['ɧæːˌtar], ['ɧiŋkʊr]
achterwerk (het)	bak (en)	['bak]
huidvlek (de)	leverfläck (ett)	['lʲevərˌflɛk]
moedervlek (de)	födelsemärke (ett)	['føːdəlʲsəˌmæːrkə]
tatoeage (de)	tatuering (en)	[tatu'eriŋ]
litteken (het)	ärr (ett)	['ær]

Kleding en accessoires

33. Bovenkleding. Jassen

kleren (mv.), kleding (de)	kläder (pl)	['klⁱɛ:dər]
bovenkleding (de)	ytterkläder	['ytə̩klⁱɛ:dər]
winterkleding (de)	vinterkläder (pl)	['vintə̩klⁱɛ:dər]

jas (de)	rock, kappa (en)	['rɔk], ['kapa]
bontjas (de)	päls (en)	['pɛlⁱs]
bontjasje (het)	pälsjacka (en)	['pɛlⁱs̩jaka]
donzen jas (de)	dunjacka (en)	['dʉ:n̩jaka]

jasje (bijv. een leren ~)	jacka (en)	['jaka]
regenjas (de)	regnrock (en)	['rɛgn̩rɔk]
waterdicht (bn)	vattentät	['vatən̩tɛt]

34. Heren & dames kleding

overhemd (het)	skjorta (en)	['ɧu:ţa]
broek (de)	byxor (pl)	['byksʊr]
jeans (de)	jeans (en)	['jins]
colbert (de)	kavaj (en)	[ka'vaj]
kostuum (het)	kostym (en)	[kɔs'tym]

jurk (de)	klänning (en)	['klⁱɛniŋ]
rok (de)	kjol (en)	['ɕø:lⁱ]
blouse (de)	blus (en)	['blʉ:s]
wollen vest (de)	stickad tröja (en)	['stikad 'trøja]
blazer (kort jasje)	dräktjacka, kavaj (en)	['drɛkt 'jaka], ['kavaj]

T-shirt (het)	T-shirt (en)	['ti:ˌʃɔ:ţ]
shorts (mv.)	shorts (en)	['ʃɔ:ţs]
trainingspak (het)	träningsoverall (en)	['trɛ:niŋs ɔve'rɔ:lⁱ]
badjas (de)	morgonrock (en)	['mɔrgɔn̩rɔk]
pyjama (de)	pyjamas (en)	[pyⁱjamas]

sweater (de)	sweater, tröja (en)	['svitər], ['trøja]
pullover (de)	pullover (en)	[pu'lⁱɔ:vər]

gilet (het)	väst (en)	['vɛst]
rokkostuum (het)	frack (en)	['frak]
smoking (de)	smoking (en)	['smɔkiŋ]

uniform (het)	uniform (en)	[uni'fɔrm]
werkkleding (de)	arbetskläder (pl)	['arbets̩klⁱɛ:dər]
overall (de)	overall (en)	['ɔve̩rɔ:lⁱ]
doktersjas (de)	rock (en)	['rɔk]

35. Kleding. Ondergoed

ondergoed (het)	underkläder (pl)	['undə₁kl'ɛ:dər]
herenslip (de)	underbyxor (pl)	['undə₁byksʊr]
slipjes (mv.)	trosor (pl)	['trʊsʊr]
onderhemd (het)	undertröja (en)	['undə₁trøja]
sokken (mv.)	sockor (pl)	['sɔkʊr]

nachthemd (het)	nattlinne (ett)	['nat₁linə]
beha (de)	behå (en)	[be'ho:]
kniekousen (mv.)	knästrumpor (pl)	['knɛ:₁strumpʊr]
panty (de)	strumpbyxor (pl)	['strump₁byksʊr]
nylonkousen (mv.)	strumpor (pl)	['strumpʊr]
badpak (het)	baddräkt (en)	['bad₁drɛkt]

36. Hoofddeksels

hoed (de)	hatt (en)	['hat]
deukhoed (de)	hatt (en)	['hat]
honkbalpet (de)	baseballkeps (en)	['bejsbɔl' keps]
kleppet (de)	keps (en)	['keps]

baret (de)	basker (en)	['baskər]
kap (de)	luva, kapuschong (en)	['lʉ:va], [kapʉ'ʃɔ:ŋ]
panamahoed (de)	panamahatt (en)	['panama₁hat]
gebreide muts (de)	luva (en)	['lʉ:va]

hoofddoek (de)	sjalett (en)	[ʃa'l'et]
dameshoed (de)	hatt (en)	['hat]

veiligheidshelm (de)	hjälm (en)	['jɛl'm]
veldmuts (de)	båtmössa (en)	['bot₁mœsa]
helm, valhelm (de)	hjälm (en)	['jɛl'm]

bolhoed (de)	plommonstop (ett)	['pl'umɔn₁stʊp]
hoge hoed (de)	hög hatt, cylinder (en)	['hø:g ₁hat], [sy'lindər]

37. Schoeisel

schoeisel (het)	skodon (pl)	['skʊdʊn]
schoenen (mv.)	skor (pl)	['skʊr]
vrouwenschoenen (mv.)	damskor (pl)	['dam₁skʊr]
laarzen (mv.)	stövlar (pl)	['støvl'ar]
pantoffels (mv.)	tofflor (pl)	['tɔfl'ʊr]

sportschoenen (mv.)	tennisskor (pl)	['tɛnis₁skʊr]
sneakers (mv.)	canvas skor (pl)	['kanvas ₁skʊr]
sandalen (mv.)	sandaler (pl)	[san'dal'er]

schoenlapper (de)	skomakare (en)	['skʊ₁makarə]
hiel (de)	klack (en)	['kl'ak]

paar (een ~ schoenen)	par (ett)	['par]
veter (de)	skosnöre (ett)	['skʊˌsnøːrə]
rijgen (schoenen ~)	att snöra	[at 'snøːra]
schoenlepel (de)	skohorn (ett)	['skʊˌhuːn]
schoensmeer (de/het)	skokräm (en)	['skʊˌkrɛm]

38. Textiel. Weefsel

katoen (de/het)	bomull (en)	['bʊˌmulʲ]
katoenen (bn)	bomull-	['bʊˌmulʲ-]
vlas (het)	lin (ett)	['lin]
vlas-, van vlas (bn)	lin	['lin]

zijde (de)	siden (ett)	['sidən]
zijden (bn)	siden-	['sidən-]
wol (de)	ull (en)	['ulʲ]
wollen (bn)	ull-	['ulʲ-]

fluweel (het)	sammet (en)	['samet]
suède (de)	mocka (en)	['mɔka]
ribfluweel (het)	manchester (en)	['manˌɕestər]

nylon (de/het)	nylon (ett)	[ny'lʲɔn]
nylon-, van nylon (bn)	nylon-	[ny'lʲɔn-]
polyester (het)	polyester (en)	[pɔlʲy'ɛstər]
polyester- (abn)	polyester-	[pɔlʲy'ɛstər-]

leer (het)	läder, skinn (ett)	['lʲɛːdər], ['hin]
leren (van leer gemaak)	läder-, av läder	['lʲɛːdər-], [av 'lʲɛːdər]
bont (het)	päls (en)	['pɛlʲs]
bont- (abn)	päls-	['pɛlʲs-]

39. Persoonlijke accessoires

handschoenen (mv.)	handskar (pl)	['hanskar]
wanten (mv.)	vantar (pl)	['vantar]
sjaal (fleece ~)	halsduk (en)	['halʲsˌdʉːk]

bril (de)	glasögon (pl)	['glʲasˌøːgɔn]
brilmontuur (het)	båge (en)	['boːgə]
paraplu (de)	paraply (ett)	[para'plʲy]
wandelstok (de)	käpp (en)	['ɕɛp]
haarborstel (de)	hårborste (en)	['hoːrˌbɔːʂtə]
waaier (de)	solfjäder (en)	['sʊlʲˌfjɛːdər]

das (de)	slips (en)	['slips]
strikje (het)	fluga (en)	['flʉːga]
bretels (mv.)	hängslen (pl)	['hɛŋslʲən]
zakdoek (de)	näsduk (en)	['nɛsˌdʉk]

| kam (de) | kam (en) | ['kam] |
| haarspeldje (het) | hårklämma (ett) | ['hoːrˌklʲɛma] |

schuifspeldje (het)	hårnål (en)	['ho:ˌŋo:lʲ]
gesp (de)	spänne (ett)	['spɛnə]
broekriem (de)	bälte (ett)	['bɛlʲtə]
draagriem (de)	rem (en)	['rem]
handtas (de)	väska (en)	['vɛska]
damestas (de)	damväska (en)	['damˌvɛska]
rugzak (de)	ryggsäck (en)	['rʏgˌsɛk]

40. Kleding. Diversen

mode (de)	mode (ett)	['mʊdə]
de mode (bn)	modern	[mʊ'dɛ:ŋ]
kledingstilist (de)	modedesigner (en)	['mʊdə de'sajnər]
kraag (de)	krage (en)	['kragə]
zak (de)	ficka (en)	['fika]
zak- (abn)	fick-	['fik-]
mouw (de)	ärm (en)	['æ:rm]
lusje (het)	hängband (ett)	['hɛŋ band]
gulp (de)	gylf (en)	['gylʲf]
rits (de)	blixtlås (ett)	['blikstˌlʲo:s]
sluiting (de)	knäppning (en)	['knɛpniŋ]
knoop (de)	knapp (en)	['knap]
knoopsgat (het)	knapphål (ett)	['knapˌho:lʲ]
losraken (bijv. knopen)	att lossna	[at 'lʲosna]
naaien (kleren, enz.)	att sy	[at sy]
borduren (ww)	att brodera	[at brʊ'dera]
borduursel (het)	broderi (ett)	[brʊde'ri:]
naald (de)	synål (en)	['syˌno:lʲ]
draad (de)	tråd (en)	['tro:d]
naad (de)	söm (en)	['sø:m]
vies worden (ww)	att smutsa ned sig	[at 'smutsa ned sɛj]
vlek (de)	fläck (en)	['flʲɛk]
gekreukt raken (ov. kleren)	att bli skrynklig	[at bli 'skrʏŋklig]
scheuren (ov.ww.)	att riva	[at 'riva]
mot (de)	mal (en)	['malʲ]

41. Persoonlijke verzorging. Schoonheidsmiddelen

tandpasta (de)	tandkräm (en)	['tandˌkrɛm]
tandenborstel (de)	tandborste (en)	['tandˌbɔ:stə]
tanden poetsen (ww)	att borsta tänderna	[at 'bɔ:ʂta 'tɛndɛ:ŋa]
scheermes (het)	hyvel (en)	['hyvəlʲ]
scheerschuim (het)	rakkräm (en)	['rakˌkrɛm]
zich scheren (ww)	att raka sig	[at 'raka sɛj]
zeep (de)	tvål (en)	['tvo:lʲ]

shampoo (de)	schampo (ett)	['ɧam,pʊ]
schaar (de)	sax (en)	['saks]
nagelvijl (de)	nagelfil (en)	['nagəlʲ,filʲ]
nagelknipper (de)	nageltång (en)	['nagəlʲ,tɔŋ]
pincet (het)	pincett (en)	[pin'sɛt]

cosmetica (de)	kosmetika (en)	[kɔs'mɛtika]
masker (het)	ansiktsmask (en)	[an'sikts,mask]
manicure (de)	manikyr (en)	[mani'kyr]
manicure doen	att få manikyr	[at fo: mani'kyr]
pedicure (de)	pedikyr (en)	[pedi'kyr]

cosmetica tasje (het)	kosmetikväska (en)	[kɔsmɛ'tik,vɛska]
poeder (de/het)	puder (ett)	['pʉ:dər]
poederdoos (de)	puderdosa (en)	['pʉ:dɛ,do:sa]
rouge (de)	rouge (ett)	['ru:ʃ]

parfum (de/het)	parfym (en)	[par'fym]
eau de toilet (de)	eau de toilette (en)	['ɔ:detua,lʲet]
lotion (de)	rakvatten (ett)	['rak,vatən]
eau de cologne (de)	eau de cologne (en)	['ɔ:dekɔ,lʲɔnʲ]

oogschaduw (de)	ögonskugga (en)	['ø:gɔn,skuga]
oogpotlood (het)	ögonpenna (en)	['ø:gɔn,pɛna]
mascara (de)	mascara (en)	[ma'skara]

lippenstift (de)	läppstift (ett)	['lʲɛp,stift]
nagellak (de)	nagellack (ett)	['nagəlʲ,lʲak]
haarlak (de)	hårspray (en)	['ho:r,sprɛj]
deodorant (de)	deodorant (en)	[deʊdʊ'rant]

crème (de)	kräm (en)	['krɛm]
gezichtscrème (de)	ansiktskräm (en)	[an'sikts,krɛm]
handcrème (de)	handkräm (en)	['hand,krɛm]
antirimpelcrème (de)	anti-rynkor kräm (en)	['anti,rʏŋkʊr 'krɛm]
dagcrème (de)	dagkräm (en)	['dag,krɛm]
nachtcrème (de)	nattkräm (en)	['nat,krɛm]
dag- (abn)	dag-	['dag-]
nacht- (abn)	natt-	['nat-]

tampon (de)	tampong (en)	[tam'pɔŋ]
toiletpapier (het)	toalettpapper (ett)	[tʊa'lʲet,papər]
föhn (de)	hårtork (en)	['ho:,tʊrk]

42. Juwelen

sieraden (mv.)	smycken (pl)	['smʏkən]
edel (bijv. ~ stenen)	ädel-	['ɛ:dəl-]
keurmerk (het)	stämpel (en)	['stɛmpəlʲ]

ring (de)	ring (en)	['riŋ]
trouwring (de)	vigselring (en)	['vigsəlʲ,riŋ]
armband (de)	armband (ett)	['arm,band]
oorringen (mv.)	örhängen (pl)	['ø:r,hɛŋən]

halssnoer (het)	halsband (ett)	['hal¹s‚band]
kroon (de)	krona (en)	['krʊna]
kralen snoer (het)	halsband (ett)	['hal¹s‚band]

diamant (de)	diamant (en)	[dia'mant]
smaragd (de)	smaragd (en)	[sma'ragd]
robijn (de)	rubin (en)	[rʉ'biːn]
saffier (de)	safir (en)	[sa'fir]
parel (de)	pärlor (pl)	['pæː[ʲʊːr]
barnsteen (de)	rav, bärnsten (en)	['rav], ['bæːnʃtən]

43. Horloges. Klokken

polshorloge (het)	armbandsur (ett)	['armbands‚ʉːr]
wijzerplaat (de)	urtavla (en)	['ʉː‚tavlʲa]
wijzer (de)	visare (en)	['visarə]
metalen horlogeband (de)	armband (ett)	['arm‚band]
horlogebandje (het)	armband (ett)	['arm‚band]

batterij (de)	batteri (ett)	[batɛ'riː]
leeg zijn (ww)	att bli urladdad	[at bli 'ʉː‚lʲadad]
batterij vervangen	att byta batteri	[at 'byta batɛ'riː]
voorlopen (ww)	att gå för fort	[at 'goː før 'foːt]
achterlopen (ww)	att gå för långsamt	[at 'goː før 'lʲoŋ‚samt]

wandklok (de)	väggklocka (en)	['vɛg‚klʲɔka]
zandloper (de)	sandklocka (en)	['sand‚klʲɔka]
zonnewijzer (de)	solklocka (en)	['sʊlʲ‚klʲɔka]
wekker (de)	väckarklocka (en)	['vɛkar‚klʲɔka]
horlogemaker (de)	urmakare (en)	['ʉr‚makarə]
repareren (ww)	att reparera	[at repa'rera]

Voedsel. Voeding

44. Voedsel

vlees (het)	kött (ett)	['ɕœt]
kip (de)	höna (en)	['hø:na]
kuiken (het)	kyckling (en)	['ɕyklɪŋ]
eend (de)	anka (en)	['aŋka]
gans (de)	gås (en)	['go:s]
wild (het)	vilt (ett)	['vilʲt]
kalkoen (de)	kalkon (en)	[kalʲ'kʊn]
varkensvlees (het)	fläsk (ett)	['flʲɛsk]
kalfsvlees (het)	kalvkött (en)	['kalʲv‚ɕœt]
schapenvlees (het)	lammkött (ett)	['lʲam‚ɕœt]
rundvlees (het)	oxkött, nötkött (ett)	['ʊks‚ɕœt], ['nø:t‚ɕœt]
konijnenvlees (het)	kanin (en)	[ka'nin]
worst (de)	korv (en)	['kɔrv]
saucijs (de)	wienerkorv (en)	['viŋɛr‚kɔrv]
spek (het)	bacon (ett)	['bɛjkɔn]
ham (de)	skinka (en)	['ɧiŋka]
gerookte achterham (de)	skinka (en)	['ɧiŋka]
paté, pastei (de)	paté (en)	[pa'te]
lever (de)	lever (en)	['lʲevər]
gehakt (het)	köttfärs (en)	['ɕœt‚fæ:ʂ]
tong (de)	tunga (en)	['tuŋa]
ei (het)	ägg (ett)	['ɛg]
eieren (mv.)	ägg (pl)	['ɛg]
eiwit (het)	äggvita (en)	['ɛg‚vi:ta]
eigeel (het)	äggula (en)	['ɛg‚ʉ:lʲa]
vis (de)	fisk (en)	['fisk]
zeevruchten (mv.)	fisk och skaldjur	['fisk ɔ 'skalʲ‚jʉ:r]
schaaldieren (mv.)	kräftdjur (pl)	['krɛft‚ju:r]
kaviaar (de)	kaviar (en)	['kav‚jar]
krab (de)	krabba (en)	['kraba]
garnaal (de)	räka (en)	['rɛ:ka]
oester (de)	ostron (ett)	['ʊstrʊn]
langoest (de)	languster (en)	[lʲaŋ'gustər]
octopus (de)	bläckfisk (en)	['blʲɛk‚fisk]
inktvis (de)	bläckfisk (en)	['blʲɛk‚fisk]
steur (de)	stör (en)	['stø:r]
zalm (de)	lax (en)	['lʲaks]
heilbot (de)	hälleflundra (en)	['hɛlʲe‚flʉndra]
kabeljauw (de)	torsk (en)	['tɔ:ʂk]

makreel (de)	makrill (en)	['makril']
tonijn (de)	tonfisk (en)	['tʊn̩fisk]
paling (de)	ål (en)	['oːl']

forel (de)	öring (en)	['øːriŋ]
sardine (de)	sardin (en)	[sa:'dʲiːn]
snoek (de)	gädda (en)	['jɛda]
haring (de)	sill (en)	['sil']

brood (het)	bröd (ett)	['brøːd]
kaas (de)	ost (en)	['ʊst]
suiker (de)	socker (ett)	['sɔkər]
zout (het)	salt (ett)	['sal't]

rijst (de)	ris (ett)	['ris]
pasta (de)	pasta (en), makaroner (pl)	['pasta], [maka'rʊnər]
noedels (mv.)	nudlar (pl)	['nɵːdlʲar]

boter (de)	smör (ett)	['smœːr]
plantaardige olie (de)	vegetabilisk olja (en)	[vegeta'bilisk 'ɔlja]
zonnebloemolie (de)	solrosolja (en)	['sʊlʲrʊsˌɔlja]
margarine (de)	margarin (ett)	[marga'rin]

olijven (mv.)	oliver (pl)	[ʊ:'livər]
olijfolie (de)	olivolja (en)	[ʊ'livˌɔlja]

melk (de)	mjölk (en)	['mjœl'k]
gecondenseerde melk (de)	kondenserad mjölk (en)	[kɔndɛn'serad ˌmjœl'k]
yoghurt (de)	yoghurt (en)	['jo:gɵ:t]
zure room (de)	gräddfil, syrad grädden (en)	['grɛdfil'], [syrad 'gredən]
room (de)	grädde (en)	['grɛdə]

mayonaise (de)	majonnäs (en)	[majo'nɛs]
crème (de)	kräm (en)	['krɛm]

graan (het)	gryn (en)	['gryn]
meel (het), bloem (de)	mjöl (ett)	['mjøːl']
conserven (mv.)	konserv (en)	[kɔn'sɛrv]

maïsvlokken (mv.)	cornflakes (pl)	['ko:n̩flɛjks]
honing (de)	honung (en)	['hɔnuŋ]
jam (de)	sylt, marmelad (en)	['syl't], [marme'lʲad]
kauwgom (de)	tuggummi (ett)	['tugˌgumi]

45. Drankjes

water (het)	vatten (ett)	['vatən]
drinkwater (het)	dricksvatten (ett)	['driksˌvatən]
mineraalwater (het)	mineralvatten (ett)	[mine'ralʲˌvatən]

zonder gas	icke kolsyrat	['ikə 'kɔlʲˌsyrat]
koolzuurhoudend (bn)	kolsyrat	['kɔlʲˌsyrat]
bruisend (bn)	kolsyrat	['kɔlʲˌsyrat]

IJs (het)	is (en)	['is]
met ijs	med is	[me 'is]
alcohol vrij (bn)	alkoholfri	[alʲkʊ'hɔlʲˌfri:]
alcohol vrije drank (de)	alkoholfri dryck (en)	[alʲkʊ'hɔlʲfri 'drʏk]
frisdrank (de)	läskedryck (en)	['lɛskəˌdrik]
limonade (de)	lemonad (en)	[lʲemɔ'nad]
alcoholische dranken (mv.)	alkoholhaltiga drycker (pl)	[alʲkʊ'hɔlʲˌhalʲtiga 'drʏkər]
wijn (de)	vin (ett)	['vin]
witte wijn (de)	vitvin (ett)	['vitˌvin]
rode wijn (de)	rödvin (ett)	['rø:dˌvin]
likeur (de)	likör (en)	[li'kø:r]
champagne (de)	champagne (en)	[ɦam'panʲ]
vermout (de)	vermouth (en)	['vɛrmut]
whisky (de)	whisky (en)	['viski]
wodka (de)	vodka (en)	['vodka]
gin (de)	gin (ett)	['dʒin]
cognac (de)	konjak (en)	['kɔnʲak]
rum (de)	rom (en)	['rɔm]
koffie (de)	kaffe (ett)	['kafə]
zwarte koffie (de)	svart kaffe (ett)	['svaːʈ 'kafə]
koffie (de) met melk	kaffe med mjölk (ett)	['kafə me mjœlʲk]
cappuccino (de)	cappuccino (en)	['kaputʃinʊ]
oploskoffie (de)	snabbkaffe (ett)	['snabˌkafə]
melk (de)	mjölk (en)	['mjœlʲk]
cocktail (de)	cocktail (en)	['kɔktɛjlʲ]
milkshake (de)	milkshake (en)	['milʲkˌʃɛjk]
sap (het)	juice (en)	['juːs]
tomatensap (het)	tomatjuice (en)	[tʊ'matjuːs]
sinaasappelsap (het)	apelsinjuice (en)	[apɛlʲ'sinjuːs]
vers geperst sap (het)	nypressad juice (en)	['nʏˌprɛsad 'juːs]
bier (het)	öl (ett)	['øːlʲ]
licht bier (het)	ljust öl (ett)	['juːstˌøːlʲ]
donker bier (het)	mörkt öl (ett)	['mœːrkt ˌøːlʲ]
thee (de)	te (ett)	['teː]
zwarte thee (de)	svart te (ett)	['svaːʈ ˌteː]
groene thee (de)	grönt te (ett)	['grœnt teː]

46. Groenten

groenten (mv.)	grönsaker (pl)	['grøːnˌsakər]
verse kruiden (mv.)	grönsaker (pl)	['grøːnˌsakər]
tomaat (de)	tomat (en)	[tʊ'mat]
augurk (de)	gurka (en)	['gurka]
wortel (de)	morot (en)	['mʊˌrʊt]

aardappel (de)	potatis (en)	[puˈtatis]
ui (de)	lök (en)	[ˈlʲøːk]
knoflook (de)	vitlök (en)	[ˈvitˌlʲøːk]

kool (de)	kål (en)	[ˈkoːlʲ]
bloemkool (de)	blomkål (en)	[ˈblʲʊmˌkoːlʲ]
spruitkool (de)	brysselkål (en)	[ˈbrʏsɛlʲˌkoːlʲ]
broccoli (de)	broccoli (en)	[ˈbrɔkɔli]

rode biet (de)	rödbeta (en)	[ˈrøːdˌbeta]
aubergine (de)	aubergine (en)	[ɔbɛrˈʒin]
courgette (de)	squash, zucchini (en)	[ˈskvɔːɕ], [suˈkini]
pompoen (de)	pumpa (en)	[ˈpumpa]
raap (de)	rova (en)	[ˈrʊva]

peterselie (de)	persilja (en)	[pɛˈɕilja]
dille (de)	dill (en)	[ˈdilʲ]
sla (de)	sallad (en)	[ˈsalʲad]
selderij (de)	selleri (en)	[ˈsɛlʲeri]
asperge (de)	sparris (en)	[ˈsparis]
spinazie (de)	spenat (en)	[speˈnat]

erwt (de)	ärter (pl)	[ˈæːtər]
bonen (mv.)	bönor (pl)	[ˈbønʊr]
maïs (de)	majs (en)	[ˈmajs]
boon (de)	böna (en)	[ˈbøna]

peper (de)	peppar (en)	[ˈpɛpar]
radijs (de)	rädisa (en)	[ˈrɛːdisa]
artisjok (de)	kronärtskocka (en)	[ˈkrʊnæːtˌskɔka]

47. Vruchten. Noten

vrucht (de)	frukt (en)	[ˈfrʉkt]
appel (de)	äpple (ett)	[ˈɛplʲe]
peer (de)	päron (ett)	[ˈpæːrɔn]
citroen (de)	citron (en)	[siˈtrʊn]
sinaasappel (de)	apelsin (en)	[apɛlʲˈsin]
aardbei (de)	jordgubbe (en)	[ˈjʊːdˌgubə]

mandarijn (de)	mandarin (en)	[mandaˈrin]
pruim (de)	plommon (ett)	[ˈplʲʊmɔn]
perzik (de)	persika (en)	[ˈpɛɕika]
abrikoos (de)	aprikos (en)	[apriˈkʊs]
framboos (de)	hallon (ett)	[ˈhalʲɔn]
ananas (de)	ananas (en)	[ˈananas]

banaan (de)	banan (en)	[ˈbanan]
watermeloen (de)	vattenmelon (en)	[ˈvatənˌmeˈlʲʊn]
druif (de)	druva (en)	[ˈdrʉːva]
zure kers (de)	körsbär (ett)	[ˈɕøːʂˌbæːr]
zoete kers (de)	fågelbär (ett)	[ˈfoːɡəlʲˌbæːr]
meloen (de)	melon (en)	[meˈlʲʊn]
grapefruit (de)	grapefrukt (en)	[ˈɡrɛjpˌfrʉkt]

avocado (de)	avokado (en)	[avɔ'kadʉ]
papaja (de)	papaya (en)	[pa'paja]
mango (de)	mango (en)	['maŋgʉ]
granaatappel (de)	granatäpple (en)	[gra'natˌɛplʲe]

rode bes (de)	röda vinbär (ett)	['rø:da 'vinbæ:r]
zwarte bes (de)	svarta vinbär (ett)	['sva:ʈa 'vinbæ:r]
kruisbes (de)	krusbär (ett)	['krʉ:sˌbæ:r]
bosbes (de)	blåbär (ett)	['blʲo:ˌbæ:r]
braambes (de)	björnbär (ett)	['bjø:n̪bæ:r]

rozijn (de)	russin (ett)	['rusin]
vijg (de)	fikon (ett)	['fikɔn]
dadel (de)	dadel (en)	['dadəlʲ]

pinda (de)	jordnöt (en)	['jʉ:d̪nø:t]
amandel (de)	mandel (en)	['mandəlʲ]
walnoot (de)	valnöt (en)	['valʲˌnø:t]
hazelnoot (de)	hasselnöt (en)	['hasəlʲˌnø:t]
kokosnoot (de)	kokosnöt (en)	['kukʊsˌnø:t]
pistaches (mv.)	pistaschnötter (pl)	['pistaʃˌnœtər]

48. Brood. Snoep

suikerbakkerij (de)	konditorivaror (pl)	[kɔnditʉ'ri:ˌvarʊr]
brood (het)	bröd (ett)	['brø:d]
koekje (het)	småkakor (pl)	['smo:kakʊr]

chocolade (de)	choklad (en)	[ʃɔk'lʲad]
chocolade- (abn)	choklad-	[ʃɔk'lʲad-]
snoepje (het)	konfekt, karamell (en)	[kɔn'fɛkt], [kara'mɛlʲ]
cakeje (het)	kaka, bakelse (en)	['kaka], ['bakəlʲsə]
taart (bijv. verjaardags~)	tårta (en)	['to:ʈa]

pastei (de)	paj (en)	['paj]
vulling (de)	fyllning (en)	['fylʲniŋ]

confituur (de)	sylt (en)	['sylʲt]
marmelade (de)	marmelad (en)	[marme'lʲad]
wafel (de)	våffle (en)	['vɔflʲe]
IJsje (het)	glass (en)	['glʲas]
pudding (de)	pudding (en)	['pudiŋ]

49. Bereide gerechten

gerecht (het)	rätt (en)	['ræt]
keuken (bijv. Franse ~)	kök (ett)	['çø:k]
recept (het)	recept (ett)	[re'sɛpt]
portie (de)	portion (en)	[pɔːʈ'ʃʊn]

salade (de)	sallad (en)	['salʲad]
soep (de)	soppa (en)	['sɔpa]

bouillon (de)	buljong (en)	[bu'ljɔŋ]
boterham (de)	smörgås (en)	['smœr͵go:s]
spiegelei (het)	stekt ägg (en)	['stɛkt ͵ɛg]

hamburger (de)	hamburgare (en)	['hamburgarə]
biefstuk (de)	biffstek (en)	['bif͵stɛk]

garnering (de)	tillbehör (ett)	['tilʲbe͵hør]
spaghetti (de)	spagetti	[spa'gɛti]
aardappelpuree (de)	potatismos (ett)	[pu'tatis͵mus]
pizza (de)	pizza (en)	['pitsa]
pap (de)	gröt (en)	['grø:t]
omelet (de)	omelett (en)	[ɔmə'lʲet]

gekookt (in water)	kokt	['kukt]
gerookt (bn)	rökt	['rœkt]
gebakken (bn)	stekt	['stɛkt]
gedroogd (bn)	torkad	['tɔrkad]
diepvries (bn)	fryst	['frʏst]
gemarineerd (bn)	sylt-	['sylʲt-]

zoet (bn)	söt	['sø:t]
gezouten (bn)	salt	['salʲt]
koud (bn)	kall	['kalʲ]
heet (bn)	het, varm	['het], ['varm]
bitter (bn)	bitter	['bitər]
lekker (bn)	läcker	['lʲɛkər]

koken (in kokend water)	att koka	[at 'kuka]
bereiden (avondmaaltijd ~)	att laga	[at 'lʲaga]
bakken (ww)	att steka	[at 'steka]
opwarmen (ww)	att värma upp	[at 'væ:rma up]

zouten (ww)	att salta	[at 'salʲta]
peperen (ww)	att peppra	[at 'pepra]
raspen (ww)	att riva	[at 'riva]
schil (de)	skal (ett)	['skalʲ]
schillen (ww)	att skala	[at 'skalʲa]

50. Kruiden

zout (het)	salt (ett)	['salʲt]
gezouten (bn)	salt	['salʲt]
zouten (ww)	att salta	[at 'salʲta]

zwarte peper (de)	svartpeppar (en)	['sva:t͵pɛpar]
rode peper (de)	rödpeppar (en)	['rø:d͵pɛpar]
mosterd (de)	senap (en)	['se:nap]
mierikswortel (de)	pepparrot (en)	['pɛpa͵rut]

condiment (het)	krydda (en)	['krʏda]
specerij , kruiderij (de)	krydda (en)	['krʏda]
saus (de)	sås (en)	['so:s]
azijn (de)	ättika (en)	['ætika]

anijs (de)	anis (en)	['anis]
basilicum (de)	basilika (en)	[ba'silika]
kruidnagel (de)	nejlika (en)	['nɛjlika]
gember (de)	ingefära (en)	['iŋə͜fæːra]
koriander (de)	koriander (en)	[kɔri'andər]
kaneel (de/het)	kanel (en)	[ka'nelʲ]

sesamzaad (het)	sesam (en)	['sesam]
laurierblad (het)	lagerblad (ett)	['lʲagər͜blʲad]
paprika (de)	paprika (en)	['paprika]
komijn (de)	kummin (en)	['kumin]
saffraan (de)	saffran (en)	['safran]

51. Maaltijden

eten (het)	mat (en)	['mat]
eten (ww)	att äta	[at 'ɛːta]

ontbijt (het)	frukost (en)	['frʉːkɔst]
ontbijten (ww)	att äta frukost	[at 'ɛːta 'frʉːkɔst]
lunch (de)	lunch (en)	['lʉnɕ]
lunchen (ww)	att äta lunch	[at 'ɛːta ͜lʉnɕ]
avondeten (het)	kvällsmat (en)	['kvɛlʲs͜mat]
souperen (ww)	att äta kvällsmat	[at 'ɛːta 'kvɛlʲs͜mat]

eetlust (de)	aptit (en)	['aptit]
Eet smakelijk!	Smaklig måltid!	['smaklig 'moːlʲtid]

openen (een fles ~)	att öppna	[at 'øpna]
morsen (koffie, enz.)	att spilla	[at 'spilʲa]
zijn gemorst	att spillas ut	[at 'spilʲas ʉt]

koken (water kookt bij 100°C)	att koka	[at 'kʊka]
koken (Hoe om water te ~)	att koka	[at 'kʊka]
gekookt (~ water)	kokt	['kʊkt]
afkoelen (koeler maken)	att avkyla	[at 'av͜ɕylʲa]
afkoelen (koeler worden)	att avkylas	[at 'av͜ɕylʲas]

smaak (de)	smak (en)	['smak]
nasmaak (de)	bismak (en)	['bismak]

volgen een dieet	att vara på diet	[at 'vara pɔ di'et]
dieet (het)	diet (en)	[di'et]
vitamine (de)	vitamin (ett)	[vita'min]
calorie (de)	kalori (en)	[kalʲɔ'riː]
vegetariër (de)	vegetarian (en)	[vegetiri'an]
vegetarisch (bn)	vegetarisk	[vege'tarisk]

vetten (mv.)	fett (ett)	['fɛt]
eiwitten (mv.)	proteiner (pl)	[prɔte'iːnər]
koolhydraten (mv.)	kolhydrater (pl)	['kɔlʲhʏ͜dratər]
snede (de)	skiva (en)	['ɧiva]
stuk (bijv. een ~ taart)	bit (en)	['bit]
kruimel (de)	smula (en)	['smʉlʲa]

52. Tafelschikking

lepel (de)	sked (en)	['ɧed]
mes (het)	kniv (en)	['kniv]
vork (de)	gaffel (en)	['gafəlʲ]
kopje (het)	kopp (en)	['kop]
bord (het)	tallrik (en)	['talʲrik]
schoteltje (het)	tefat (ett)	['te̩fat]
servet (het)	servett (en)	[sɛr'vɛt]
tandenstoker (de)	tandpetare (en)	['tand̩petarə]

53. Restaurant

restaurant (het)	restaurang (en)	[rɛstɔ'raŋ]
koffiehuis (het)	kafé (ett)	[ka'feː]
bar (de)	bar (en)	['bar]
tearoom (de)	tehus (ett)	['teːˌhʉs]
kelner, ober (de)	servitör (en)	[sɛrvi'tøːr]
serveerster (de)	servitris (en)	[sɛrvi'tris]
barman (de)	bartender (en)	['baːˌtɛndər]
menu (het)	meny (en)	[me'ny]
wijnkaart (de)	vinlista (en)	['vinˌlista]
een tafel reserveren	att reservera bord	[at resɛr'vera bʉːd̦]
gerecht (het)	rätt (en)	['ræt]
bestellen (eten ~)	att beställa	[at be'stɛlʲa]
een bestelling maken	att beställa	[at be'stɛlʲa]
aperitief (de/het)	aperitif (en)	[aperi'tif]
voorgerecht (het)	förrätt (en)	['fœːræt]
dessert (het)	dessert (en)	[dɛ'sɛːr]
rekening (de)	nota (en)	['nʊta]
de rekening betalen	att betala notan	[at be'talʲa 'nʊtan]
wisselgeld teruggeven	att ge tillbaka växel	[at je tilʲ'baka 'vɛksəlʲ]
fooi (de)	dricks (en)	['driks]

Familie, verwanten en vrienden

54. Persoonlijke informatie. Formulieren

naam (de)	namn (ett)	['namn]
achternaam (de)	efternamn (ett)	['ɛftə‚namn]
geboortedatum (de)	födelsedatum (ett)	['føːdəlˈseˌdatum]
geboorteplaats (de)	födelseort (en)	['føːdəlˈseˌɔːʈ]
nationaliteit (de)	nationalitet (en)	[natฺɧunaliˈtet]
woonplaats (de)	bostadsort (en)	['bostadsˌɔːʈ]
land (het)	land (ett)	['lˈand]
beroep (het)	yrke (ett), profession (en)	['yrkə], [prɔfeˈɧun]
geslacht (ov. het vrouwelijk ~)	kön (ett)	['çøːn]
lengte (de)	höjd (en)	['hœjd]
gewicht (het)	vikt (en)	['vikt]

55. Familieleden. Verwanten

moeder (de)	mor (en)	['mur]
vader (de)	far (en)	['far]
zoon (de)	son (en)	['sɔn]
dochter (de)	dotter (en)	['dɔtər]
jongste dochter (de)	yngsta dotter (en)	['yŋsta 'dɔtər]
jongste zoon (de)	yngste son (en)	['yŋstə sɔn]
oudste dochter (de)	äldsta dotter (en)	['ɛlˈsta 'dɔtər]
oudste zoon (de)	äldste son (en)	['ɛlˈstə 'sɔn]
broer (de)	bror (en)	['brur]
oudere broer (de)	storebror (en)	['sturəˌbrur]
jongere broer (de)	lillebror (en)	['liˈlˈeˌbrur]
zuster (de)	syster (en)	['systər]
oudere zuster (de)	storasyster (en)	['sturaˌsystər]
jongere zuster (de)	lillasyster (en)	['liˈlˈaˌsystər]
neef (zoon van oom, tante)	kusin (en)	[kʉˈsiːn]
nicht (dochter van oom, tante)	kusin (en)	[kʉˈsiːn]
mama (de)	mamma (en)	['mama]
papa (de)	pappa (en)	['papa]
ouders (mv.)	föräldrar (pl)	[førˈɛlˈdrar]
kind (het)	barn (ett)	['baːɳ]
kinderen (mv.)	barn (pl)	['baːɳ]
oma (de)	mormor, farmor (en)	['murmur], ['farmur]
opa (de)	morfar, farfar (en)	['murfar], ['farfar]

kleinzoon (de)	barnbarn (ett)	['ba:nˌba:n]
kleindochter (de)	barnbarn (ett)	['ba:nˌba:n]
kleinkinderen (mv.)	barnbarn (pl)	['ba:nˌba:n]

oom (de)	farbror, morbror (en)	['farˌbrʊr], ['mʊrˌbrʊr]
tante (de)	faster, moster (en)	['fastər], ['mʊstər]
neef (zoon van broer, zus)	brorson, systerson (en)	['brʊrˌsɔn], ['sʏstəˌsɔn]
nicht (dochter van broer ,zus)	brorsdotter, systerdotter (en)	['brʊːsˌdɔtər], ['sʏstəˌdɔtər]

schoonmoeder (de)	svärmor (en)	['svæːrˌmʊr]
schoonvader (de)	svärfar (en)	['svæːrˌfar]
schoonzoon (de)	svärson (en)	['svæːˌsɔn]
stiefmoeder (de)	styvmor (en)	['stʏvˌmʊr]
stiefvader (de)	styvfar (en)	['stʏvˌfar]

zuigeling (de)	spädbarn (ett)	['spɛːdˌba:n]
wiegenkind (het)	spädbarn (ett)	['spɛːdˌba:n]
kleuter (de)	baby, bäbis (en)	['bɛːbi], ['bɛːbis]

vrouw (de)	hustru (en)	['hʉstrʉ]
man (de)	man (en)	['man]
echtgenoot (de)	make, äkta make (en)	['makə], ['ɛkta ˌmakə]
echtgenote (de)	hustru (en)	['hʉstrʉ]

gehuwd (mann.)	gift	['jift]
gehuwd (vrouw.)	gift	['jift]
ongehuwd (mann.)	ogift	[ʊ'jift]
vrijgezel (de)	ungkarl (en)	['uŋˌkar]
gescheiden (bn)	frånskild	['froːnˌɧilʲd]
weduwe (de)	änka (en)	['ɛŋka]
weduwnaar (de)	änkling (en)	['ɛŋkliŋ]

familielid (het)	släkting (en)	['slʲɛktiŋ]
dichte familielid (het)	nära släkting (en)	['næːra 'slʲɛktiŋ]
verre familielid (het)	fjärran släkting (en)	['fjæːran 'slʲɛktiŋ]
familieleden (mv.)	släktingar (pl)	['slʲɛktiŋar]

wees (de), weeskind (het)	föräldralöst barn (ett)	[før'ɛlʲdralʲœst 'ba:n]
voogd (de)	förmyndare (en)	['førˌmʏndarə]
adopteren (een jongen te ~)	att adoptera	[at adɔp'tera]
adopteren (een meisje te ~)	att adoptera	[at adɔp'tera]

56. Vrienden. Collega's

vriend (de)	vän (en)	['vɛːn]
vriendin (de)	väninna (en)	[vɛː'nina]
vriendschap (de)	vänskap (en)	['vɛnˌskap]
bevriend zijn (ww)	att vara vänner	[at 'vara 'vɛnər]

makker (de)	vän (en)	['vɛːn]
vriendin (de)	väninna (en)	[vɛː'nina]
partner (de)	partner (en)	['paːʈnər]
chef (de)	chef (en)	['ɧef]

baas (de)	överordnad (en)	['ø:vər‚ɔ:dɳat]
eigenaar (de)	ägare (en)	['ɛ:garə]
ondergeschikte (de)	underordnad (en)	['undər‚ɔ:dɳat]
collega (de)	kollega (en)	[kɔ'lʲe:ga]

kennis (de)	bekant (en)	[be'kant]
medereiziger (de)	resekamrat (en)	['resə‚kam'rat]
klasgenoot (de)	klasskamrat (en)	['klʲas‚kam'rat]

buurman (de)	granne (en)	['granə]
buurvrouw (de)	granne (en)	['granə]
buren (mv.)	grannar (pl)	['granar]

57. Man. Vrouw

vrouw (de)	kvinna (en)	['kvina]
meisje (het)	tjej, flicka (en)	[ɕej], ['flika]
bruid (de)	brud (en)	['bru:d]

mooi(e) (vrouw, meisje)	vacker	['vakər]
groot, grote (vrouw, meisje)	lång	['lʲoŋ]
slank(e) (vrouw, meisje)	slank	['slʲaŋk]
korte, kleine (vrouw, meisje)	kort	['kɔ:t]

| blondine (de) | blondin (en) | [blʲon'din] |
| brunette (de) | brunett (en) | [bru'nɛt] |

dames- (abn)	dam-	['dam-]
maagd (de)	jungfru (en)	['juŋfru:]
zwanger (bn)	gravid	[gra'vid]

man (de)	man (en)	['man]
blonde man (de)	blond man (en)	['blʲond man]
bruinharige man (de)	brunhårig (en)	['brun‚ho:rig]
groot (bn)	lång	['lʲoŋ]
klein (bn)	kort	['kɔ:t]

onbeleefd (bn)	ohövlig	[ʊ:'høvlig]
gedrongen (bn)	undersätsig	['undə‚sɶtsig]
robuust (bn)	robust	[rʊ'bust]
sterk (bn)	stark	['stark]
sterkte (de)	styrka (en)	['styrka]

mollig (bn)	tjock	['ɕøk]
getaand (bn)	mörkhyad	['mɶ:rk‚hyad]
slank (bn)	slank	['slʲaŋk]
elegant (bn)	elegant	[ɛlʲe'gant]

58. Leeftijd

| leeftijd (de) | ålder (en) | ['ɔlʲdər] |
| jeugd (de) | ungdom (en) | ['uŋ‚dʊm] |

jong (bn)	ung	['uŋ]
jonger (bn)	yngre	['yŋrə]
ouder (bn)	äldre	['ɛlˈdrə]

jongen (de)	yngling (en)	['yŋliŋ]
tiener, adolescent (de)	tonåring (en)	[tɔ'noːriŋ]
kerel (de)	grabb (en)	['grab]

oude man (de)	gammal man (en)	['gamalˈ ˌman]
oude vrouw (de)	gumma (en)	['guma]

volwassen (bn)	vuxen	['vuksən]
van middelbare leeftijd (bn)	medelålders	['medəlˈˌɔldɛş]
bejaard (bn)	äldre	['ɛlˈdrə]
oud (bn)	gammal	['gamalˈ]

pensioen (het)	pension (en)	[pan'ɧʊn]
met pensioen gaan	att gå i pension	[at 'goː i pan'ɧʊn]
gepensioneerde (de)	pensionär (en)	[panɧʊ'næːr]

59. Kinderen

kind (het)	barn (ett)	['baːɳ]
kinderen (mv.)	barn (pl)	['baːɳ]
tweeling (de)	tvillingar (pl)	['tviliŋar]

wieg (de)	vagga (en)	['vaga]
rammelaar (de)	skallra (en)	['skalˈra]
luier (de)	blöja (en)	['blˈœja]

speen (de)	napp (en)	['nap]
kinderwagen (de)	barnvagn (en)	['baːɳˌvagn]
kleuterschool (de)	dagis (ett), förskola (en)	['dagis], ['fœːˌşkulˈa]
babysitter (de)	barnflicka (en)	['baːɳˌflika]

kindertijd (de)	barndom (en)	['baːɳˌdʊm]
pop (de)	docka (en)	['dɔka]
speelgoed (het)	leksak (en)	['lˈekˌsak]
bouwspeelgoed (het)	byggleksak (en)	['bɤglˈekˌsak]
welopgevoed (bn)	väluppfostrad	['vɛlˈˌup'fʊstrad]
onopgevoed (bn)	ouppfostrad	['oupˌfɔstrad]
verwend (bn)	bortskämd	['bɔːʈɧɛːmd]

stout zijn (ww)	att vara stygg	[at 'vara stɤg]
stout (bn)	okynnig	[ʊ:'ɕynig]
stoutheid (de)	okynnighet (en)	[ʊ:'ɕynigˌhet]
stouterd (de)	okynnig barn (en)	[ʊ:'ɕynig 'baːɳ]

gehoorzaam (bn)	lydig	['lˈydig]
ongehoorzaam (bn)	olydig	[ʊ:'lˈydig]

braaf (bn)	foglig	['foglˈig]
slim (verstandig)	klok	['klˈʊk]
wonderkind (het)	underbarn (ett)	['undəˌbaːɳ]

60. Gehuwde paren. Gezinsleven

kussen (een kus geven)	att kyssa	[at 'ɕysa]
elkaar kussen (ww)	att kyssas	[at 'ɕysas]
gezin (het)	familj (en)	[fa'milj]
gezins- (abn)	familje-	[fa'miljə-]
paar (het)	par (ett)	['par]
huwelijk (het)	äktenskap (ett)	['ɛktən‚skap]
thuis (het)	hemmets härd (en)	['hɛmət͡s hæ:d]
dynastie (de)	dynasti (en)	[dynas'ti]
date (de)	date, träff (en)	['dɛjt], ['trɛf]
zoen (de)	kyss (en)	['ɕys]
liefde (de)	kärlek (en)	['ɕæː:l‿ek]
liefhebben (ww)	att älska	[at 'ɛl‿ska]
geliefde (bn)	älskling	['ɛl‿skliŋ]
tederheid (de)	ömhet (en)	['øm‚het]
teder (bn)	öm	['ø:m]
trouw (de)	trohet (en)	['trʊ‚het]
trouw (bn)	trogen	['trʊgən]
zorg (bijv. bejaarden~)	omsorg (en)	['ɔm‚sɔrj]
zorgzaam (bn)	omtänksam	['ɔm‚tɛŋksam]
jonggehuwden (mv.)	de nygifta	[de 'ny‚jifta]
wittebroodsweken (mv.)	smekmånad (en)	['smek‚mɔ:nad]
trouwen (vrouw)	att gifta sig	[at 'jifta sɛj]
trouwen (man)	att gifta sig	[at 'jifta sɛj]
bruiloft (de)	bröllop (ett)	['brœl‿ɔp]
gouden bruiloft (de)	guldbröllop (ett)	['gʊl‿d‚brœl‿ɔp]
verjaardag (de)	årsdag (en)	['o:ʂ‚dag]
minnaar (de)	älskare (en)	['ɛl‿skarə]
minnares (de)	älskarinna (en)	[ɛl‿ska'rina]
overspel (het)	otrohet (en)	[ʊ:'trʊhet]
overspel plegen (ww)	att vara otrogen	[at 'vara ʊ:'trʊgən]
jaloers (bn)	svartsjuk	['sva:t‚ɧʉ:k]
jaloers zijn (echtgenoot, enz.)	att vara svartsjuk	[at 'vara 'sva:t‚ɧʉ:k]
echtscheiding (de)	skilsmässa (en)	['ɧil‿s‚mɛsa]
scheiden (ww)	att skilja sig	[at 'ɧilja sɛj]
ruzie hebben (ww)	att gräla	[at 'grɛ:la]
vrede sluiten (ww)	att försona sig	[at fœ:'ʂʊna sɛj]
samen (bw)	tillsammans	[til‿'samans]
seks (de)	sex (ett)	['sɛks]
geluk (het)	lycka (en)	['l‿yka]
gelukkig (bn)	lycklig	['l‿yklig]
ongeluk (het)	olycka (en)	[ʊ:'l‿yka]
ongelukkig (bn)	olycklig	[ʊ:'l‿yklig]

Karakter. Gevoelens. Emoties

61. Gevoelens. Emoties

gevoel (het)	känsla (en)	['ɕɛnslʲa]
gevoelens (mv.)	känslor (pl)	['ɕɛnslʲʊr]
voelen (ww)	att känna	[at 'ɕɛna]
honger (de)	hunger (en)	['huŋər]
honger hebben (ww)	att vara hungrig	[at 'vara 'huŋrig]
dorst (de)	törst (en)	['tø:ʂt]
dorst hebben	att vara törstig	[at 'vara 'tø:ʂtig]
slaperigheid (de)	sömnighet (en)	['sœmnig,het]
willen slapen	att vara sömnig	[at 'vara 'sœmnig]
moeheid (de)	trötthet (en)	['trœt,het]
moe (bn)	trött	['trœt]
vermoeid raken (ww)	att bli trött	[at bli 'trœt]
stemming (de)	humör (ett)	[hʉ'mœ:r]
verveling (de)	leda (en)	['lʲeda]
zich vervelen (ww)	att ha tråkigt	[at ha 'tro:kit]
afzondering (de)	avstängdhet (en)	['avstɛŋd,het]
zich afzonderen (ww)	att isolera sig	[at isʊ'lʲera sɛj]
bezorgd maken (ww)	att bekymra, att oroa	[at be'ɕymra], [at 'ʊ:rʊa]
zich bezorgd maken	att bekymra sig	[at be'ɕymra sɛj]
zorg (bijv. geld~en)	bekymmer (pl)	[be'ɕymər]
ongerustheid (de)	oro (en)	['ʊrʊ]
ongerust (bn)	bekymrad	[be'ɕymrad]
zenuwachtig zijn (ww)	att vara nervös	[at 'vara nɛr'vø:s]
in paniek raken	att råka i panik	[at 'ro:ka i pa'nik]
hoop (de)	hopp (ett)	['hɔp]
hopen (ww)	att hoppas	[at 'hɔpas]
zekerheid (de)	säkerhet (en)	['sɛ:kər,het]
zeker (bn)	säker	['sɛ:kər]
onzekerheid (de)	osäkerhet (en)	[ʊ'sɛ:kərhet]
onzeker (bn)	osäker	[ʊ'sɛ:kər]
dronken (bn)	full	['fulʲ]
nuchter (bn)	nykter	['nʏktər]
zwak (bn)	svag	['svag]
gelukkig (bn)	lyckad	['lʲʏkad]
doen schrikken (ww)	att skrämma	[at 'skrɛma]
toorn (de)	raseri (ett)	[rase'ri:]
woede (de)	raseri (ett)	[rase'ri:]
depressie (de)	depression (en)	[deprɛ'ɧʊn]
ongemak (het)	obehag (ett)	['ʊbe,hag]

gemak, comfort (het)	komfort (en)	[kɔm'fɔ:t]
spijt hebben (ww)	att beklaga	[at be'klʲaga]
spijt (de)	beklagande (ett)	[be'klʲagandə]
pech (de)	otur (en)	[ʊ:'tʉr]
bedroefdheid (de)	sorg (en)	['sɔrj]

schaamte (de)	skam (en)	['skam]
pret (de), plezier (het)	glädje (en)	['glʲɛdjə]
enthousiasme (het)	entusiasm (en)	[æntusi'asm]
enthousiasteling (de)	entusiast (en)	[æntusi'ast]
enthousiasme vertonen	att visa entusiasm	[at 'visa æntusi'asm]

62. Karakter. Persoonlijkheid

karakter (het)	karaktär (en)	[karak'tæ:r]
karakterfout (de)	karaktärsbrist (en)	[karak'tæ:ʂ͵brist]
verstand (het)	sinne (ett)	['sinə]
rede (de)	förstånd (ett)	[fœ:'ʂtɔnd]

geweten (het)	samvete (ett)	['samvetə]
gewoonte (de)	vana (en)	['vana]
bekwaamheid (de)	förmåga (en)	[før'mo:ga]
kunnen (bijv., ~ zwemmen)	att kunna	[at 'kuna]

geduldig (bn)	tålmodig	[tɔ:lʲ'mʊdig]
ongeduldig (bn)	otålig	[ʊ:'to:lig]
nieuwsgierig (bn)	nyfiken	['ny͵fikən]
nieuwsgierigheid (de)	nyfikenhet (en)	['ny͵fikənhet]

bescheidenheid (de)	blygsamhet (en)	['blʲygsam͵het]
bescheiden (bn)	blygsam	['blʲygsam]
onbescheiden (bn)	oblyg	[ʊ:'blʲyg]

luiheid (de)	lättja (en)	['lʲætja]
lui (bn)	lat	['lʲat]
luiwammes (de)	latmask (en)	['lʲat͵mask]

sluwheid (de)	list (en)	['list]
sluw (bn)	listig	['listig]
wantrouwen (het)	misstro (en)	['mis͵trʊ]
wantrouwig (bn)	misstrogen	['mis͵trʊgən]

gulheid (de)	generositet (en)	[ɧenerɔsi'tet]
gul (bn)	generös	[ɧene'rø:s]
talentrijk (bn)	talangfull	[ta'lʲaŋ͵fulʲ]
talent (het)	talang (en)	[ta'lʲaŋ]

moedig (bn)	modig	['mʊdig]
moed (de)	mod (ett)	['mʊd]
eerlijk (bn)	ärlig	['æ:lʲig]
eerlijkheid (de)	ärlighet (en)	['æ:lʲig͵het]

| voorzichtig (bn) | försiktig | [fœ:'ʂiktig] |
| manhaftig (bn) | modig | ['mʊdig] |

| ernstig (bn) | allvarlig | [alˈvaːlɪg] |
| streng (bn) | sträng | [ˈstrɛŋ] |

resoluut (bn)	beslutsam	[beˈslʉːtsam]
onzeker, irresoluut (bn)	obeslutsam	[ˈʊbeˌslʉːtsam]
schuchter (bn)	blyg	[ˈblʲyg]
schuchterheid (de)	blyghet (en)	[ˈblʲygˌhet]

vertrouwen (het)	tillit (en)	[ˈtilʲit]
vertrouwen (ww)	att tro	[at ˈtrʊ]
goedgelovig (bn)	tillitsfull	[ˈtilitsˌfulʲ]

oprecht (bw)	uppriktigt	[ˈupˌriktit]
oprecht (bn)	uppriktig	[ˈupˌriktig]
oprechtheid (de)	uppriktighet (en)	[ˈupˌriktighet]
open (bn)	öppen	[ˈøpən]

rustig (bn)	stilla	[ˈstilʲa]
openhartig (bn)	uppriktig	[ˈupˌriktig]
naïef (bn)	naiv	[naˈiːv]
verstrooid (bn)	förströdd	[fœˈʂtrœd]
leuk, grappig (bn)	rolig	[ˈrʊlig]

gierigheid (de)	girighet (en)	[ˈjiriˌhet]
gierig (bn)	girig	[ˈjirig]
inhalig (bn)	snål	[ˈsnoːlʲ]
kwaad (bn)	ond	[ˈʊnd]
koppig (bn)	hårdnackad	[ˈhoːdˌnakad]
onaangenaam (bn)	obehaglig	[ˈʊbeˌhaglig]

egoïst (de)	egoist (en)	[ɛgʊˈist]
egoïstisch (bn)	egoistisk	[ɛgʊˈistisk]
lafaard (de)	ynkrygg (en)	[ˈyŋkrʏg]
laf (bn)	feg	[ˈfeg]

63. Slaap. Dromen

slapen (ww)	att sova	[at ˈsɔva]
slaap (in ~ vallen)	sömn (en)	[ˈsœmn]
droom (de)	dröm (en)	[ˈdrøːm]
dromen (in de slaap)	att drömma	[at ˈdrœma]
slaperig (bn)	sömnig	[ˈsœmnig]

bed (het)	säng (en)	[ˈsɛŋ]
matras (de)	madrass (en)	[madˈras]
deken (de)	täcke (ett)	[ˈtɛkə]
kussen (het)	kudde (en)	[ˈkudə]
laken (het)	lakan (ett)	[ˈlʲakan]

slapeloosheid (de)	sömnlöshet (en)	[ˈsœmnlʲøsˌhet]
slapeloos (bn)	sömnlös	[ˈsœmnˌlʲøːs]
slaapmiddel (het)	sömnpille (ett)	[ˈsœmnˌpilʲe]
slaapmiddel innemen	att ta ett sömnpille	[at ta ɛt ˈsœmnˌpilʲe]
willen slapen	att vara sömnig	[at ˈvara ˈsœmnig]

geeuwen (ww)	att gäspa	[at 'jɛspa]
gaan slapen	att gå till sängs	[at 'goː tilʲ 'sɛŋs]
het bed opmaken	att bädda	[at 'bɛda]
inslapen (ww)	att falla i sömn	[at 'falʲa i 'sœmn]

nachtmerrie (de)	mardröm (en)	['maːɖˌrøm]
gesnurk (het)	snarkning (en)	['snarkniŋ]
snurken (ww)	att snarka	[at 'snarka]

wekker (de)	väckarklocka (en)	['vɛkarˌklʲɔka]
wekken (ww)	att väcka	[at 'vɛka]
wakker worden (ww)	att vakna	[at 'vakna]
opstaan (ww)	att gå upp	[at 'goː 'up]
zich wassen (ww)	att tvätta sig	[at 'tvæta sɛj]

64. Humor. Gelach. Blijdschap

humor (de)	humor (en)	['hʉːmʊr]
gevoel (het) voor humor	sinne (ett) för humor	['sinə før 'hʉːmʊr]
plezier hebben (ww)	att ha roligt	[at ha 'rʊlit]
vrolijk (bn)	glad, munter	['glʲad], ['muntər]
pret (de), plezier (het)	uppsluppenhet (en)	['upˌslupənhet]

glimlach (de)	leende (ett)	['lʲeəndə]
glimlachen (ww)	att småle	[at 'smoːlʲe]
beginnen te lachen (ww)	att börja skratta	[at 'bœrja 'skrata]
lachen (ww)	att skratta	[at 'skrata]
lach (de)	skratt (ett)	['skrat]

mop (de)	anekdot (en)	[anɛk'dɔt]
grappig (een ~ verhaal)	rolig	['rʊlig]
grappig (~e clown)	lustig, löjlig	['lʉːstig], ['lʲœjlig]

grappen maken (ww)	att skämta, att skoja	[at 'ʃɛmta], [at 'skɔja]
grap (de)	skämt, skoj (ett)	['ʃɛmt], ['skɔj]
blijheid (de)	glädje (en)	['glʲɛdjə]
blij zijn (ww)	att glädja sig	[at 'glʲɛdja sɛj]
blij (bn)	glad	['glʲad]

65. Discussie, conversatie. Deel 1

| communicatie (de) | kommunikation (ən) | [kɔmʉnika'ʃʊn] |
| communiceren (ww) | att kommunicera | [at kɔmʉni'sera] |

conversatie (de)	samtal (ett)	['samtalʲ]
dialoog (de)	dialog (en)	[dia'lʲɔg]
discussie (de)	diskussion (en)	[diskʉ'ʃʊn]
debat (het)	debatt (en)	[de'bat]
debatteren, twisten (ww)	att diskutera	[at diskʉ'tera]

| gesprekspartner (de) | samtalspartner (en) | ['samtalʲs 'paːʈnər] |
| thema (het) | ämne (ett) | ['ɛmnə] |

standpunt (het)	synpunkt (en)	['syn,puŋkt]
mening (de)	mening (en)	['meniŋ]
toespraak (de)	tal (ett)	['talʲ]

bespreking (de)	diskussion (en)	[diskʉ'ɧʊn]
bespreken (spreken over)	att dryfta, att diskutera	[at 'dryfta], [at diskʉ'tera]
gesprek (het)	samtal (ett)	['samtalʲ]
spreken (converseren)	att samtala	[at 'samtalʲa]
ontmoeting (de)	möte (ett)	['mø:tə]
ontmoeten (ww)	att mötas	[at 'mø:tas]

spreekwoord (het)	ordspråk (ett)	['ʊːd̪ˌsproːk]
gezegde (het)	ordstäv (ett)	['ʊːd̪ˌstɛːv]
raadsel (het)	gåta (en)	['goːta]
een raadsel opgeven	att utgöra en gåta	[at 'ʉtjøːra en 'goːta]
wachtwoord (het)	lösenord (ett)	['lʲøːsənˌʊːd̪]
geheim (het)	hemlighet (en)	['hɛmligˌhet]

eed (de)	ed (en)	['ɛd]
zweren (een eed doen)	att svära	[at 'svæːra]
belofte (de)	löfte (ett)	['lʲœftə]
beloven (ww)	att lova	[at 'lʲova]

advies (het)	råd (ett)	['roːd]
adviseren (ww)	att råda	[at 'roːda]
advies volgen (iemands ~)	att följa råd	[at 'følja rad]
luisteren (gehoorzamen)	att hörsamma	[at 'høːrˌsama]

nieuws (het)	nyhet (en)	['nyhet]
sensatie (de)	sensation (en)	[sɛnsa'ɧʊn]
informatie (de)	upplysningar (pl)	['upˌlysniŋar]
conclusie (de)	slutsats (en)	['slʉːtsats]
stem (de)	röst, stämma (en)	['rœst], ['stɛma]
compliment (het)	komplimang (en)	[kɔmpli'maŋ]
vriendelijk (bn)	älskvärd	['ɛlʲskˌvæːd]

woord (het)	ord (ett)	['ʊːd]
zin (de), zinsdeel (het)	fras (en)	['fras]
antwoord (het)	svar (ett)	['svar]

| waarheid (de) | sanning (en) | ['saniŋ] |
| leugen (de) | lögn (en) | ['lʲœgn] |

gedachte (de)	tanke (en)	['taŋkə]
idee (de/het)	idé (en)	[i'deː]
fantasie (de)	fantasi (en)	[fanta'siː]

66. Discussie, conversatie. Deel 2

gerespecteerd (bn)	respekterad	[rɛspɛk'terad]
respecteren (ww)	att respektera	[at rɛspɛk'tera]
respect (het)	respekt (en)	[rɛ'spɛkt]
Geachte ... (brief)	Ärade ...	['æːradə ...]
voorstellen (Mag ik jullie ~)	att introducera	[at introdʉ'sera]

kennismaken (met ...)	att göra bekantskap med	[at 'jø:ra be'kant‚skap me]
intentie (de)	avsikt (en)	['avsikt]
intentie hebben (ww)	att ha för avsikt	[at 'ha før 'avsikt]
wens (de)	önskan (en)	['ønskan]
wensen (ww)	att önska	[at 'ønska]
verbazing (de)	överraskning (en)	['ø:və‚rɔskniŋ]
verbazen (verwonderen)	att förvåna	[at før'vo:na]
verbaasd zijn (ww)	att bli förvånad	[at bli før'vo:nad]
geven (ww)	att ge	[at je:]
nemen (ww)	att ta	[at ta]
teruggeven (ww)	att ge tillbaka	[at je: tilˠ'baka]
retourneren (ww)	att returnera	[at retʉr'nera]
zich verontschuldigen	att ursäkta sig	[at 'ʉ:‚sɛkta sɛj]
verontschuldiging (de)	ursäkt (en)	['ʉ:‚sɛkt]
vergeven (ww)	att förlåta	[at 'fœ:‚ˠo:ta]
spreken (ww)	att tala	[at 'talˠa]
luisteren (ww)	att lyssna	[at 'lˠysna]
aanhoren (ww)	att höra på	[at 'hø:ra pɔ]
begrijpen (ww)	att förstå	[at fœ:'ʂto:]
tonen (ww)	att visa	[at 'visa]
kijken naar ...	att titta	[at 'tita]
roepen (vragen te komen)	att kalla	[at 'kalˠa]
afleiden (storen)	att distrahera	[at distra'hera]
storen (lastigvallen)	att störa	[at 'stø:ra]
doorgeven (ww)	att överlämna	[at 'ø:və‚lˠɛmna]
verzoek (het)	begäran (en)	[be'jæ:ran]
verzoeken (ww)	att begära	[at 'bejæ:ra]
eis (de)	krav (ett)	['krav]
eisen (met klem vragen)	att kräva	[at 'krɛ:va]
beledigen	att reta	[at 'reta]
(beledigende namen geven)		
uitlachen (ww)	att håna	[at 'ho:na]
spot (de)	hån (ett)	['ho:n]
bijnaam (de)	öknamn (ett)	['ø:k‚namn]
zinspeling (de)	insinuation (en)	[insinʉa'ɧʊn]
zinspelen (ww)	att insinuera	[at insinʉ'era]
impliceren (duiden op)	att betyda	[at be'tyda]
beschrijving (de)	beskrivning (en)	[bɛ'skrivniŋ]
beschrijven (ww)	att beskriva	[at be'skriva]
lof (de)	beröm (ett)	[be'rø:m]
loven (ww)	att berömma	[at be'rœma]
teleurstelling (de)	besvikelse (en)	[bɛ'svikəlˠsə]
teleurstellen (ww)	att göra besviken	[at 'jø:ra bɛ'svikən]
teleurgesteld zijn (ww)	att bli besviken	[at bli bɛ'svikən]
veronderstelling (de)	antagande (ett)	[aŋ'tagandə]
veronderstellen (ww)	att anta, att förmoda	[at 'anta], [at før'mʊda]

waarschuwing (de)	varning (en)	['vaːɳɪŋ]
waarschuwen (ww)	att varna	[at 'vaːɳa]

67. Discussie, conversatie. Deel 3

aanpraten (ww)	att övertala	[at 'øːvəˌtalʲa]
kalmeren (kalm maken)	att lugna	[at 'lɯgna]

stilte (de)	tystnad (en)	['tʏstnad]
zwijgen (ww)	att tiga	[at 'tiga]
fluisteren (ww)	att viska	[at 'viska]
gefluister (het)	viskning (en)	['visknɪŋ]

open, eerlijk (bw)	uppriktigt	['upˌriktit]
volgens mij ...	enligt min mening ...	['ɛnlit min 'menɪŋ ...]

detail (het)	detalj (en)	[de'talj]
gedetailleerd (bn)	detaljerad	[deta'ljɛrad]
gedetailleerd (bw)	i detalj	[i de'talj]

hint (de)	vink (en)	['viŋk]
een hint geven	att ge en vink	[at je: en 'viŋk]

blik (de)	blick (en)	['blik]
een kijkje nemen	att kasta en blick	[at 'kasta en 'blik]
strak (een ~ke blik)	stel	['stɛlʲ]
knipperen (ww)	att blinka	[at 'bliŋka]
knipogen (ww)	att blinka	[at 'bliŋka]
knikken (ww)	att nicka	[at 'nika]

zucht (de)	suck (en)	['suk]
zuchten (ww)	att sucka	[at 'suka]
huiveren (ww)	att rysa	[at 'rysa]
gebaar (het)	gest (en)	['ɧɛst]
aanraken (ww)	att röra	[at 'røːra]
grijpen (ww)	att greppa	[at 'grɛpa]
een schouderklopje geven	att klappa	[at 'klʲapa]

Kijk uit!	Se upp!	['se up]
Echt?	Verkligen?	['vɛrkligən]
Bent je er zeker van?	Är du säker?	[ær dɯ 'sɛːkər]
Succes!	Lycka till!	['lʲyka tilʲ]
Juist, ja!	Det är klart!	[dɛ æːr 'klʲaːt]
Wat jammer!	Det är synd!	[dɛ æːr 'sʏnd]

68. Overeenstemming. Weigering

instemming (het)	samtycke (ett)	['samˌtʏkə]
instemmen (akkoord gaan)	att samtycka	[at 'samˌtʏka]
goedkeuring (de)	godkännande (ett)	['gʊdˌɕɛnandə]
goedkeuren (ww)	att godkänna	[at 'gʊdˌɕɛna]
weigering (de)	avslag (ett)	['avˌslʲag]

weigeren (ww)	att vägra	[at 'vɛgra]
Geweldig!	Utmärkt!	['ʉt,mæ:rkt]
Goed!	Okej!	[ɔ'kej]
Akkoord!	OK! Jag håller med.	[ɔ'kej] , [ja 'ho:lʲer me]

verboden (bn)	förbjuden	[før'bjʉ:dən]
het is verboden	det är förbjudet	[dɛ æ:r før'bjʉ:dət]
het is onmogelijk	det är omöjligt	[dɛ æ:r ʉ'mœjlit]
onjuist (bn)	felaktig, oriktig	['felʲ,aktig], ['ʉ,riktig]

afwijzen (ww)	att avslå	[at 'av,slʲo:]
steunen	att stödja	[at 'stœdja]
(een goed doel, enz.)		
aanvaarden (excuses ~)	att acceptera	[at aksɛp'tera]

bevestigen (ww)	att bekräfta	[at be'krɛfta]
bevestiging (de)	bekräftelse (en)	[be'krɛftəlʲsə]
toestemming (de)	tillåtelse (en)	['til,lʲo:təlʲsə]
toestaan (ww)	att tillåta	[at 'tilʲo:ta]
beslissing (de)	beslut (ett)	[be'slʉ:t]
z'n mond houden (ww)	att tiga	[at 'tiga]

voorwaarde (de)	betingelse (en)	[be'tiŋəlʲsə]
smoes (de)	förevändning (en)	[førə,vɛndniŋ]
lof (de)	beröm (ett)	[be'rø:m]
loven (ww)	att berömma	[at be'rœma]

69. Succes. Veel geluk. Mislukking

succes (het)	framgång (en)	['framgɔŋ]
succesvol (bw)	med framgång	[me 'framgɔŋ]
succesvol (bn)	framgångsrik, lyckad	['fram,gɔŋsrik], ['lʲykad]

geluk (het)	tur, lycka (en)	[tʉ:r], ['lʲyka]
Succes!	Lycka till!	['lʲyka tilʲ]
geluks- (bn)	tursam, lyckad	['tʉ:ṣam], ['lʲykad]
gelukkig (fortuinlijk)	tursam	['tʉ:ṣam]

mislukking (de)	misslyckande, fiasko (ett)	['mis,lʲykandə], [fi'askʉ]
tegenslag (de)	otur (en)	[ʉ:'tʉr]
pech (de)	otur (en)	[ʉ:'tʉr]
zonder succes (bn)	misslyckad	['mis,lʲykad]
catastrofe (de)	katastrof (en)	[kata'strɔf]

fierheid (de)	stolthet (en)	['stɔlʲt,het]
fier (bn)	stolt	['stɔlʲt]
fier zijn (ww)	att vara stolt	[at 'vara 'stɔlʲt]

winnaar (de)	segrare (en)	['sɛg,rarə]
winnen (ww)	att vinna	[at 'vina]
verliezen (ww)	att förlora	[at fœ:'lʲʉra]
poging (de)	försök (ett)	['fœ:,ṣø:k]
pogen, proberen (ww)	att pröva, att försöka	[at 'prø:va], [at fœ:'ṣø:ka]
kans (de)	chans (en)	['ʃans]

70. Ruzies. Negatieve emoties

schreeuw (de)	skrik (ett)	['skrik]
schreeuwen (ww)	att skrika	[at 'skrika]
beginnen te schreeuwen	att börja skrika	[at 'bœrja 'skrika]
ruzie (de)	gräl (ett)	['grɛ:lʲ]
ruzie hebben (ww)	att gräla	[at 'grɛ:lʲa]
schandaal (het)	skandal (en)	[skan'dalʲ]
schandaal maken (ww)	att göra skandal	[at 'jø:ra skan'dalʲ]
conflict (het)	konflikt (en)	[kɔn'flikt]
misverstand (het)	missförstånd (ett)	['misfœ:ˌstɔnd]
belediging (de)	förolämpning (en)	[førʊ'lʲɛmpniŋ]
beledigen	att förolämpa	[at 'førʊˌlʲɛmpa]
(met scheldwoorden)		
beledigd (bn)	förolämpad	[førʊ'lʲɛmpad]
krenking (de)	förnärmelse (en)	[fœ:'ŋæ:rməlʲse]
krenken (beledigen)	att förnärma	[at fœ:'ŋæ:rma]
gekwetst worden (ww)	att bli förnärmad	[at bli fœ:'ŋæ:rmad]
verontwaardiging (de)	indignation (en)	[indigna'ʃʊn]
verontwaardigd zijn (ww)	att bli indignerad	[at bli indi'nʲerad]
klacht (de)	klagomål (ett)	['klʲagʊˌmo:lʲ]
klagen (ww)	att klaga	[at 'klʲaga]
verontschuldiging (de)	ursäkt (en)	['ʉːˌsɛkt]
zich verontschuldigen	att ursäkta sig	[at 'ʉːˌsɛkta sɛj]
excuus vragen	att be om förlåtelse	[at 'be ɔm fœ:'lʲɔtelʲse]
kritiek (de)	kritik (en)	[kri'tik]
bekritiseren (ww)	att kritisera	[at kriti'sera]
beschuldiging (de)	anklagelse (en)	['aŋˌklʲagelʲse]
beschuldigen (ww)	att anklaga	[at 'aŋˌklʲaga]
wraak (de)	hämnd (en)	['hɛmnd]
wreken (ww)	att hämnas	[at 'hɛmnas]
wraak nemen (ww)	att hämnas	[at 'hɛmnas]
minachting (de)	förakt (ett)	[fø'rakt]
minachten (ww)	att förakta	[at fø'rakta]
haat (de)	hat (ett)	['hat]
haten (ww)	att hata	[at 'hata]
zenuwachtig (bn)	nervös	[nɛr'vø:s]
zenuwachtig zijn (ww)	att vara nervös	[at 'vara nɛr'vø:s]
boos (bn)	arg, vred	[arj], ['vred]
boos maken (ww)	att göra arg	[at 'jø:ra arj]
vernedering (de)	förödmjukelse (en)	['førœdˌmjʉ:kəlʲse]
vernederen (ww)	att förödmjuka	[at 'førœdˌmjʉ:ka]
zich vernederen (ww)	att förödmjuka sig	[at 'førœdˌmjʉ:ka sɛj]
schok (de)	chock (en)	['ʃɔk]
schokken (ww)	att chocka	[at 'ʃɔka]

| onaangenaamheid (de) | knipa (en) | ['knipa] |
| onaangenaam (bn) | obehaglig | ['ʊbe,haglig] |

vrees (de)	rädsla (en)	['rɛdslʲa]
vreselijk (bijv. ~ onweer)	fruktansvärd	['frʉktans,væ:d]
eng (bn)	skrämmande	['skrɛmandə]
gruwel (de)	fasa, skräck (en)	['fasa], ['skrɛk]
vreselijk (~ nieuws)	förfärlig	[før'fæ:lɪg]

beginnen te beven	att begynna att rysa	[at be'jina at 'rysa]
huilen (wenen)	att gråta	[at 'gro:ta]
beginnen te huilen (wenen)	att börja gråta	[at 'bœrja 'gro:ta]
traan (de)	tår (en)	['to:r]

schuld (~ geven aan)	skuld (en)	['skʉlʲd]
schuldgevoel (het)	skuldkänsla (en)	['skʉlʲd,ɕɛnslʲa]
schande (de)	skam, vanära (en)	[skam], ['va'næ:ra]
protest (het)	protest (en)	[prʊ'tɛst]
stress (de)	stress (en)	['strɛs]

storen (lastigvallen)	att störa	[at 'stø:ra]
kwaad zijn (ww)	att vara arg	[at 'vara arj]
kwaad (bn)	arg, vred	[arj], ['vred]
beëindigen (een relatie ~)	att avbryta	[at 'av,bryta]
vloeken (ww)	att svära	[at 'svæ:ra]

schrikken (schrik krijgen)	att bli skrämd	[at bli 'skrɛmd]
slaan (iemand ~)	att slå	[at 'slʲo:]
vechten (ww)	att slåss	[at 'slʲɔs]

regelen (conflict)	att lösa	[at 'lʲø:sa]
ontevreden (bn)	missnöjd	['mis,nœjd]
woedend (bn)	rasande	['rasandə]

| Dat is niet goed! | Det är inte bra! | [dɛ æ:r 'intə bra] |
| Dat is slecht! | Det är dåligt! | [dɛ æ:r 'do:lit] |

Geneeskunde

71. Ziekten

ziekte (de)	sjukdom (en)	['ɧʉːkˌdʉm]
ziek zijn (ww)	att vara sjuk	[at 'vara 'ɧʉːk]
gezondheid (de)	hälsa, sundhet (en)	['hɛlʲsa], ['sundˌhet]
snotneus (de)	snuva (en)	['snʉːva]
angina (de)	halsfluss, angina (en)	['halʲsˌflʉs], [aŋ'gina]
verkoudheid (de)	förkylning (en)	[før'ɕylʲniŋ]
verkouden raken (ww)	att bli förkyld	[at bli før'ɕylʲd]
bronchitis (de)	bronkit (en)	[brɔŋ'kit]
longontsteking (de)	lunginflammation (en)	['lʉŋˌinflʲama'ɧʉn]
griep (de)	influensa (en)	[inflʉ'ɛnsa]
bijziend (bn)	närsynt	['næːˌsʏnt]
verziend (bn)	långsynt	['lʲɔŋˌsʏnt]
scheelheid (de)	skelögdhet (en)	['ɧelʲøgdˌhet]
scheel (bn)	skelögd	['ɧelʲˌøgd]
grauwe staar (de)	grå starr (en)	['groː 'star]
glaucoom (het)	grön starr (en)	['grøːn 'star]
beroerte (de)	stroke (en), hjärnslag (ett)	['stroːk], ['jæːnˌʂlʲag]
hartinfarct (het)	infarkt (en)	[in'farkt]
myocardiaal infarct (het)	hjärtinfarkt (en)	['jæːʈ in'farkt]
verlamming (de)	förlamning (en)	[fœːˈlʲamniŋ]
verlammen (ww)	att förlama	[at fœːˈlʲama]
allergie (de)	allergi (en)	[alʲer'gi]
astma (de/het)	astma (en)	['astma]
diabetes (de)	diabetes (en)	[dia'betəs]
tandpijn (de)	tandvärk (en)	['tandˌvæːrk]
tandbederf (het)	karies (en)	['karies]
diarree (de)	diarré (en)	[dia'reː]
constipatie (de)	förstoppning (en)	[fœːˈʂtɔpniŋ]
maagstoornis (de)	magbesvär (ett)	['magˌbe'svɛːr]
voedselvergiftiging (de)	matförgiftning (en)	['matˌførˈjiftniŋ]
voedselvergiftiging oplopen	att få matförgiftning	[at foː 'matˌførˈjiftniŋ]
artritis (de)	artrit (en)	[a'ʈrit]
rachitis (de)	rakitis (en)	[ra'kitis]
reuma (het)	reumatism (en)	[revma'tism]
arteriosclerose (de)	åderförkalkning (en)	['oːdɛrførˌkalʲkniŋ]
gastritis (de)	gastrit (en)	[ga'strit]
blindedarmontsteking (de)	appendicit (en)	[apɛndi'sit]

| galblaasontsteking (de) | cholecystit (en) | [holəsys'tit] |
| zweer (de) | magsår (ett) | ['mag‚so:r] |

mazelen (mv.)	mässling (en)	['mɛs‚liŋ]
rodehond (de)	röda hund (en)	['rø:da 'hund]
geelzucht (de)	gulsot (en)	['gɐ:lʲ‚sʊt]
leverontsteking (de)	hepatit (en)	[hepa'tit]

schizofrenie (de)	schizofreni (en)	[skitsɔfre'ni:]
dolheid (de)	rabies (en)	['rabies]
neurose (de)	neuros (en)	[nev'rɔs]
hersenschudding (de)	hjärnskakning (en)	['jæ:n‚skakniŋ]

kanker (de)	cancer (en)	['kansər]
sclerose (de)	skleros (en)	[sklʲe'rɔs]
multiple sclerose (de)	multipel skleros (en)	[mɐlʲ"tipəlʲ sklʲe'rɔs]

alcoholisme (het)	alkoholism (en)	[alʲkʊhɔ'lizm]
alcoholicus (de)	alkoholist (en)	[alʲkʊhɔ'list]
syfilis (de)	syfilis (en)	['syfilis]
AIDS (de)	AIDS	['ɛjds]

tumor (de)	tumör (en)	[tɐ'mø:r]
kwaadaardig (bn)	elakartad	['ɛlʲak‚a:ʈad]
goedaardig (bn)	godartad	['gʊd‚a:ʈad]

koorts (de)	feber (en)	['febər]
malaria (de)	malaria (en)	[ma'lʲaria]
gangreen (het)	kallbrand (en)	['kalʲ‚brand]
zeeziekte (de)	sjösjuka (en)	['ɧø:‚ɧɐ:ka]
epilepsie (de)	epilepsi (en)	[epilʲep'si:]

epidemie (de)	epidemi (en)	[ɛpide'mi:]
tyfus (de)	tyfus (en)	['tyfɐs]
tuberculose (de)	tuberkulos (en)	[tɐbɛrkɐ'lʲɔs]
cholera (de)	kolera (en)	['kʊlʲera]
pest (de)	pest (en)	['pɛst]

72. Symptomen. Behandelingen. Deel 1

symptoom (het)	symptom (ett)	[sʏmp'tɔm]
temperatuur (de)	temperatur (en)	[tɛmpəra'tɐ:r]
verhoogde temperatuur (de)	hög temperatur (en)	['hø:g tɛmpəra'tɐ:r]
polsslag (de)	puls (en)	['pulʲs]

duizeling (de)	yrsel, svindel (en)	['y:səlʲ], ['svindəlʲ]
heet (erg warm)	varm	['varm]
koude rillingen (mv.)	rysning (en)	['rʏsniŋ]
bleek (bn)	blek	['blʲek]

hoest (de)	hosta (en)	['hʊsta]
hoesten (ww)	att hosta	[at 'hʊsta]
niezen (ww)	att nysa	[at 'nysa]
flauwte (de)	svimning (en)	['svimniŋ]

71

flauwvallen (ww)	att svimma	[at 'svima]
blauwe plek (de)	blåmärke (ett)	['blʲoːˌmæːrkə]
buil (de)	bula (en)	['bʉːlʲa]
zich stoten (ww)	att slå sig	[at 'slʲoː sɛj]
kneuzing (de)	blåmärke (ett)	['blʲoːˌmæːrkə]
kneuzen (gekneusd zijn)	att slå sig	[at 'slʲoː sɛj]

hinken (ww)	att halta	[at 'halʲta]
verstuiking (de)	vrickning (en)	['vriknin]
verstuiken (enkel, enz.)	att förvrida	[at før'vrida]
breuk (de)	brott (ett), fraktur (en)	['brɔt], [frak'tʉːr]
een breuk oplopen	att få en fraktur	[at foː en frak'tʉːr]

snijwond (de)	skärsår (ett)	['ɧæːˌʂoːr]
zich snijden (ww)	att skära sig	[at 'ɧæːra sɛj]
bloeding (de)	blödning (en)	['blʲœdnin]

brandwond (de)	brännsår (ett)	['brɛnˌsoːr]
zich branden (ww)	att bränna sig	[at 'brɛna sɛj]

prikken (ww)	att sticka	[at 'stika]
zich prikken (ww)	att sticka sig	[at 'stika sɛj]
blesseren (ww)	att skada	[at 'skada]
blessure (letsel)	skada (en)	['skada]
wond (de)	sår (ett)	['soːr]
trauma (het)	trauma (en)	['travma]

IJlen (ww)	att tala i feberyra	[at 'talʲa i 'febəryra]
stotteren (ww)	att stamma	[at 'stama]
zonnesteek (de)	solsting (ett)	['sʉlʲˌstin]

73. Symptomen. Behandelingen. Deel 2

pijn (de)	värk, smärta (en)	['væːrk], ['smɛta]
splinter (de)	sticka (en)	['stika]

zweet (het)	svett (en)	['svɛt]
zweten (ww)	att svettas	[at 'svɛtas]
braking (de)	kräkning (en)	['krɛknin]
stuiptrekkingen (mv.)	kramper (pl)	['krampər]

zwanger (bn)	gravid	[gra'vid]
geboren worden (ww)	att födas	[at 'føːdas]
geboorte (de)	förlossning (en)	[fœ:'lʲɔsnin]
baren (ww)	att föda	[at 'føːda]
abortus (de)	abort (en)	[a'bɔːt]

ademhaling (de)	andning (en)	['andnin]
inademing (de)	inandning (en)	['inˌandnin]
uitademing (de)	utandning (en)	['ʉtˌandnin]
uitademen (ww)	att andas ut	[at 'andas ʉt]
inademen (ww)	att andas in	[at 'andas in]
invalide (de)	handikappad person (en)	['handiˌkapad pɛ'ʂʉn]
gehandicapte (de)	krympling (en)	['krʏmplin]

drugsverslaafde (de)	narkoman (en)	[narkʉ'man]
doof (bn)	döv	['døːv]
stom (bn)	stum	['stuːm]
doofstom (bn)	dövstum	['døːvˌstuːm]

krankzinnig (bn)	mentalsjuk, galen	['mentalˈɧʉːk], ['galʲen]
krankzinnige (man)	dåre, galning (en)	['doːrə], ['galʲniŋ]
krankzinnige (vrouw)	dåre, galning (en)	['doːrə], ['galʲniŋ]
krankzinnig worden	att bli sinnessjuk	[at bli 'sinɛsˌɧʉːk]

gen (het)	gen (en)	['jen]
immuniteit (de)	immunitet (en)	[imʉni'teːt]
erfelijk (bn)	ärftlig	['æːrftlig]
aangeboren (bn)	medfödd	['medˌfœd]

virus (het)	virus (ett)	['viːrʉs]
microbe (de)	mikrob (en)	[mi'krɔb]
bacterie (de)	bakterie (en)	[bak'teriə]
infectie (de)	infektion (en)	[infɛk'ɧʊn]

74. Symptomen. Behandelingen. Deel 3

ziekenhuis (het)	sjukhus (ett)	['ɧʉːkˌhʉs]
patiënt (de)	patient (en)	[pasi'ent]

diagnose (de)	diagnos (en)	[dia'gnɔs]
genezing (de)	kur (en)	['kʉːr]
medische behandeling (de)	behandling (en)	[be'handliŋ]
onder behandeling zijn	att bli behandlad	[at bli be'handlʲad]
behandelen (ww)	att behandla	[at be'handlʲa]
zorgen (zieken ~)	att sköta	[at 'ɧøːta]
ziekenzorg (de)	vård (en)	['voːd]

operatie (de)	operation (en)	[ɔpera'ɧʊn]
verbinden (een arm ~)	att förbinda	[at før'binda]
verband (het)	förbindning (en)	[før'bindniŋ]

vaccin (het)	vaccination (en)	[vaksina'ɧʊn]
inenten (vaccineren)	att vaksinera	[at vaksi'nera]
injectie (de)	injektion (en)	[injɛk'ɧʊn]
een injectie geven	att ge en spruta	[at je: en 'sprʉta]

aanval (de)	anfall (ett), attack (en)	['anfalʲ], [a'tak]
amputatie (de)	amputation (en)	[ampʉta'ɧʊn]
amputeren (ww)	att amputera	[at ampʉ'tera]
coma (het)	koma (ett)	['kɔma]
in coma liggen	att ligga i koma	[at 'liga i 'kɔma]
intensieve zorg, ICU (de)	intensivavdelning (en)	[intɛn'sivˌav'dɛlʲniŋ]

zich herstellen (ww)	att återhämta sig	[at 'oːterˌhɛmta sɛj]
toestand (de)	tillstånd (ett)	['tilʲˌstɔnd]
bewustzijn (het)	medvetande (ett)	['medˌvetandə]
geheugen (het)	minne (ett)	['minə]
trekken (een kies ~)	att dra ut	[at 'dra ʉt]

vulling (de)	plomb (en)	['pⁱɔmb]
vullen (ww)	att plombera	[at pⁱɔm'bera]
hypnose (de)	hypnos (en)	[hʏp'nɔs]
hypnotiseren (ww)	att hypnotisera	[at 'hʏpnoti₊sera]

75. Artsen

dokter, arts (de)	läkare (en)	['ⁱɛ:karə]
ziekenzuster (de)	sjuksköterska (en)	['ɧʉ:k₊ɧø:tɛʂka]
lijfarts (de)	personlig läkare (en)	[pɛ'ʂʉnlig 'ⁱɛ:karə]
tandarts (de)	tandläkare (en)	['tand₊ⁱɛ:karə]
oogarts (de)	ögonläkare (en)	['ø:gɔn₊ⁱɛ:karə]
therapeut (de)	terapeut (en)	[tera'pɛft]
chirurg (de)	kirurg (en)	[ɕi'rʉrg]
psychiater (de)	psykiater (en)	[syki'atər]
pediater (de)	barnläkare (en)	['ba:ɳ₊ⁱɛ:karə]
psycholoog (de)	psykolog (en)	[sykʉ'lⁱɔg]
gynaecoloog (de)	gynekolog (en)	[ginekʉ'lⁱɔg]
cardioloog (de)	kardiolog (en)	[ka:dⁱʉ'lⁱɔg]

76. Geneeskunde. Medicijnen. Accessoires

geneesmiddel (het)	medicin (en)	[medi'sin]
middel (het)	medel (ett)	['medəlⁱ]
voorschrijven (ww)	att ordinera	[at o:di'nera]
recept (het)	recept (ett)	[re'sɛpt]
tablet (de/het)	tablett (en)	[tab'lⁱet]
zalf (de)	salva (en)	['salⁱva]
ampul (de)	ampull (en)	[am'pulⁱ]
drank (de)	mixtur (en)	[miks'tʉ:r]
siroop (de)	sirap (en)	['sirap]
pil (de)	piller (ett)	['pilⁱer]
poeder (de/het)	pulver (ett)	['pulⁱvər]
verband (het)	gasbinda (en)	['gas₊binda]
watten (mv.)	vadd (en)	['vad]
jodium (het)	jod (en)	['jʉd]
pleister (de)	plåster (ett)	['plⁱɔstər]
pipet (de)	pipett (en)	[pi'pɛt]
thermometer (de)	termometer (en)	[tɛrmʉ'metər]
spuit (de)	spruta (en)	['sprʉta]
rolstoel (de)	rullstol (en)	['rʉlⁱ₊stʊlⁱ]
krukken (mv.)	kryckor (pl)	['krʏkʉr]
pijnstiller (de)	smärtstillande medel (ett)	['smæ:t₊stilⁱande 'medəlⁱ]
laxeermiddel (het)	laxermedel (ett)	['lⁱaksər 'medəlⁱ]

spiritus (de)	sprit (en)	['sprit]
medicinale kruiden (mv.)	läkeväxter (pl)	['lɛkə‚vɛkstər]
kruiden- (abn)	ört-	['øːʈ-]

77. Roken. Tabaksproducten

tabak (de)	tobak (en)	['tʊbak]
sigaret (de)	cigarett (en)	[siga'rɛt]
sigaar (de)	cigarr (en)	[si'gar]
pijp (de)	pipa (en)	['pipa]
pakje (~ sigaretten)	paket (ett)	[pa'ket]

lucifers (mv.)	tändstickor (pl)	['tɛnd‚stikʊr]
luciferdoosje (het)	tändsticksask (en)	['tɛndstiks‚ask]
aansteker (de)	tändare (en)	['tɛndarə]
asbak (de)	askkopp (en), askfat (ett)	['askop], ['askfat]
sigarettendoosje (het)	cigarettetui (ett)	[siga'rɛt etɵ'iː]

| sigarettenpijpje (het) | munstycke (ett) | ['mun‚stʏkə] |
| filter (de/het) | filter (ett) | ['filʲtər] |

roken (ww)	att röka	[at 'røːka]
een sigaret opsteken	att tända en cigarett	[at 'tɛnda en siga'rɛt]
roken (het)	rökning (en)	['rœkniŋ]
roker (de)	rökare (en)	['røːkarə]

peuk (de)	stump, fimp (en)	['stump], [fimp]
rook (de)	rök (en)	['røːk]
as (de)	aska (en)	['aska]

HET MENSELIJKE LEEFGEBIED

Stad

78. Stad. Het leven in de stad

stad (de)	stad (en)	['stad]
hoofdstad (de)	huvudstad (en)	['hʉːvʉd,stad]
dorp (het)	by (en)	['by]
plattegrond (de)	stadskarta (en)	['stads,kaːʈa]
centrum (ov. een stad)	centrum (ett)	['sɛntrum]
voorstad (de)	förort (en)	['før,ʉːʈ]
voorstads- (abn)	förorts-	['før,ʉːʈs-]
randgemeente (de)	utkant (en)	['ʉt,kant]
omgeving (de)	omgivningar (pl)	['ɔm,jiːvniŋar]
blok (huizenblok)	kvarter (ett)	[kvaːˈʈər]
woonwijk (de)	bostadskvarter (ett)	['bʉstads,kvaːˈʈər]
verkeer (het)	trafik (en)	[traˈfik]
verkeerslicht (het)	trafikljus (ett)	[traˈfik,jʉːs]
openbaar vervoer (het)	offentlig transport (en)	[ɔˈfɛntli transˈpɔːʈ]
kruispunt (het)	korsning (en)	['kɔːʂniŋ]
zebrapad (oversteekplaats)	övergångsställe (ett)	['øːvərgɔŋs,stɛlʲe]
onderdoorgang (de)	gångtunnel (en)	['gɔŋ,tunəlʲ]
oversteken (de straat ~)	att gå över	[at 'goː 'øːvər]
voetganger (de)	fotgängare (en)	['fʉt,jenarə]
trottoir (het)	trottoar (en)	[trɔtʉˈar]
brug (de)	bro (en)	['brʉ]
dijk (de)	kaj (en)	['kaj]
fontein (de)	fontän (en)	[fɔnˈtɛn]
allee (de)	allé (en)	[aˈlʲeː]
park (het)	park (en)	['park]
boulevard (de)	boulevard (en)	[bʉlʲeˈvaːd]
plein (het)	torg (ett)	['tɔrj]
laan (de)	aveny (en)	[aveˈny]
straat (de)	gata (en)	['gata]
zijstraat (de)	sidogata (en)	['sidʉ,gata]
doodlopende straat (de)	återvändsgränd (en)	['oːtərvɛns,grɛnd]
huis (het)	hus (ett)	['hʉs]
gebouw (het)	byggnad (en)	['bygnad]
wolkenkrabber (de)	skyskrapa (en)	['ʃy,skrapa]
gevel (de)	fasad (en)	[faˈsad]
dak (het)	tak (ett)	['tak]

venster (het)	fönster (ett)	['fœnstər]
boog (de)	båge (en)	['bo:gə]
pilaar (de)	kolonn (en)	[kʊ'lʲɔn]
hoek (ov. een gebouw)	knut (en)	['knʉt]

vitrine (de)	skyltfönster (ett)	['ɧylʲt,fœnstər]
gevelreclame (de)	skylt (en)	['ɧylʲt]
affiche (de/het)	affisch (en)	[a'fi:ʃ]
reclameposter (de)	reklamplakat (ett)	[rɛ'klʲam,plʲa'kat]
aanplakbord (het)	reklamskylt (en)	[rɛ'klʲam,ɧylʲt]

vuilnis (de/het)	sopor, avfall (ett)	['sʊpʊr], ['avfalʲ]
vuilnisbak (de)	soptunna (en)	['sʊp,tuna]
afval weggooien (ww)	att skräpa ner	[at 'skrɛ:pa ner]
stortplaats (de)	soptipp (en)	['sʊp,tip]

telefooncel (de)	telefonkiosk (en)	[telʲe'fɔn,ɕøsk]
straatlicht (het)	lyktstolpe (en)	['lʲyk,stɔlʲpə]
bank (de)	bänk (ett)	['bɛŋk]

politieagent (de)	polis (en)	[pʊ'lis]
politie (de)	polis (en)	[pʊ'lis]
zwerver (de)	tiggare (en)	['tigarə]
dakloze (de)	hemlös (ett)	['hɛmlʲø:s]

79. Stedelijke instellingen

winkel (de)	affär, butik (en)	[a'fæ:r], [bu'tik]
apotheek (de)	apotek (ett)	[apʊ'tek]
optiek (de)	optiker (en)	['ɔptikər]
winkelcentrum (het)	köpcenter (ett)	['ɕø:p,sɛntɛr]
supermarkt (de)	snabbköp (ett)	['snab,ɕø:p]

bakkerij (de)	bageri (ett)	[bage'ri:]
bakker (de)	bagare (en)	['bagarə]
banketbakkerij (de)	konditori (ett)	[kɔnditʊ'ri:]
kruidenier (de)	speceriaffär (en)	[spese'ri a'fæ:r]
slagerij (de)	slaktare butik (en)	['slʲaktarə bu'tik]

| groentewinkel (de) | grönsakshandel (en) | ['grø:nsaks,handəlʲ] |
| markt (de) | marknad (en) | ['marknad] |

koffiehuis (het)	kafé (ett)	[ka'fe:]
restaurant (het)	restaurang (en)	[rɛstɔ'raŋ]
bar (de)	pub (en)	['pub]
pizzeria (de)	pizzeria (en)	[pitse'ria]

kapperssalon (de/het)	frisersalong (en)	['frisər ʂa,lʲɔŋ]
postkantoor (het)	post (en)	['pɔst]
stomerij (de)	kemtvätt (en)	['ɕemtvæt]
fotostudio (de)	fotoateljé (en)	['fʊtʊ atə,lje:]

| schoenwinkel (de) | skoaffär (en) | ['skʊ:a,fæ:r] |
| boekhandel (de) | bokhandel (en) | ['bʊk,handəlʲ] |

77

sportwinkel (de)	sportaffär (en)	['spɔːʈ aˈfæːr]
kledingreparatie (de)	klädreparationer (en)	['klɛd 'reparaˌɧunər]
kledingverhuur (de)	kläduthyrning (en)	['klɛd ɵˈtyːɳiŋ]
videotheek (de)	filmuthyrning (en)	['filʲm ɵˈtyːɳiŋ]
circus (de/het)	cirkus (en)	['sirkɵs]
dierentuin (de)	zoo (ett)	['sʊː]
bioscoop (de)	biograf (en)	[biʊˈgraf]
museum (het)	museum (ett)	[mɵˈseum]
bibliotheek (de)	bibliotek (ett)	[bibliʊˈtek]
theater (het)	teater (en)	[teˈatər]
opera (de)	opera (en)	['ʊpera]
nachtclub (de)	nattklubb (en)	['natˌklɵb]
casino (het)	kasino (ett)	[kaˈsinʊ]
moskee (de)	moské (en)	[mɵsˈkeː]
synagoge (de)	synagoga (en)	['synaˌgɔga]
kathedraal (de)	katedral (en)	[katɛˈdralʲ]
tempel (de)	tempel (ett)	['tɛmpəlʲ]
kerk (de)	kyrka (en)	['ɕyrka]
instituut (het)	institut (ett)	[instiˈtɵt]
universiteit (de)	universitet (ett)	[univɛʂiˈtet]
school (de)	skola (en)	['skʊlʲa]
gemeentehuis (het)	prefektur (en)	[prefɛkˈtɵːr]
stadhuis (het)	rådhus (en)	['rɔdˌhɵs]
hotel (het)	hotell (ett)	[hʊˈtɛlʲ]
bank (de)	bank (en)	['baŋk]
ambassade (de)	ambassad (en)	[ambaˈsad]
reisbureau (het)	resebyrå (en)	['resebyˌrɔː]
informatieloket (het)	informationsbyrå (en)	[infɔrmaˈɧʊns byˌrɔː]
wisselkantoor (het)	växelkontor (ett)	['vɛksəlʲ kɔnˈtʊr]
metro (de)	tunnelbana (en)	['tunəlʲˌbana]
ziekenhuis (het)	sjukhus (ett)	['ɧɵːkˌhɵs]
benzinestation (het)	bensinstation (en)	[bɛnˈsinˌstaˈɧɵn]
parking (de)	parkeringsplats (en)	[parˈkeriŋsˌplʲats]

80. Borden

gevelreclame (de)	skylt (en)	['ɧylʲt]
opschrift (het)	inskrift (en)	['inˌskrift]
poster (de)	poster, löpsedel (en)	['pɔstər], ['løpˌsedəlʲ]
wegwijzer (de)	vägvisare (en)	['vɛːgˌvisarə]
pijl (de)	pil (en)	['pilʲ]
waarschuwing (verwittiging)	varning (en)	['vaːɳiŋ]
waarschuwingsbord (het)	varningsskylt (en)	['vaːɳiŋs ˌɧylʲt]
waarschuwen (ww)	att varna	[at 'vaːɳa]
vrije dag (de)	fridag (en)	['friˌdag]

dienstregeling (de)	tidtabell (en)	['tid ta'bɛlʲ]
openingsuren (mv.)	öppettider (pl)	['øpet̗ti:dər]

WELKOM!	VÄLKOMMEN!	['vɛlʲˌkɔmən]
INGANG	INGÅNG	['inˌgɔŋ]
UITGANG	UTGÅNG	['ʉtˌgɔŋ]

DUWEN	TRYCK	['trʏk]
TREKKEN	DRAG	['drɑg]
OPEN	ÖPPET	['øpet]
GESLOTEN	STÄNGT	['stɛŋt]

DAMES	DAMER	['damər]
HEREN	HERRAR	['hɛ'rar]

KORTING	RABATT	[ra'bat]
UITVERKOOP	REA	['rea]
NIEUW!	NYHET!	['nyhet]
GRATIS	GRATIS	['gratis]

PAS OP!	OBS!	['ɔbs]
VOLGEBOEKT	FUllBOKAT	['fulʲˌbʊkat]
GERESERVEERD	RESERVERAT	[resɛr'verat]

ADMINISTRATIE	ADMINISTRATION	[administra'ɧʊn]
ALLEEN VOOR PERSONEEL	ENDAST PERSONAL	['ɛndast pɛʂʉ'nalʲ]

GEVAARLIJKE HOND	VARNING FÖR HUNDEN	['vaːɳiŋ før 'hundən]
VERBODEN TE ROKEN!	RÖKNING FÖRBJUDEN	['rœkniŋ før'bjʉ:dən]
NIET AANRAKEN!	FÅR EJ VIDRÖRAS!	['foːr ej 'vidrø:ras]

GEVAARLIJK	FARLIG	['faːᶅig]
GEVAAR	FARA	['fara]
HOOGSPANNING	HÖGSPÄNNING	['hø:gˌspɛniŋ]
VERBODEN TE ZWEMMEN	BADNING FÖRBJUDEN	['badniŋ før'bjʉ:dən]
BUITEN GEBRUIK	UR FUNKTION	['ʉr fuŋk'ɧʊn]

ONTVLAMBAAR	BRANDFARLIG	['brandˌfaːᶅig]
VERBODEN	FÖRBJUD	[før'bjʉ:d]
DOORGANG VERBODEN	TIllTRÄDE FÖRBJUDET	['tilʲtrɛ:də før'bjʉ:dət]
OPGELET PAS GEVERFD	NYMÅLAT	['nyˌmo:lʲat]

81. Stedelijk vervoer

bus, autobus (de)	buss (en)	['bus]
tram (de)	spårvagn (en)	['spo:rˌvagn]
trolleybus (de)	trådbuss (en)	['tro:dˌbus]
route (de)	rutt (en)	['rut]
nummer (busnummer, enz.)	nummer (ett)	['numər]

rijden met ...	att åka med ...	[at 'o:ka me ...]
stappen (in de bus ~)	att stiga på ...	[at 'stiga pɔ ...]
afstappen (ww)	att stiga av ...	[at 'stiga 'av ...]

halte (de)	hållplats (en)	['hoːlʲˌplats]
volgende halte (de)	nästa hållplats (en)	['nɛsta 'hoːlʲˌplats]
eindpunt (het)	slutstation (en)	['slʉtˌsta'ɧʉn]
dienstregeling (de)	tidtabell (en)	['tid ta'bɛlʲ]
wachten (ww)	att vänta	[at 'vɛnta]

kaartje (het)	biljett (en)	[bi'lʲet]
reiskosten (de)	biljettpris (ett)	[bi'lʲetˌpris]

kassier (de)	kassör (en)	[ka'søːr]
kaartcontrole (de)	biljettkontroll (en)	[bi'lʲet kɔn'trolʲ]
controleur (de)	kontrollant (en)	[kɔntrɔ'lʲant]

te laat zijn (ww)	att komma för sent	[at 'kɔma før 'sɛnt]
missen (de bus ~)	att komma för sent till ...	[at 'kɔma før 'sɛnt tilʲ ...]
zich haasten (ww)	att skynda sig	[at 'ɧʏnda sɛj]

taxi (de)	taxi (en)	['taksi]
taxichauffeur (de)	taxichaufför (en)	['taksi ɧɔ'føːr]
met de taxi (bw)	med taxi	[me 'taksi]
taxistandplaats (de)	taxihållplats (en)	['taksi 'hoːlʲˌplats]
een taxi bestellen	att ringa efter taxi	[at 'riŋa ˌɛftə 'taksi]
een taxi nemen	att ta en taxi	[at ta en 'taksi]

verkeer (het)	trafik (en)	[tra'fik]
file (de)	trafikstopp (ett)	[tra'fikˌstɔp]
spitsuur (het)	rusningstid (en)	['rusniŋsˌtid]
parkeren (on.ww.)	att parkera	[at par'kera]
parkeren (ov.ww.)	att parkera	[at par'kera]
parking (de)	parkeringsplats (en)	[par'keriŋsˌplʲats]

metro (de)	tunnelbana (en)	['tunəlʲˌbana]
halte (bijv. kleine treinhalte)	station (en)	[sta'ɧʉn]
de metro nemen	att ta tunnelbanan	[at ta 'tunəlʲˌbanan]
trein (de)	tåg (ett)	['toːg]
station (treinstation)	tågstation (en)	['toːgˌsta'ɧʉn]

82. Bezienswaardigheden

monument (het)	monument (ett)	[mɔnu'mɛnt]
vesting (de)	fästning (en)	['fɛstniŋ]
paleis (het)	palats (ett)	[pa'lʲats]
kasteel (het)	borg (en)	['bɔrj]
toren (de)	torn (ett)	['tʉːn]
mausoleum (het)	mausoleum (ett)	[maʉsʉ'lʲeum]

architectuur (de)	arkitektur (en)	[arkitɛk'tʉːr]
middeleeuws (bn)	medeltida	['medəlʲˌtida]
oud (bn)	gammal	['gamalʲ]
nationaal (bn)	nationell	[natɧʉ'nɛlʲ]
bekend (bn)	berömd	[be'rœmd]

toerist (de)	turist (en)	[tu'rist]
gids (de)	guide (en)	['gajd]

rondleiding (de)	utflykt (en)	['ʉt͜,flʲykt]
tonen (ww)	att visa	[at 'visa]
vertellen (ww)	att berätta	[at be'ræta]

vinden (ww)	att hitta	[at 'hita]
verdwalen (de weg kwijt zijn)	att gå vilse	[at 'gɔː 'vilʲsə]
plattegrond (~ van de metro)	karta (en)	['kaːʈa]
plattegrond (~ van de stad)	karta (en)	['kaːʈa]

souvenir (het)	souvenir (en)	[suvɛ'niːr]
souvenirwinkel (de)	souvenirbutik (en)	[suvɛ'niːr bu'tik]
een foto maken (ww)	att fotografera	[at fʊtʊgra'fera]
zich laten fotograferen	att bli fotograferad	[at bli fʊtʊgra'ferad]

83. Winkelen

kopen (ww)	att köpa	[at 'çøːpa]
aankoop (de)	inköp (ett)	['in͜,çøːp]
winkelen (ww)	att shoppa	[at 'ʃɔpa]
winkelen (het)	shopping (en)	['ʃɔpiŋ]

| open zijn (ov. een winkel, enz.) | att vara öppen | [at 'vara 'øpən] |
| gesloten zijn (ww) | att vara stängd | [at 'vara stɛŋd] |

schoeisel (het)	skodon (pl)	['skʊdʊn]
kleren (mv.)	kläder (pl)	['klʲɛːdər]
cosmetica (de)	kosmetika (en)	[kɔs'mɛtika]
voedingswaren (mv.)	matvaror (pl)	['mat͜,varʊr]
geschenk (het)	gåva, present (en)	['gɔːva], [pre'sɛnt]

| verkoper (de) | försäljare (en) | [fœː'ʂɛljarə] |
| verkoopster (de) | försäljare (en) | [fœː'ʂɛljarə] |

kassa (de)	kassa (en)	['kasa]
spiegel (de)	spegel (en)	['spegəlʲ]
toonbank (de)	disk (en)	['disk]
paskamer (de)	provrum (ett)	['prʊv͜,ruːm]

aanpassen (ww)	att prova	[at 'prʊva]
passen (ov. kleren)	att passa	[at 'pasa]
bevallen (prettig vinden)	att gilla	[at 'jilʲa]

prijs (de)	pris (ett)	['pris]
prijskaartje (het)	prislapp (en)	['pris͜,lʲap]
kosten (ww)	att kosta	[at 'kɔsta]
Hoeveel?	Hur mycket?	[hʉr 'mʏkə]
korting (de)	rabatt (en)	[ra'bat]

niet duur (bn)	billig	['bilig]
goedkoop (bn)	billig	['bilig]
duur (bn)	dyr	['dyr]
Dat is duur.	Det är dyrt	[dɛ æːr 'dyːt]
verhuur (de)	uthyrning (en)	['ʉt͜,hynïŋ]

huren (smoking, enz.)	att hyra	[at 'hyra]
krediet (het)	kredit (en)	[kre'dit]
op krediet (bw)	på kredit	[pɔ kre'dit]

84. Geld

geld (het)	pengar (pl)	['pɛŋar]
ruil (de)	växling (en)	['vɛksliŋ]
koers (de)	kurs (en)	['kuːʂ]
geldautomaat (de)	bankomat (en)	[baŋkʉ'mat]
muntstuk (de)	mynt (ett)	['mʏnt]

| dollar (de) | dollar (en) | ['dɔlʲar] |
| euro (de) | euro (en) | ['ɛvrɔ] |

lire (de)	lire (en)	['lirə]
Duitse mark (de)	mark (en)	['mark]
frank (de)	franc (en)	['fran]
pond sterling (het)	pund sterling (ett)	['puŋ stɛr'liŋ]
yen (de)	yen (en)	['jɛn]

schuld (geldbedrag)	skuld (en)	['skʉlʲd]
schuldenaar (de)	gäldenär (en)	[jɛlʲdɛ'næːr]
uitlenen (ww)	att låna ut	[at 'lʲoːna ʉt]
lenen (geld ~)	att låna	[at 'lʲoːna]

bank (de)	bank (en)	['baŋk]
bankrekening (de)	konto (ett)	['kɔntʉ]
storten (ww)	att sätta in	[at 'sæta in]
op rekening storten	att sätta in på kontot	[at 'sæta in pɔ 'kɔntʉt]
opnemen (ww)	att ta ut från kontot	[at ta ʉt frɔn 'kɔntʉt]

kredietkaart (de)	kreditkort (ett)	[kre'dit,kɔːt]
baar geld (het)	kontanter (pl)	[kɔn'tantər]
cheque (de)	check (en)	['ɕɛk]
een cheque uitschrijven	att skriva en check	[at 'skriva en 'ɕɛk]
chequeboekje (het)	checkbok (en)	['ɕɛk,bʉk]

portefeuille (de)	plånbok (en)	['plʲoːn,bʉk]
geldbeugel (de)	börs (en)	['bøːʂ]
safe (de)	säkerhetsskåp (ett)	['sɛːkərhets,skoːp]

erfgenaam (de)	arvinge (en)	['arviŋə]
erfenis (de)	arv (ett)	['arv]
fortuin (het)	förmögenhet (en)	[før'møgən,het]

huur (de)	hyra (en)	['hyra]
huurprijs (de)	hyra (en)	['hyra]
huren (huis, kamer)	att hyra	[at 'hyra]

prijs (de)	pris (ett)	['pris]
kostprijs (de)	kostnad (en)	['kɔstnad]
som (de)	summa (en)	['suma]
uitgeven (geld besteden)	att lägga ut	[at 'lʲɛga ʉt]

kosten (mv.)	utgifter (pl)	['ʉtˌjiftər]
bezuinigen (ww)	att spara	[at 'spara]
zuinig (bn)	sparsam	['spɑːʂam]

betalen (ww)	att betala	[at be'talʲa]
betaling (de)	betalning (en)	[be'talʲniŋ]
wisselgeld (het)	växel (en)	['vɛksəlʲ]

belasting (de)	skatt (en)	['skat]
boete (de)	bot (en)	['bʊt]
beboeten (bekeuren)	att bötfälla	[at 'bøtˌfɛlʲa]

85. Post. Postkantoor

postkantoor (het)	post (en)	['pɔst]
post (de)	post (en)	['pɔst]
postbode (de)	brevbärare (en)	['brevˌbæːrarə]
openingsuren (mv.)	öppettider (pl)	['øpetˌtiːdər]

brief (de)	brev (ett)	['brev]
aangetekende brief (de)	rekommenderat brev (ett)	[rekɔmən'derat brev]
briefkaart (de)	postkort (ett)	['pɔstˌkɔːt]
telegram (het)	telegram (ett)	[telʲe'gram]
postpakket (het)	postpaket (ett)	['pɔst paˌket]
overschrijving (de)	pengaöverföring (en)	['pɛŋaˌøvə'føːriŋ]

ontvangen (ww)	att ta emot	[at ta ɛmoːt]
sturen (zenden)	att skicka	[at 'ɧika]
verzending (de)	avsändning (en)	['avˌsɛndniŋ]

adres (het)	adress (en)	[a'drɛs]
postcode (de)	postnummer (ett)	['pɔstˌnumər]
verzender (de)	avsändare (en)	['avˌsɛndarə]
ontvanger (de)	mottagare (en)	['mɔtˌtagarə]

| naam (de) | förnamn (ett) | ['fœːˌɳamn] |
| achternaam (de) | efternamn (ett) | ['ɛftəˌɳamn] |

tarief (het)	tariff (en)	[ta'rif]
standaard (bn)	vanlig	['vanlig]
zuinig (bn)	ekonomisk	[ɛkʊ'nɔmisk]

gewicht (het)	vikt (en)	['vikt]
afwegen (op de weegschaal)	att väga	[at 'vɛːga]
envelop (de)	kuvert (ett)	[kʉ:'vær]
postzegel (de)	frimärke (ett)	['friˌmærkə]
een postzegel plakken op	att sätta på frimärke	[at 'sæta pɔ 'friˌmærkə]

Woning. Huis. Thuis

86. Huis. Woning

huis (het)	hus (ett)	['hʉs]
thuis (bw)	hemma	['hɛma]
cour (de)	gård (en)	['goːɖ]
omheining (de)	stängsel (en)	['stɛŋsəlʲ]
baksteen (de)	tegel, mursten (en)	['tegəlʲ], ['mʉːˌsten]
van bakstenen	tegel-	['tegəlʲ-]
steen (de)	sten (en)	['sten]
stenen (bn)	sten-	['sten-]
beton (het)	betong (en)	[be'tɔŋ]
van beton	betong-	[be'tɔŋ-]
nieuw (bn)	ny	['ny]
oud (bn)	gammal	['gamalʲ]
vervallen (bn)	fallfärdig	['falʲˌfæːɖig]
modern (bn)	modern	[mʉ'dɛːn]
met veel verdiepingen	flervånings-	['flʲerˌvoːniŋs-]
hoog (bn)	hög	['høːg]
verdieping (de)	våning (en)	['voːniŋ]
met een verdieping	envånings-	['ɛnˌvoːniŋs-]
laagste verdieping (de)	bottenvåning (en)	['botenˌvoːniŋ]
bovenverdieping (de)	övre våning (en)	['øvrə 'voːniŋ]
dak (het)	tak (ett)	['tak]
schoorsteen (de)	skorsten (en)	['skɔːˌsten]
dakpan (de)	taktegel (ett)	['takˌtegəlʲ]
pannen- (abn)	tegel-	['tegəlʲ-]
zolder (de)	vind, vindsvåning (en)	['vind], ['vindsˌvoːniŋ]
venster (het)	fönster (ett)	['fœnstər]
glas (het)	glas (ett)	['glʲas]
vensterbank (de)	fönsterbleck (ett)	['fœnstərˌblʲek]
luiken (mv.)	fönsterluckor (pl)	['fœnstəˌlʲʉ'kʊr]
muur (de)	mur, vägg (en)	['mʉːr], [vɛg]
balkon (het)	balkong (en)	[balʲʲ'kɔŋ]
regenpijp (de)	stuprör (ett)	['stʉpˌrøːr]
boven (bw)	uppe	['upə]
naar boven gaan (ww)	att gå upp	[at 'goː 'up]
afdalen (on.ww.)	att gå ned	[at 'goː ˌned]
verhuizen (ww)	att flytta	[at 'flʲyta]

87. Huis. Ingang. Lift

ingang (de)	ingång (en)	['ɪnˌgɔŋ]
trap (de)	trappa (en)	['trapa]
treden (mv.)	steg (pl)	['steg]
trapleuning (de)	räcke (ett)	['rɛkə]
hal (de)	lobby (en)	['lˈɔbi]
postbus (de)	brevlåda (en)	['brev,lˈoːda]
vuilnisbak (de)	soptunna (en)	['sʊpˌtuna]
vuilniskoker (de)	sopnedkast (ett)	['sʊpnedˌkast]
lift (de)	hiss (en)	['his]
goederenlift (de)	lasthiss (en)	['lˈastˌhis]
liftcabine (de)	hisskorg (en)	['hisˌkɔrj]
de lift nemen	att ta hissen	[at ta 'hisən]
appartement (het)	lägenhet (en)	['lˈeːgənˌhet]
bewoners (mv.)	invånare (pl)	[in'voːnarə]
buurman (de)	granne (en)	['granə]
buurvrouw (de)	granne (en)	['granə]
buren (mv.)	grannar (pl)	['granar]

88. Huis. Elektriciteit

elektriciteit (de)	elektricitet (en)	[ɛlˈektrisi'tet]
lamp (de)	glödlampa (en)	['glˈøːdˌlˈampa]
schakelaar (de)	strömbrytare (en)	['strøːmˌbrytarə]
zekering (de)	propp (en)	['prɔp]
draad (de)	ledning (en)	['lˈednɪŋ]
bedrading (de)	ledningsnät (ett)	['lˈednɪŋsˌnɛːt]
elektriciteitsmeter (de)	elmätare (en)	['ɛlˈˌmɛːtarə]
gegevens (mv.)	avläsningar (pl)	['avˌlˈɛsnɪŋar]

89. Huis. Deuren. Sloten

deur (de)	dörr (en)	['dœr]
toegangspoort (de)	port (en)	['pɔːt]
deurkruk (de)	dörrhandtag (ett)	['dœrˌhantag]
ontsluiten (ontgrendelen)	att låsa upp	[at 'lˈoːsa up]
openen (ww)	att öppna	[at 'øpna]
sluiten (ww)	att stänga	[at 'stɛŋa]
sleutel (de)	nyckel (en)	['nʏkəlˈ]
sleutelbos (de)	knippa (en)	['knipa]
knarsen (bijv. scharnier)	att gnissla	[at 'gnislˈa]
knarsgeluid (het)	knarr (ett)	['knar]
scharnier (het)	gångjärn (ett)	['gɔŋˌjæːɳ]
deurmat (de)	dörrmatta (en)	['dœrˌmata]
slot (het)	dörrlås (ett)	['dœrˌlˈoːs]

sleutelgat (het)	nyckelhål (ett)	['nʏkəlʲˌho:lʲ]
grendel (de)	regel (en)	['regəlʲ]
schuif (de)	skjutregel (en)	['ɧʉ:tˌregəlʲ]
hangslot (het)	hänglås (ett)	['hɛŋˌlʲo:s]

aanbellen (ww)	att ringa	[at 'riŋa]
bel (geluid)	ringning (en)	['riŋniŋ]
deurbel (de)	ringklocka (en)	['riŋˌklʲɔka]
belknop (de)	knapp (en)	['knap]
geklop (het)	knackning (en)	['knakniŋ]
kloppen (ww)	att knacka	[at 'knaka]

code (de)	kod (en)	['kɔd]
cijferslot (het)	kodlås (ett)	['kɔdˌlʲo:s]
parlofoon (de)	dörrtelefon (en)	['dœrˌtelʲe'fɔn]
nummer (het)	nummer (ett)	['numər]
naambordje (het)	dörrskylt (en)	['dœrˌɧylʲt]
deurspion (de)	kikhål, titthål (ett)	['kikˌho:lʲ], ['titˌho:lʲ]

90. Huis op het platteland

dorp (het)	by (en)	['by]
moestuin (de)	koksträdgård (en)	['kʊksˌtrɛ'go:d̪]
hek (het)	stängsel (ett)	['stɛŋsəlʲ]
houten hekwerk (het)	staket (ett)	[sta'ket]
tuinpoortje (het)	grind (en)	['grind]

graanschuur (de)	spannmålsbod (en)	['spanmo:lʲsˌbʊd]
wortelkelder (de)	jordkällare (en)	['jʊːd̪ˌɕɛlʲarə]
schuur (de)	bod (en), skjul (ett)	['bʊd], [ɧʉ:lʲ]
waterput (de)	brunn (en)	['brun]

kachel (de)	ugn (en)	['ugn]
de kachel stoken	att elda	[at 'ɛlʲda]
brandhout (het)	ved (en)	['ved]
houtblok (het)	vedträ (ett)	['vedˌtrɛ:]

veranda (de)	veranda (en)	[ve'randa]
terras (het)	terrass (en)	[tɛ'ras]
bordes (het)	yttertrappa (en)	['ytəˌtrapa]
schommel (de)	gunga (en)	['guŋa]

91. Villa. Herenhuis

landhuisje (het)	fritidshus (ett)	['fritidsˌhʉs]
villa (de)	villa (en)	['vilʲa]
vleugel (de)	vinge (en)	['viŋə]

tuin (de)	trädgård (en)	['trɛ:go:d̪]
park (het)	park (en)	['park]
oranjerie (de)	växthus (ett)	['vɛkstˌhʉs]
onderhouden (tuin, enz.)	att ta hand	[at ta 'hand]

zwembad (het)	simbassäng (en)	['simba,sɛŋ]
gym (het)	gym (ett)	['dʒym]
tennisveld (het)	tennisbana (en)	['tɛnis,bana]
bioscoopkamer (de)	hemmabio (en)	['hɛma,biːʊ]
garage (de)	garage (ett)	[ga'raʃ]

| privé-eigendom (het) | privategendom (en) | [pri'vat 'ɛgən,dʊm] |
| eigen terrein (het) | privat tomt (en) | [pri'vat tɔmt] |

| waarschuwing (de) | varning (en) | ['vaːɳiŋ] |
| waarschuwingsbord (het) | varningsskylt (en) | ['vaːɳiŋs ,ʃylʲt] |

bewaking (de)	säkerhet (en)	['sɛːkər,het]
bewaker (de)	säkerhetsvakt (en)	['sɛːkərhets,vakt]
inbraakalarm (het)	tjuvlarm (ett)	['ɕʉvlʲarm]

92. Kasteel. Paleis

kasteel (het)	borg (en)	['bɔrj]
paleis (het)	palats (ett)	[pa'lʲats]
vesting (de)	fästning (en)	['fɛstniŋ]
ringmuur (de)	mur (en)	['mʉːr]
toren (de)	torn (ett)	['tʊːɳ]
donjon (de)	huvudtorn (ett)	['hʉːvʉd,tʊːɳ]

valhek (het)	fällgaller (pl)	['fɛlʲ,galʲər]
onderaardse gang (de)	underjordisk gång (en)	['undəjʉːdisk 'gɑŋ]
slotgracht (de)	vallgrav (en)	['valʲ,grav]
ketting (de)	kedja (en)	['ɕedja]
schietgat (het)	skottglugg (en)	['skɔt,glʉg]

prachtig (bn)	praktfull	['prakt,fulʲ]
majestueus (bn)	majestätisk	[majɛ'stɛtisk]
onneembaar (bn)	ointaglig	['ojn,taglig]
middeleeuws (bn)	medeltida	['medəlʲ,tida]

93. Appartement

appartement (het)	lägenhet (en)	['lʲeːgən,het]
kamer (de)	rum (ett)	['ruːm]
slaapkamer (de)	sovrum (ett)	['sɔv,rum]
eetkamer (de)	matsal (en)	['matsalʲ]
salon (de)	vardagsrum (ett)	['vaːdas,rum]
studeerkamer (de)	arbetsrum (ett)	['arbets,rum]

gang (de)	entréhall (en)	[ɛntre:halʲ]
badkamer (de)	badrum (ett)	['bad,ruːm]
toilet (het)	toalett (en)	[tʊa'lʲet]

plafond (het)	tak (ett)	['tak]
vloer (de)	golv (ett)	['gɔlʲv]
hoek (de)	hörn (ett)	['høːɳ]

94. Appartement. Schoonmaken

schoonmaken (ww)	att städa	[at 'stɛda]
opbergen (in de kast, enz.)	att lägga undan	[at 'lɛga 'undan]
stof (het)	damm (ett)	['dam]
stoffig (bn)	dammig	['damig]
stoffen (ww)	att damma	[at 'dama]
stofzuiger (de)	dammsugare (en)	['dam,sɵgarə]
stofzuigen (ww)	att dammsuga	[at 'dam,sɵga]
vegen (de vloer ~)	att sopa, att feja	[at 'sɵpa], [att 'fɛja]
veegsel (het)	skräp, dam (ett)	['skrɛp], ['dam]
orde (de)	ordning (en)	['ɔːdniŋ]
wanorde (de)	oreda (en)	[ʊː'reda]
zwabber (de)	mopp (en)	['mɔp]
poetsdoek (de)	trasa (en)	['trasa]
veger (de)	sopkvast (en)	['sɵp,kvast]
stofblik (het)	sopskyffel (en)	['sɵp,ɧʏfəlʲ]

95. Meubels. Interieur

meubels (mv.)	möbel (en)	['møːbəlʲ]
tafel (de)	bord (ett)	['bʊːɖ]
stoel (de)	stol (en)	['stʊlʲ]
bed (het)	säng (en)	['sɛŋ]
bankstel (het)	soffa (en)	['sofa]
fauteuil (de)	fåtölj, länstol (en)	[foː'tœlj], ['lɛn,stʊlʲ]
boekenkast (de)	bokhylla (en)	['bʊk,hylʲa]
boekenrek (het)	hylla (en)	['hylʲa]
kledingkast (de)	garderob (en)	[gaː,dəˈrɔːb]
kapstok (de)	knagg (en)	['knag]
staande kapstok (de)	klädhängare (en)	['klʲɛd,hɛŋarə]
commode (de)	byrå (en)	['byroː]
salontafeltje (het)	soffbord (ett)	['sof,bʊːɖ]
spiegel (de)	spegel (en)	['spegəlʲ]
tapijt (het)	matta (en)	['mata]
tapijtje (het)	liten matta (en)	['litən 'mata]
haard (de)	kamin (en), eldstad (ett)	[ka'min], ['ɛlʲd,stad]
kaars (de)	ljus (ett)	['jʉːs]
kandelaar (de)	ljusstake (en)	['jʉːs,stakə]
gordijnen (mv.)	gardiner (pl)	[gaːˈdinər]
behang (het)	tapet (en)	[ta'pet]
jaloezie (de)	persienn (en)	[pɛ'ʂjen]
bureaulamp (de)	bordslampa (en)	['bʊːɖs,lʲampa]
wandlamp (de)	vägglampa (en)	['vɛg,lʲampa]

staande lamp (de)	golvlampa (en)	['gɔlʲvˌlʲampa]
luchter (de)	ljuskrona (en)	['jʉːsˌkrʊna]

poot (ov. een tafel, enz.)	ben (ett)	['beːn]
armleuning (de)	armstöd (ett)	['armˌstøːd]
rugleuning (de)	rygg (en)	['rʏg]
la (de)	låda (en)	['lʲoːda]

96. Beddengoed

beddengoed (het)	sängkläder (pl)	['sɛŋˌklʲɛːdər]
kussen (het)	kudde (en)	['kudə]
kussenovertrek (de)	örngott (ett)	['øːɳˌgɔt]
deken (de)	duntäcke (ett)	['dʉːnˌtɛkə]
laken (het)	lakan (ett)	['lʲakan]
sprei (de)	överkast (ett)	['øːvəˌkast]

97. Keuken

keuken (de)	kök (ett)	['çøːk]
gas (het)	gas (en)	['gas]
gasfornuis (het)	gasspis (en)	['gasˌspis]
elektrisch fornuis (het)	elektrisk spis (en)	[ɛ'lʲektrisk ˌspis]
oven (de)	bakugn (en)	['bakˌugn]
magnetronoven (de)	mikrovågsugn (en)	['mikrʊvɔgsˌugn]

koelkast (de)	kylskåp (ett)	['çylʲˌskoːp]
diepvriezer (de)	frys (en)	['frys]
vaatwasmachine (de)	diskmaskin (en)	['diskˌma'fjiːn]

vleesmolen (de)	köttkvarn (en)	['çœtˌkvaːɳ]
vruchtenpers (de)	juicepress (en)	['juːsˌprɛs]
toaster (de)	brödrost (en)	['brøːdˌrɔst]
mixer (de)	mixer (en)	['miksər]

koffiemachine (de)	kaffebryggare (en)	['kafəˌbrʏgarə]
koffiepot (de)	kaffekanna (en)	['kafəˌkana]
koffiemolen (de)	kaffekvarn (en)	['kafəˌkvaːɳ]

fluitketel (de)	tekittel (en)	['teˌçitəlʲ]
theepot (de)	tekanna (en)	['teˌkana]
deksel (de/het)	lock (ett)	['lʲɔk]
theezeefje (het)	tesil (en)	['teˌsilʲ]

lepel (de)	sked (en)	['fjed]
theelepeltje (het)	tesked (en)	['teˌfjed]
eetlepel (de)	matsked (en)	['matˌfjed]
vork (de)	gaffel (en)	['gafəlʲ]
mes (het)	kniv (en)	['kniv]

vaatwerk (het)	servis (en)	[sɛr'vis]
bord (het)	tallrik (en)	['talʲrik]

schoteltje (het)	tefat (ett)	['te‚fat]
likeurglas (het)	shotglas (ett)	['ʃot‚glʲas]
glas (het)	glas (ett)	['glʲas]
kopje (het)	kopp (en)	['kop]

suikerpot (de)	sockerskål (en)	['sɔkə:‚sko:lʲ]
zoutvat (het)	saltskål (en)	['salʲt‚sko:lʲ]
pepervat (het)	pepparskål (en)	['pɛpa‚sko:lʲ]
boterschaaltje (het)	smörfat (en)	['smœr‚fat]

steelpan (de)	kastrull, gryta (en)	[ka'strulʲ], ['gryta]
bakpan (de)	stekpanna (en)	['stek‚pana]
pollepel (de)	slev (en)	['slʲev]
vergiet (de/het)	durkslag (ett)	['durk‚slʲag]
dienblad (het)	bricka (en)	['brika]

fles (de)	flaska (en)	['flʲaska]
glazen pot (de)	glasburk (en)	['glʲas‚burk]
blik (conserven~)	burk (en)	['burk]

flesopener (de)	flasköppnare (en)	['flʲask‚øpnarə]
blikopener (de)	burköppnare (en)	['burk‚øpnarə]
kurkentrekker (de)	korkskruv (en)	['kork‚skruː v]
filter (de/het)	filter (ett)	['filʲtər]
filteren (ww)	att filtrera	[at filʲ'trera]

huisvuil (het)	sopor, avfall (ett)	['supur], ['avfalʲ]
vuilnisemmer (de)	sophink (en)	['sup‚hiŋk]

98. Badkamer

badkamer (de)	badrum (ett)	['bad‚ruːm]
water (het)	vatten (ett)	['vatən]
kraan (de)	kran (en)	['kran]
warm water (het)	varmvatten (ett)	['varm‚vatən]
koud water (het)	kallvatten (ett)	['kalʲ‚vatən]

tandpasta (de)	tandkräm (en)	['tand‚krɛm]
tanden poetsen (ww)	att borsta tänderna	[at 'bo:ʂta 'tɛndɛ:ɳa]
tandenborstel (de)	tandborste (en)	['tand‚bo:ʂtə]

zich scheren (ww)	att raka sig	[at 'raka sɛj]
scheercrème (de)	raklödder (ett)	['rak‚lʲødər]
scheermes (het)	hyvel (en)	['hyvəlʲ]

wassen (ww)	att tvätta	[at 'tvæta]
een bad nemen	att tvätta sig	[at 'tvæta sɛj]
douche (de)	dusch (en)	['duʃ]
een douche nemen	att duscha	[at 'duʃa]

bad (het)	badkar (ett)	['bad‚kar]
toiletpot (de)	toalettstol (en)	[tʊa'lʲet‚stʊlʲ]
wastafel (de)	handfat (ett)	['hand‚fat]
zeep (de)	tvål (en)	['tvo:lʲ]

zeepbakje (het)	tvålskål (en)	['tvo:lˌsko:lʲ]
spons (de)	svamp (en)	['svamp]
shampoo (de)	schampo (ett)	['ɧam,pʊ]
handdoek (de)	handduk (en)	['hand,dɵːk]
badjas (de)	morgonrock (en)	['mɔrgɔn,rɔk]

was (bijv. handwas)	tvätt (en)	['tvæt]
wasmachine (de)	tvättmaskin (en)	['tvæt,ma'ɧiːn]
de was doen	att tvätta kläder	[at 'tvæta 'klʲɛːdər]
waspoeder (de)	tvättmedel (ett)	['tvæt,medəlʲ]

99. Huishoudelijke apparaten

televisie (de)	teve (en)	['teve]
cassettespeler (de)	bandspelare (en)	['band,spelʲarə]
videorecorder (de)	video (en)	['vidɵu]
radio (de)	radio (en)	['radiʊ]
speler (de)	spelare (en)	['spelʲarə]

videoprojector (de)	videoprojektor (en)	['vidɵu prʊ'jɛktʊr]
home theater systeem (het)	hemmabio (en)	['hɛma,biːʊ]
DVD-speler (de)	DVD spelare (en)	[deve'deː ˌspelʲarə]
versterker (de)	förstärkare (en)	[fœː'ʂtæːkarə]
spelconsole (de)	spelkonsol (en)	['spelʲ kɔn'sɔlʲ]

videocamera (de)	videokamera (en)	['vidɵu,kamera]
fotocamera (de)	kamera (en)	['kamera]
digitale camera (de)	digitalkamera (en)	[digi'talʲ ˌkamera]

stofzuiger (de)	dammsugare (en)	['dam,sɵgarə]
strijkijzer (het)	strykjärn (ett)	['stryk,jæːɳ]
strijkplank (de)	strykbräda (en)	['stryk,brɛːda]

telefoon (de)	telefon (en)	[telʲe'fɔn]
mobieltje (het)	mobiltelefon (en)	[mɔ'bilʲ telʲe'fɔn]
schrijfmachine (de)	skrivmaskin (en)	['skriv,ma'ɧiːn]
naaimachine (de)	symaskin (en)	['sy,ma'ɧiːn]

microfoon (de)	mikrofon (en)	[mikrʊ'fɔn]
koptelefoon (de)	hörlurar (pl)	['hœːˌl̩ɵːrar]
afstandsbediening (de)	fjärrkontroll (en)	['fjæːrˌkɔn'trolʲ]

CD (de)	cd-skiva (en)	['sede ˌɧiva]
cassette (de)	kassett (en)	[ka'sɛt]
vinylplaat (de)	skiva (en)	['ɧiva]

100. Reparaties. Renovatie

renovatie (de)	renovering (en)	[renʊ'veriŋ]
renoveren (ww)	att renovera	[at renʊ'vera]
repareren (ww)	att reparera	[at repa'rera]
op orde brengen	att bringa ordning	[at 'briŋa 'ɔːɖniŋ]

overdoen (ww)	att göra om	[at 'jø:ra ɔm]
verf (de)	färg (en)	['fæ:rj]
verven (muur ~)	att måla	[at 'mo:lʲa]
schilder (de)	målare (en)	['mo:lʲarə]
kwast (de)	pensel (en)	['pɛnsəlʲ]

| kalk (de) | kalkfärg (en) | ['kalʲkˌfæ:rj] |
| kalken (ww) | att vitlimma | [at 'vitˌlima] |

behang (het)	tapet (en)	[ta'pet]
behangen (ww)	att tapetsera	[at tapet'sera]
lak (de/het)	fernissa (en)	[fɛ'nisa]
lakken (ww)	att lackera	[at lʲa'kera]

101. Loodgieterswerk

water (het)	vatten (ett)	['vatən]
warm water (het)	varmvatten (ett)	['varmˌvatən]
koud water (het)	kallvatten (ett)	['kalʲˌvatən]
kraan (de)	kran (en)	['kran]

druppel (de)	droppe (en)	['drɔpə]
druppelen (ww)	att droppa	[at 'drɔpa]
lekken (een lek hebben)	att läcka	[at 'lɛka]
lekkage (de)	läcka (en)	['lʲɛka]
plasje (het)	pöl, puss (en)	['pø:lʲ], ['pus]

buis, leiding (de)	rör (ett)	['rø:r]
stopkraan (de)	ventil (en)	[vɛn'tilʲ]
verstopt raken (ww)	att bli igensatt	[at bli 'ijɛnsat]

gereedschap (het)	verktyg (pl)	['vɛrkˌtyg]
Engelse sleutel (de)	skiftnyckel (en)	['ʃiftˌnʏkəlʲ]
losschroeven (ww)	att skruva ur	[at 'skrʉ:va ʉ:r]
aanschroeven (ww)	att skruva fast	[at 'skrʉ:va fast]

ontstoppen (riool, enz.)	att rensa	[at 'rɛnsa]
loodgieter (de)	rörmokare (en)	['rø:rˌmɔkarə]
kelder (de)	källare (en)	['ɕɛlʲarə]
riolering (de)	avlopp (ett)	['avˌlʲɔp]

102. Brand. Vuurzee

vuur (het)	eld (en)	['ɛlʲd]
vlam (de)	flamma (en)	['flʲama]
vonk (de)	gnista (en)	['gnista]
rook (de)	rök (en)	['rø:k]
fakkel (de)	fackla (en)	['faklʲa]
kampvuur (het)	bål (ett)	['bo:lʲ]

| benzine (de) | bensin (en) | [bɛn'sin] |
| kerosine (de) | fotogen (en) | [fʊtʊ'ŋen] |

brandbaar (bn)	brännbar	['brɛnˌbar]
ontplofbaar (bn)	explosiv	[ɛksplʲɔ'siv]
VERBODEN TE ROKEN!	RÖKNING FÖRBJUDEN	['rœkniŋ før'bjʉ:dən]

veiligheid (de)	säkerhet (en)	['sɛ:kərˌhet]
gevaar (het)	fara (en)	['fara]
gevaarlijk (bn)	farlig	['fa:lʲig]

in brand vliegen (ww)	att fatta eld	[at 'fata ˌɛlʲd]
explosie (de)	explosion (en)	[ɛksplʲɔ'ɧʊn]
in brand steken (ww)	att sätta eld	[at 'sæta ˌɛlʲd]
brandstichter (de)	mordbrännare (en)	['mʊːɖˌbrɛnarə]
brandstichting (de)	mordbrand (en)	['mʊːɖˌbrand]

vlammen (ww)	att flamma	[at 'flʲama]
branden (ww)	att brinna	[at 'brina]
afbranden (ww)	att brinna ned	[at 'brina ned]

de brandweer bellen	att ringa brandkår	[at 'riŋa 'brandˌko:r]
brandweerman (de)	brandman (en)	['brandˌman]
brandweerwagen (de)	brandbil (en)	['brandˌbilʲ]
brandweer (de)	brandkår (en)	['brandˌko:r]
uitschuifbare ladder (de)	brandbilstege (en)	['brandbilʲˌstegə]

brandslang (de)	slang (en)	['slʲaŋ]
brandblusser (de)	brandsläckare (en)	['brandˌslʲɛkarə]
helm (de)	hjälm (en)	['jɛlʲm]
sirene (de)	siren (en)	[si'ren]

roepen (ww)	att skrika	[at 'skrika]
hulp roepen	att ropa på hjälp	[at 'rʊpa pɔ jɛlʲp]
redder (de)	räddare (en)	['rɛdarə]
redden (ww)	att rädda	[at 'rɛda]

aankomen (per auto, enz.)	att ankomma	[at 'aŋˌkɔma]
blussen (ww)	att släcka	[at 'slʲɛka]
water (het)	vatten (ett)	['vatən]
zand (het)	sand (en)	['sand]

ruïnes (mv.)	ruiner (pl)	[rʉ'i:nər]
instorten (gebouw, enz.)	att falla ihop	[at 'falʲa i'hʊp]
ineenstorten (ww)	att störta ner	[at 'stø:ʈa ner]
inzakken (ww)	att störta in	[at 'stø:ʈa in]

| brokstuk (het) | spillra (en) | ['spilʲra] |
| as (de) | aska (en) | ['aska] |

| verstikken (ww) | att kvävas | [at 'kvɛ:vas] |
| omkomen (ww) | att omkomma | [at 'ɔmˌkɔma] |

93

MENSELIJKE ACTIVITEITEN

Baan. Business. Deel 1

103. Kantoor. Op kantoor werken

kantoor (het)	kontor (ett)	[kɔn'tʊr]
kamer (de)	kontor (ett)	[kɔn'tʊr]
receptie (de)	reception (en)	[resɛp'ɧʊn]
secretaris (de)	sekreterare (en)	[sɛkrə'terarə]
secretaresse (de)	sekreterare (en)	[sɛkrə'terarə]
directeur (de)	direktör (en)	[dirɛk'tø:r]
manager (de)	manager (en)	['me:nijər]
boekhouder (de)	bokförare (en)	['bʊk,fø:rarə]
werknemer (de)	anställd (en)	['anstɛlʲd]
meubilair (het)	möbel (en)	['mø:bəlʲ]
tafel (de)	bord (ett)	['bʊ:d]
bureaustoel (de)	arbetsstol (en)	['arbets,stʊlʲ]
ladeblok (het)	kassette, skuffemodul (en)	[ka'sɛtə], ['skufə,mɔdul]
kapstok (de)	klädhängare (en)	['klʲɛd,hɛŋarə]
computer (de)	dator (en)	['datʊr]
printer (de)	skrivare (en)	['skrivarə]
fax (de)	fax (en)	['faks]
kopieerapparaat (het)	kopiator (en)	[kʊpi'atʊr]
papier (het)	papper (ett)	['papər]
kantoorartikelen (mv.)	kontorsmaterial (ett)	[kɔn'tʊ:ʂ mate'rjalʲ]
muismat (de)	musmatta (en)	['mʉ:s,mata]
blad (het)	ark (ett)	['ark]
ordner (de)	mapp (en)	['map]
catalogus (de)	katalog (en)	[kata'lʲɔg]
telefoongids (de)	telefonkatalog (en)	[telʲe'fɔn kata'lʲɔg]
documentatie (de)	dokumentation (en)	[dɔkumənta'ɧʊn]
brochure (de)	broschyr (en)	[brɔ'ɧyr]
flyer (de)	reklamblad (ett)	[rɛ'klʲam,blʲad]
monster (het), staal (de)	prov (ett)	['prʊv]
training (de)	träning (en)	['trɛ:niŋ]
vergadering (de)	möte (ett)	['mø:tə]
lunchpauze (de)	lunchrast (en)	['lʉnɕ,rast]
een kopie maken	att ta en kopia	[at ta en kʊ'pia]
de kopieën maken	att kopiera	[at kɔ'pjera]
een fax ontvangen	att ta emot fax	[at ta ɛmo:t 'faks]
een fax versturen	att skicka fax	[at 'ɧika 'faks]

opbellen (ww)	att ringa	[at 'riŋa]
antwoorden (ww)	att svara	[at 'svara]
doorverbinden (ww)	att koppla till ...	[at 'koplʲa tilʲ ...]

afspreken (ww)	att arrangera	[at aran'ʃera]
demonstreren (ww)	att demonstrera	[at demɔn'strera]
absent zijn (ww)	att vara frånvarande	[at 'vara 'froːn‚varandə]
afwezigheid (de)	frånvaro (en)	['froːn‚varʊ]

104. Bedrijfsprocessen. Deel 1

bedrijf (business)	handel (en)	['handəlʲ]
zaak (de), beroep (het)	yrke (ett)	['yrkə]
firma (de)	firma (en)	['firma]
bedrijf (maatschap)	bolag, företag (ett)	['bʊlʲag], ['førə‚tag]
corporatie (de)	korporation (en)	[kɔrpʊra'ɧʊn]
onderneming (de)	företag (ett)	['førə‚tag]
agentschap (het)	agentur (en)	[agɛn'tɵːr]

overeenkomst (de)	avtal (ett)	['avtalʲ]
contract (het)	kontrakt (ett)	[kɔn'trakt]
transactie (de)	affär (en)	[a'fæːr]
bestelling (de)	beställning (en)	[bɛ'stɛlʲniŋ]
voorwaarde (de)	villkor (ett)	['vilʲ‚kor]

in het groot (bw)	en gros	[ɛn 'groː]
groothandels- (abn)	grossist-, engros-	[grɔ'sist-], [ɛn'gro-]
groothandel (de)	grosshandel (en)	['grɔs‚handəlʲ]
kleinhandels- (abn)	detalj-	[de'talj-]
kleinhandel (de)	detaljhandel (en)	[de'talj‚handəlʲ]

concurrent (de)	konkurrent (en)	[kɔŋku'rɛnt]
concurrentie (de)	konkurrens (en)	[kɔŋku'rɛns]
concurreren (ww)	att konkurrera	[at kɔŋku'rera]

partner (de)	partner (en)	['paːʈnər]
partnerschap (het)	partnerskap (ett)	['paːʈnɛ‚skap]

crisis (de)	kris (en)	['kris]
bankroet (het)	konkurs (en)	[kɔŋ'kuːʂ]
bankroet gaan (ww)	att göra konkurs	[at 'jøːra kɔŋ'kuːʂ]
moeilijkheid (de)	svårighet (en)	['svoːrig‚het]
probleem (het)	problem (ett)	[prɔ'blʲem]
catastrofe (de)	katastrof (en)	[kata'strɔf]

economie (de)	ekonomi (en)	[ɛkʊnɔ'miː]
economisch (bn)	ekonomisk	[ɛkʊ'nɔmisk]
economische recessie (de)	ekonomisk nedgång (en)	[ɛkʊ'nɔmisk 'ned‚gɔŋ]

doel (het)	mål (ett)	['moːlʲ]
taak (de)	uppgift (en)	['up‚gift]

handelen (handel drijven)	att handla	[at 'handlʲa]
netwerk (het)	nätverk (ett)	['nɛːt‚vɛrk]

| voorraad (de) | lager (ett) | ['ˡˡagər] |
| assortiment (het) | sortiment (ett) | [sɔːʈi'mɛnt] |

leider (de)	ledare (en)	['ˡˡedarə]
groot (bn)	stor	['stʊr]
monopolie (het)	monopol (en)	[mɔnɔ'polˡ]

theorie (de)	teori (en)	[teʊ'riː]
praktijk (de)	praktik (en)	[prak'tik]
ervaring (de)	erfarenhet (en)	['ɛrfarɛnhet]
tendentie (de)	tendens (en)	[tɛn'dɛns]
ontwikkeling (de)	utveckling (en)	['ʉtˌvɛkliŋ]

105. Bedrijfsprocessen. Deel 2

| voordeel (het) | utbyte (ett), fördel (en) | ['ʉtˌbytə], ['føːˌdel] |
| voordelig (bn) | fördelaktig | [føːdəlˡ'aktig] |

delegatie (de)	delegation (en)	[delˡega'ɧʊn]
salaris (het)	lön (en)	['ˡˡøːn]
corrigeren (fouten ~)	att rätta	[at 'ræta]
zakenreis (de)	affärsresa (en)	[a'fæːʂˌresa]
commissie (de)	provision (en)	[prɔvi'ɧʊn]

controleren (ww)	att kontrollera	[at kɔntrɔ'lˡera]
conferentie (de)	konferens (en)	[kɔnfə'ræns]
licentie (de)	licens (en)	[li'sɛns]
betrouwbaar (partner, enz.)	pålitlig	['poˌlitlig]

aanzet (de)	initiativ (ett)	[initsja'tiv]
norm (bijv. ~ stellen)	norm (en)	['nɔrm]
omstandigheid (de)	omständighet (en)	['ɔmˌstɛndighet]
taak, plicht (de)	plikt (en)	['plikt]

organisatie (bedrijf, zaak)	organisation (en)	[ɔrganisa'ɧʊn]
organisatie (proces)	organisering (en)	[ɔrgani'seriŋ]
georganiseerd (bn)	organiserad	[ɔrgani'serad]
afzegging (de)	annullering (en)	[anʉ'lˡeriŋ]
afzeggen (ww)	att inställa, att annullera	[at in'stɛlˡa], [at anʉ'lˡera]
verslag (het)	rapport (en)	[ra'pɔːʈ]

patent (het)	patent (ett)	[pa'tɛnt]
patenteren (ww)	att patentera	[at patɛn'tera]
plannen (ww)	att planera	[at plˡa'nera]

premie (de)	bonus, premie (en)	['bʊnus], ['premiə]
professioneel (bn)	professionell	[prɔfeɧʊ'nɛlˡ]
procedure (de)	procedur (en)	[prʊsə'dʉːr]

onderzoeken (contract, enz.)	att undersöka	[at 'undəˌʂøːka]
berekening (de)	beräkning (en)	[be'rɛkniŋ]
reputatie (de)	rykte (ett)	['rʏktə]
risico (het)	risk (en)	['risk]
beheren (managen)	att styra, att leda	[at 'styra], [at 'lˡeda]

informatie (de)	upplysningar (pl)	['up‚lysniŋar]
eigendom (bezit)	egendom (en)	['ɛgən‚dʊm]
unie (de)	förbund (ett)	['før‚bund]

levensverzekering (de)	livförsäkring (en)	['liv‚fœ:'ʂɛkriŋ]
verzekeren (ww)	att försäkra	[at fœ:'ʂɛkra]
verzekering (de)	försäkring (en)	[fœ:'ʂɛkriŋ]

veiling (de)	auktion (en)	[auk'ɧʊn]
verwittigen (ww)	att underrätta	[at 'undə‚ræta]
beheer (het)	ledning (en)	['lʲedniŋ]
dienst (de)	tjänst (en)	['ɕɛnst]

forum (het)	forum (ett)	['fʊrum]
functioneren (ww)	att fungera	[at fun'gera]
stap, etappe (de)	etapp (en)	[ɛ'tap]
juridisch (bn)	juridisk	[jɥ'ridisk]
jurist (de)	jurist (en)	[jɥ'rist]

106. Productie. Werken

industriële installatie (fabriek)	verk (ett)	['vɛrk]
fabriek (de)	fabrik (en)	[fab'rik]
werkplaatsruimte (de)	verkstad (en)	['vɛrk‚stad]
productielocatie (de)	produktionsplats (en)	[prɔduk'ɧʊn‚plʲats]

industrie (de)	industri (en)	[indu'stri:]
industrieel (bn)	industriell	[industri'ɛlʲ]
zware industrie (de)	tung industri (en)	['tuŋ indu'stri:]
lichte industrie (de)	lätt industri (en)	[lʲæt indu'stri:]

productie (de)	produktion (en)	[prɔduk'ɧʊn]
produceren (ww)	att producera	[at prɔdɥ'sera]
grondstof (de)	råvaror (pl)	['ro:‚varʊr]

voorman, ploegbaas (de)	förman, bas (en)	['førman], ['bas]
ploeg (de)	arbetslag (en)	['arbets‚lag]
arbeider (de)	arbetare (en)	['ar‚betarə]

werkdag (de)	arbetsdag (en)	['arbets‚dag]
pauze (de)	vilopaus (en)	['vilʲɔ‚paʊs]
samenkomst (de)	möte (ett)	['mø:tə]
bespreken (spreken over)	att dryfta, att diskutera	[at 'dryfta], [at diskɥ'tera]

plan (het)	plan (en)	['plʲan]
het plan uitvoeren	att uppfylla planen	[at 'up‚fylʲa 'planən]
productienorm (de)	produktionsmål (ett)	[prɔduk'ɧʊn‚mo:lʲ]
kwaliteit (de)	kvalité (en)	[kvali'te:]
controle (de)	kontroll (en)	[kɔn'trolʲ]
kwaliteitscontrole (de)	kvalitetskontroll (en)	[kvali'tets kɔn'trolʲ]

arbeidsveiligheid (de)	arbetarskydd (ett)	['arbeta:‚ɧyd]
discipline (de)	disciplin (en)	[disip'lin]
overtreding (de)	brott (ett)	['brɔt]

overtreden (ww)	att bryta	[at 'bryta]
staking (de)	strejk (en)	['strɛjk]
staker (de)	strejkande (en)	['strɛjkandə]
staken (ww)	att strejka	[at 'strɛjka]
vakbond (de)	fackförening (en)	['fakfø,reniŋ]

uitvinden (machine, enz.)	att uppfinna	[at 'up,fina]
uitvinding (de)	uppfinning (en)	['up,finiŋ]
onderzoek (het)	forskning (en)	['fɔːşkniŋ]
verbeteren (beter maken)	att förbättra	[at før'bætra]
technologie (de)	teknologi (en)	[teknɔlʲɔ'giː]
technische tekening (de)	teknisk ritning (en)	['tɛknisk 'ritniŋ]

vracht (de)	last (en)	['lʲast]
lader (de)	lastare (en)	['lʲastarə]
laden (vrachtwagen)	att lasta	[at 'lʲasta]
laden (het)	lastning (en)	['lʲastniŋ]

lossen (ww)	att lasta av	[at 'lʲasta av]
lossen (het)	avlastning (en)	['av,lʲastniŋ]

transport (het)	transport (en)	[trans'pɔːt]
transportbedrijf (de)	transportföretag (ett)	[trans'pɔːt,førə'tag]
transporteren (ww)	att transportera	[at transpɔː'țera]

goederenwagon (de)	godsvagn (en)	['gʊds,vagn]
tank (bijv. ketelwagen)	tank (en)	['taŋk]
vrachtwagen (de)	lastbil (en)	['lʲast,bilʲ]

machine (de)	verktygsmaskin (en)	['vɛrk,tygs ma'ɧiːn]
mechanisme (het)	mekanism (en)	[meka'nism]

industrieel afval (het)	industriellt avfall (ett)	[industri'ɛlʲt 'avfalʲ]
verpakking (de)	packning (en)	['pakniŋ]
verpakken (ww)	att packa	[at 'paka]

107. Contract. Overeenstemming

contract (het)	kontrakt (ett)	[kɔn'trakt]
overeenkomst (de)	avtal (ett)	['avtalʲ]
bijlage (de)	tillägg (ett), bilaga (en)	['til,lʲɛːg], ['bi,lʲaga]

een contract sluiten	att ingå avtal	[at 'ingoː 'avtalʲ]
handtekening (de)	signatur, underskrift (en)	[signa'tɵːr], ['undə,şkrift]
ondertekenen (ww)	att underteckna	[at 'undə,tɛkna]
stempel (de)	stämpel (en)	['stɛmpəlʲ]

voorwerp (het) van de overeenkomst	kontraktets föremål (ett)	[kɔn'traktets 'førə,moːlʲ]
clausule (de)	klausul (en)	[klau'sɵl]
partijen (mv.)	parter (pl)	['paːțer]
vestigingsadres (het)	juridisk adress (en)	[jɵ'ridisk a'drɛs]
het contract verbreken (overtreden)	att bryta kontraktet	[at 'bryta kɔn'traktet]

verplichting (de)	förpliktelse (en)	[før'pliktəlˠsə]
verantwoordelijkheid (de)	ansvar (ett)	['an,svar]
overmacht (de)	force majeure (en)	[ˌfɔrs ma'ʒø:r]
geschil (het)	tvist (en)	['tvist]
sancties (mv.)	straffavgifter (pl)	['straf,av'jiftər]

108. Import & Export

import (de)	import (en)	[im'pɔ:t]
importeur (de)	importör (en)	[impɔ:'tø:r]
importeren (ww)	att importera	[at impɔ:'tera]
import- (abn)	import-	[im'pɔ:t-]
uitvoer (export)	export (en)	['ɛkspɔ:t]
exporteur (de)	exportör (en)	[ɛkspɔ:'tø:r]
exporteren (ww)	att exportera	[at ɛkspɔ:'tera]
uitvoer- (bijv., ~goederen)	export-	['ɛkspɔ:t-]
goederen (mv.)	vara (en)	['vara]
partij (de)	parti (ett)	[pa:'ti:]
gewicht (het)	vikt (en)	['vikt]
volume (het)	volym (en)	[vɔ'lˠym]
kubieke meter (de)	kubikmeter (en)	[kʉ'bik,metər]
producent (de)	producent (en)	[prodʉ'sɛnt]
transportbedrijf (de)	transportföretag (ett)	[trans'pɔ:t,føre'tag]
container (de)	container (en)	[kɔn'tɛjnər]
grens (de)	gräns (en)	['grɛns]
douane (de)	tull (en)	['tulˠ]
douanerecht (het)	tullavgift (en)	['tulˠ,av'jift]
douanier (de)	tulltjänsteman (en)	['tulˠ 'ɕɛnstə,man]
smokkelen (het)	smuggling (en)	['smuglɪŋ]
smokkelwaar (de)	smuggelgods (ett)	['smugəlˠ,gʊds]

109. Financiën

aandeel (het)	aktie (en)	['aktsiə]
obligatie (de)	obligation (en)	[ɔbliga'fjʊn]
wissel (de)	växel (en)	['vɛksəlˠ]
beurs (de)	börs (en)	['bø:ʂ]
aandelenkoers (de)	aktiekurs (en)	['aktsiə,ku:ʂ]
dalen (ww)	att gå ner	[at 'go: ,ner]
stijgen (ww)	att gå upp	[at 'go: 'up]
deel (het)	andel (en)	['an,del]
meerderheidsbelang (het)	aktiemajoritet (en)	['aktsiə majʊri'tet]
investeringen (mv.)	investering (en)	[invə'sterɪŋ]
investeren (ww)	att investera	[at invə'stera]

procent (het)	procent (en)	[prʊ'sɛnt]
rente (de)	ränta (en)	['rɛnta]
winst (de)	vinst, förtjänst (en)	['vinst], [fœ:'ɕɛ:nst]
winstgevend (bn)	fördelaktig	[fø:dəlⁱ'aktig]
belasting (de)	skatt (en)	['skat]
valuta (vreemde ~)	valuta (en)	[va'lʉ:ta]
nationaal (bn)	nationell	[natɧʊ'nɛlⁱ]
ruil (de)	växling (en)	['vɛksliŋ]
boekhouder (de)	bokförare (en)	['bʊkˌfø:rarə]
boekhouding (de)	bokföring (en)	['bʊkˌfø:riŋ]
bankroet (het)	konkurs (en)	[kɔŋ'ku:ʂ]
ondergang (de)	krasch (en)	['kraʃ]
faillissement (het)	ruin (en)	[rʉ'in]
geruïneerd zijn (ww)	att ruinera sig	[at rʉi'nera sɛj]
inflatie (de)	inflation (en)	[inflⁱa'ɧʊn]
devaluatie (de)	devalvering (en)	[devalⁱ'veriŋ]
kapitaal (het)	kapital (ett)	[kapi'talⁱ]
inkomen (het)	inkomst (en)	['iŋˌkɔmst]
omzet (de)	omsättning (en)	['ɔmˌsætniŋ]
middelen (mv.)	resurser (pl)	[re'su:ʂər]
financiële middelen (mv.)	penningmedel (pl)	['pɛniŋˌmedəlⁱ]
operationele kosten (mv.)	fasta utgifter (pl)	['fasta 'ʉtˌjiftər]
reduceren (kosten ~)	att reducera	[at redʉ'sera]

110. Marketing

marketing (de)	marknadsföring (en)	['marknadsˌfø:riŋ]
markt (de)	marknad (en)	['marknad]
marktsegment (het)	marknadsegment (ett)	['marknad seg'mɛnt]
product (het)	produkt (en)	[prɔ'dukt]
goederen (mv.)	vara (en)	['vara]
merk (het)	varumärke (ett)	['varʉˌmæ:rkə]
handelsmerk (het)	varumärke (ett)	['varʉˌmæ:rkə]
beeldmerk (het)	firmamärke (ett)	['firmaˌmæ:rkə]
logo (het)	logotyp (en)	['lⁱɔgɔtyp]
vraag (de)	efterfrågan (en)	['ɛftəˌfro:gan]
aanbod (het)	utbud (het)	['ʉtˌbʉd]
behoefte (de)	behov (ett)	[be'hʊv]
consument (de)	konsument, förbrukare (en)	[kɔnsu'mɛnt], [før'brʉ:karə]
analyse (de)	analys (en)	[ana'lⁱys]
analyseren (ww)	att analysera	[at analⁱy'sera]
positionering (de)	positionering (en)	[pʊsiɧʊ'neriŋ]
positioneren (ww)	att positionera	[at pɔsiɧʊ'nera]
prijs (de)	pris (ett)	['pris]
prijspolitiek (de)	prispolitik (en)	['pris pʊli'tik]
prijsvorming (de)	prisbildning (en)	['prisˌbilⁱdniŋ]

111. Reclame

reclame (de)	reklam (en)	[rɛ'klʲam]
adverteren (ww)	att reklamera	[at rɛklʲa'mera]
budget (het)	budget (en)	['budjet]

advertentie, reclame (de)	annons (en)	[a'nɔns]
TV-reclame (de)	tv-reklam (ett)	['teve rɛ'klʲam]
radioreclame (de)	radioreklam (en)	['radiʊ rɛ'klʲam]
buitenreclame (de)	utomhusreklam (en)	['ʉtɔmˌhʉs rɛ'klʲam]

massamedia (de)	massmedier (pl)	['masˌmediər]
periodiek (de)	tidskrift (en)	['tidˌskrift]
imago (het)	image (en)	['imidʒ]

| slagzin (de) | slogan (en) | ['slʲɔgan] |
| motto (het) | motto (ett) | ['mɔtʊ] |

campagne (de)	kampanj (en)	[kam'panʲ]
reclamecampagne (de)	reklamkampanj (en)	[rɛ'klʲam kam'panʲ]
doelpubliek (het)	målgrupp (en)	['moːlʲˌgrup]

visitekaartje (het)	visitkort (ett)	[vi'sitˌkɔːt]
flyer (de)	reklamblad (ett)	[rɛ'klʲamˌblʲad]
brochure (de)	broschyr (en)	[brɔ'ʃyr]
folder (de)	folder (en)	['foldə]
nieuwsbrief (de)	nyhetsbrev (ett)	['nyhetsˌbrev]

gevelreclame (de)	skylt (en)	['ʃylʲt]
poster (de)	poster, löpsedel (en)	['pɔstər], ['løpˌsedəlʲ]
aanplakbord (het)	reklamskylt (en)	[rɛ'klʲamˌʃylʲt]

112. Bankieren

| bank (de) | bank (en) | ['baŋk] |
| bankfiliaal (het) | avdelning (en) | [av'dɛlʲniŋ] |

| bankbediende (de) | konsulent (en) | [kɔnsu'lʲɛnt] |
| manager (de) | föreståndare (en) | [førə'stɔndarə] |

bankrekening (de)	bankkonto (ett)	['baŋkˌkɔntʊ]
rekeningnummer (het)	kontonummer (ett)	['kɔntʊˌnumər]
lopende rekening (de)	checkkonto (ett)	['ɕɛkˌkɔntʊ]
spaarrekening (de)	sparkonto (ett)	['sparˌkɔntʊ]

een rekening openen	att öppna ett konto	[at 'øpna ɛt 'kɔntʊ]
de rekening sluiten	att avsluta kontot	[at 'avˌslʉːta 'kɔntʊt]
op rekening storten	att sätta in på kontot	[at 'sæta in pɔ 'kɔntʊt]
opnemen (ww)	att ta ut från kontot	[at ta ʉt frɔn 'kɔntʊt]

storting (de)	insats (en)	['inˌsats]
een storting maken	att sätta in	[at 'sæta in]
overschrijving (de)	överföring (en)	['øːvəˌføːriŋ]

een overschrijving maken	att överföra	[at ø:vəˌføra]
som (de)	summa (en)	['suma]
Hoeveel?	Hur mycket?	[hɵr 'mʏkə]

handtekening (de)	signatur, underskrift (en)	[signa'tɵ:r], ['undəˌskrift]
ondertekenen (ww)	att underteckna	[at 'undəˌtɛkna]

kredietkaart (de)	kreditkort (ett)	[kre'ditˌkɔ:t]
code (de)	kod (en)	['kɔd]
kredietkaartnummer (het)	kreditkortsnummer (ett)	[kre'ditˌkɔ:ts 'numər]
geldautomaat (de)	bankomat (en)	[baŋkʉ'mat]

cheque (de)	check (en)	['ɕɛk]
een cheque uitschrijven	att skriva en check	[at 'skriva en 'ɕɛk]
chequeboekje (het)	checkbok (en)	['ɕɛkˌbʉk]

lening, krediet (de)	lån (ett)	['lʲo:n]
een lening aanvragen	att ansöka om lån	[at 'anˌsø:ka ɔm 'lʲo:n]
een lening nemen	att få ett lån	[at fo: et 'lʲo:n]
een lening verlenen	att ge ett lån	[at je: et 'lʲo:n]
garantie (de)	garanti (en)	[garan'ti:]

113. Telefoon. Telefoongesprek

telefoon (de)	telefon (en)	[telʲe'fɔn]
mobieltje (het)	mobiltelefon (en)	[mɔ'bilʲ telʲe'fɔn]
antwoordapparaat (het)	telefonsvarare (en)	[telʲe'fɔnˌsvararə]

bellen (ww)	att ringa	[at 'riŋa]
belletje (telefoontje)	telefonsamtal (en)	[telʲe'fɔnˌsamtalʲ]

een nummer draaien	att slå nummer	[at 'slʲo: 'numər]
Hallo!	Hallå!	[ha'lʲo:]

vragen (ww)	att fråga	[at 'fro:ga]
antwoorden (ww)	att svara	[at 'svara]

horen (ww)	att höra	[at 'hø:ra]
goed (bw)	gott, bra	['gɔt], ['bra]

slecht (bw)	dåligt	['do:lit]
storingen (mv.)	bruser, störningar (pl)	['brɵ:sər], ['stø:ɳiŋar]

hoorn (de)	telefonlur (en)	[telʲe'fɔnˌlɵ:r]
opnemen (ww)	att lyfta telefonluren	[at 'lʲyfta telʲe'fɔn 'lɵ:rən]
ophangen (ww)	att lägga på	[at 'lʲɛga pɔ]

bezet (bn)	upptagen	['upˌtagən]
overgaan (ww)	att ringa	[at 'riŋa]
telefoonboek (het)	telefonkatalog (en)	[telʲe'fɔn kata'lʲog]

lokaal gesprek (het)	lokalsamtal (ett)	[lʲɔ'kalʲˌsamtalʲ]
interlokaal gesprek (het)	rikssamtal (ett)	['riksˌsamtalʲ]
buitenlands (bn)	internationell	['intɛːɳatʃɵˌnɛlʲ]

114. Mobiele telefoon

mobieltje (het)	mobiltelefon (en)	[mɔ'bilⁱ telⁱe'fɔn]
scherm (het)	skärm (en)	['ʃæ:rm]
toets, knop (de)	knapp (en)	['knap]
simkaart (de)	SIM-kort (ett)	['sim,kɔ:t]

batterij (de)	batteri (ett)	[batɛ'ri:]
leeg zijn (ww)	att bli urladdad	[at bli 'ʉ:ˌlⁱadad]
acculader (de)	laddare (en)	['lⁱadarə]

menu (het)	meny (en)	[me'ny]
instellingen (mv.)	inställningar (pl)	['inˌstɛlⁱniŋar]
melodie (beltoon)	melodi (en)	[mellⁱɔ'di:]
selecteren (ww)	att välja	[at 'vɛlja]

rekenmachine (de)	kalkylator (en)	[kalⁱky'lⁱatʊr]
voicemail (de)	telefonsvarare (en)	[telⁱe'fɔnˌsvararə]
wekker (de)	väckarklocka, alarm (en)	['vɛkarˌklⁱɔka], [a'lⁱarm]
contacten (mv.)	kontakter (pl)	[kɔn'taktər]

SMS-bericht (het)	SMS meddelande (ett)	[ɛsɛ'mɛs me'delⁱandə]
abonnee (de)	abonnent (en)	[abɔ'nɛnt]

115. Schrijfbehoeften

balpen (de)	kulspetspenna (en)	['kʉlⁱspetsˌpɛna]
vulpen (de)	reservoarpenna (en)	[resɛrvʊ'arˌpɛna]

potlood (het)	blyertspenna (en)	['blⁱyɛːʦˌpɛna]
marker (de)	märkpenna (en)	['mœrkˌpɛna]
viltstift (de)	tuschpenna (en)	['tu:ʃˌpɛna]

notitieboekje (het)	block (ett)	['blⁱɔk]
agenda (boekje)	dagbok (en)	['dagˌbʉk]

liniaal (de/het)	linjal (en)	[li'njalⁱ]
rekenmachine (de)	kalkylator (en)	[kalⁱky'lⁱatʊr]
gom (de)	suddgummi (ett)	['sudˌgumi]
punaise (de)	häftstift (ett)	['hɛftˌstift]
paperclip (de)	gem (ett)	['gem]

lijm (de)	lim (ett)	['lim]
nietmachine (de)	häftapparat (en)	['hɛft apaˌrat]
perforator (de)	hålslag (ett)	['ho:lⁱ,slⁱag]
potloodslijper (de)	pennvässare (en)	['pɛnˌvɛsarə]

116. Verschillende soorten documenten

verslag (het)	rapport (en)	[ra'pɔ:t]
overeenkomst (de)	avtal (ett)	['avtalⁱ]

aanvraagformulier (het)	ansökningsblankett (en)	['an‚sœkniŋs blaŋ'ket]
origineel, authentiek (bn)	äckta	['ɛkta]
badge, kaart (de)	bricka (en)	['brika]
visitekaartje (het)	visitkort (ett)	[vi'sit‚kɔ:t]

certificaat (het)	certifikat (ett)	[sɛ:ʈifi'kat]
cheque (de)	check (en)	['ɕɛk]
rekening (in restaurant)	nota (en)	['nʊta]
grondwet (de)	konstitution (en)	[kɔnstitu'ɧʊn]

contract (het)	avtal (ett)	['avtalʲ]
kopie (de)	kopia (en)	[kʊ'pia]
exemplaar (het)	exemplar (ett)	[ɛksɛmp'lʲar]

douaneaangifte (de)	tulldeklaration (en)	['tulʲ‚dɛklʲara'ɧʊn]
document (het)	dokument (ett)	[dɔku'mɛnt]
rijbewijs (het)	körkort (ett)	['ɕø:r‚kɔ:t]
bijlage (de)	tillägg (ett), bilaga (en)	['til‚lʲɛ:g], ['bi‚lʲaga]
formulier (het)	formulär (ett)	[fɔrmʉ'lʲæ:r]

identiteitskaart (de)	legitimation (en)	[lʲegitima'ɧʊn]
aanvraag (de)	förfrågan (en)	['før‚fro:gan]
uitnodigingskaart (de)	inbjudningskort (ett)	[in'bjʉ:dniŋs‚kɔ:t]
factuur (de)	faktura (en)	[fak'tʉra]

wet (de)	lag (en)	['lʲag]
brief (de)	brev (ett)	['brev]
briefhoofd (het)	brevpapper (ett)	['brev‚papər]
lijst (de)	lista (en)	['lista]
manuscript (het)	manuskript (ett)	[manu'skript]
nieuwsbrief (de)	nyhetsbrev (ett)	['nyhets‚brev]
briefje (het)	lapp (en)	['lʲap]

pasje (voor personeel, enz.)	passerkort (ett)	[pa'sər‚kɔ:t]
paspoort (het)	pass (ett)	['pas]
vergunning (de)	tillåtelse (en)	['til‚lʲo:təlʲse]
CV, curriculum vitae (het)	meritförteckning (en)	[me'rit‚fœ:'ʈɛkniŋ]
schuldbekentenis (de)	skuldebrev (ett)	['skulʲdə‚brev]
kwitantie (de)	kvitto (ett)	['kvitʊ]

bon (kassabon)	kvitto (ett)	['kvitʊ]
rapport (het)	rapport (en)	[ra'pɔ:t]

tonen (paspoort, enz.)	att visa	[at 'visa]
ondertekenen (ww)	att underteckna	[at 'undə‚tɛkna]
handtekening (de)	signatur, underskrift (en)	[signa'tʉ:r], ['undə‚skrift]
stempel (de)	stämpel (en)	['stɛmpəlʲ]

tekst (de)	text (en)	['tɛkst]
biljet (het)	biljett (en)	[bi'lʲet]

doorhalen (doorstrepen)	att stryka ut	[at 'stryka ʉt]
invullen (een formulier ~)	att fylla i	[at 'fylʲa 'i]

vrachtbrief (de)	fraktsedel (en)	['frakt‚sedəlʲ]
testament (het)	testamente (ett)	[tɛsta'mɛntə]

117. Soorten bedrijven

uitzendbureau (het)	arbetsförmedling (en)	['arbets,før'medliŋ]
bewakingsfirma (de)	säkerhetsbyrå (en)	['sɛ:kərhets,by'ro:]
persbureau (het)	nyhetsbyrå (en)	['nyhets by'ro:]
reclamebureau (het)	reklambyrå (en)	[rɛ'klʲamby,ro:]
antiek (het)	antikviteter (pl)	[antikvi'tetər]
verzekering (de)	försäkring (en)	[fœ:'sɛkriŋ]
naaiatelier (het)	skrädderi (ett)	[skrɛde'ri:]
banken (mv.)	bankaffärer (pl)	['baŋk a'fæ:rər]
bar (de)	bar (en)	['bar]
bouwbedrijven (mv.)	byggbranch (en)	['bʏgbranɕ]
juwelen (mv.)	smycken (pl)	['smʏkən]
juwelier (de)	juvelerare (en)	[jʉve'lʲe:rarə]
wasserette (de)	tvätteri (ett)	[tvæte'ri:]
alcoholische dranken (mv.)	alkoholhaltiga drycker (pl)	[alʲkʉ'holʲ,halʲtiga 'drʏkər]
nachtclub (de)	nattklubb (en)	['nat,klʉb]
handelsbeurs (de)	börs (en)	['bø:ʂ]
bierbrouwerij (de)	bryggeri (ett)	[brʏge'ri:]
uitvaartcentrum (het)	begravningsbyrå (en)	[be'gravniŋs,byro:]
casino (het)	kasino (ett)	[ka'sinʉ]
zakencentrum (het)	affärscentrum (ett)	[a'fæ:ʂ,sɛntrum]
bioscoop (de)	biograf (en)	[biʉ'graf]
airconditioning (de)	luftkonditionering (en)	['lʉft,kɔndiɸʉ'neriŋ]
handel (de)	handel (en)	['handəlʲ]
luchtvaartmaatschappij (de)	flygbolag (ett)	['flʲyg,bʉlʲag]
adviesbureau (het)	konsulttjänster (pl)	[kɔn'sulʲt,ɕɛnstər]
koerierdienst (de)	budtjänst (en)	['bʉ:t,ɕɛnst]
tandheelkunde (de)	tandklinik (en)	['tand kli'nik]
design (het)	design (en)	[de'sajn]
business school (de)	affärsskola (en)	[a'fæ:ʂ,skʉlʲa]
magazijn (het)	lager (en)	['lʲagər]
kunstgalerie (de)	konstgalleri (ett)	['kɔnst galʲe'ri:]
IJsje (het)	glass (en)	['glʲas]
hotel (het)	hotell (ett)	[hʉ'tɛlʲ]
vastgoed (het)	fastighet (en)	['fastig,het]
drukkerij (de)	tryckeri (ett)	[trʏke'ri:]
industrie (de)	industri (en)	[indu'stri:]
Internet (het)	Internet	['intɛ:,ɳɛt]
investeringen (mv.)	investering (en)	[invə'steriŋ]
krant (de)	tidning (en)	['tidniŋ]
boekhandel (de)	bokhandel (en)	['bʉk,handəlʲ]
lichte industrie (de)	lätt industri (en)	[lʲæt indu'stri:]
winkel (de)	affär, butik (en)	[a'fæ:r], [bu'tik]
uitgeverij (de)	förlag (ett)	[fœ:'lʲag]
medicijnen (mv.)	medicin (en)	[medi'sin]

meubilair (het)	möbel (en)	['mø:bəlʲ]
museum (het)	museum (ett)	[mɯ'seum]
olie (aardolie)	olja (en)	['ɔlja]
apotheek (de)	apotek (ett)	[apʊ'tek]
geneesmiddelen (mv.)	farmaci (en)	[farma'si:]
zwembad (het)	simbassäng (en)	['simba͵sɛŋ]
stomerij (de)	kemtvätt (en)	['ɕemtvæt]
voedingswaren (mv.)	matvaror (pl)	['mat͵varʊr]
reclame (de)	reklam (en)	[rɛ'klʲam]
radio (de)	radio (en)	['radiʊ]
afvalinzameling (de)	avfallshantering (en)	['avfalʲs͵hanteriŋ]
restaurant (het)	restaurang (en)	[rɛstɔ'raŋ]
tijdschrift (het)	tidskrift (en)	['tid͵skrift]
schoonheidssalon (de/het)	skönhetssalong (en)	['ɧø:nhets sa'lʲɔŋ]
financiële diensten (mv.)	finansiella tjänster (pl)	[finan'sjɛlʲa 'ɕɛnstər]
juridische diensten (mv.)	juridisk rådgivare (pl)	[jɯ'ridisk 'ro:d͵jivarə]
boekhouddiensten (mv.)	bokföringstjänster (en)	['bʊk͵fø:riŋ 'ɕɛnstər]
audit diensten (mv.)	revisiontjänster (pl)	[revi'ɧʊn͵ɕɛnstər]
sport (de)	sport (en)	['spɔ:ʈ]
supermarkt (de)	snabbköp (ett)	['snab͵ɕø:p]
televisie (de)	television (en)	[telʲevi'ɧʊn]
theater (het)	teater (en)	[te'atər]
toerisme (het)	turism (en)	[tu'rism]
transport (het)	transport (en)	[trans'pɔ:ʈ]
postorderbedrijven (mv.)	postorderförsäljning (en)	['pɔst͵ɔːdər fœ:'ʂɛljniŋ]
kleding (de)	kläder (pl)	['klʲɛ:dər]
dierenarts (de)	veterinär (en)	[vetəri'næ:r]

Baan. Business. Deel 2

118. Show. Tentoonstelling

beurs (de)	mässa (en)	['mɛsa]
vakbeurs, handelsbeurs (de)	handelsmässa (en)	['handəlˠsˌmɛsa]
deelneming (de)	deltagande (ett)	['delˠˌtagandə]
deelnemen (ww)	att delta	[at 'dɛlˠta]
deelnemer (de)	deltagare (en)	['delˠˌtagarə]
directeur (de)	direktör (en)	[dirɛk'tø:r]
organisatiecomité (het)	arrangörskontor (ett)	[aran'ɧør kɔn'tʊr]
organisator (de)	arrangör (en)	[aran'jø:r]
organiseren (ww)	att organisera	[at ɔrgani'sera]
deelnemingsaanvraag (de)	deltagarformulär (ett)	['delˠtagarˌfɔrmu'lˠæ:r]
invullen (een formulier ~)	att fylla i	[at 'fylˠa 'i]
details (mv.)	detaljer (pl)	[de'taljər]
informatie (de)	information (en)	[infɔrma'ɧʊn]
prijs (de)	pris (ett)	['pris]
inclusief (bijv. ~ BTW)	inklusive	['iŋklʉˌsivə]
inbegrepen (alles ~)	att inkludera	[at iŋklʉ'dera]
betalen (ww)	att betala	[at be'talˠa]
registratietarief (het)	registreringsavgift (en)	[reji'streriŋs 'avˌjift]
ingang (de)	ingång (en)	['inˌgɔŋ]
paviljoen (het), hal (de)	paviljong (en)	[pavi'ljɔn]
registreren (ww)	att registrera	[at regi'strera]
badge, kaart (de)	bricka (en)	['brika]
beursstand (de)	monter (en)	['mɔntər]
reserveren (een stand ~)	att reservera	[at resɛr'vera]
vitrine (de)	glasmonter (en)	['glˠasˌmɔntər]
licht (het)	spotlight (en)	['spotˌlajt]
design (het)	design (en)	[de'sajn]
plaatsen (ww)	att placera	[at plˠa'sera]
geplaatst zijn (ww)	att bli placerat	[at bli plˠa'serat]
distributeur (de)	distributör (en)	[distribʉ'tø:r]
leverancier (de)	leverantör (en)	[lˠeveran'tø:r]
leveren (ww)	att förse, att leverera	[at fœ:'ʂə], [at lˠeve'rera]
land (het)	land (ett)	['lˠand]
buitenlands (bn)	utländsk	['ʉtˌlˠɛŋsk]
product (het)	produkt (en)	[prɔ'dukt]
associatie (de)	förening (en)	[fø'reniŋ]
conferentiezaal (de)	konferenssal (en)	[kɔnfe'rænsˌsalˠ]

| congres (het) | kongress (en) | [kɔŋ'grɛs] |
| wedstrijd (de) | tävling (en) | ['tɛvlʲiŋ] |

bezoeker (de)	besökare (en)	[be'sø:karə]
bezoeken (ww)	att besöka	[at be'sø:ka]
afnemer (de)	kund, beställare (en)	['kund], [be'stɛlʲarə]

119. Massamedia

krant (de)	tidning (en)	['tidniŋ]
tijdschrift (het)	tidskrift (en)	['tid,skrift]
pers (gedrukte media)	press (en)	['prɛs]
radio (de)	radio (en)	['radiʊ]
radiostation (het)	radiostation (en)	['radiʊ sta'ɦʊn]
televisie (de)	television (en)	[telʲevi'ɦʊn]

presentator (de)	programledare (en)	[prɔ'gram,lʲedarə]
nieuwslezer (de)	uppläsare (en)	['up,lʲɛ:sarə]
commentator (de)	kommentator (en)	[kɔmɛn'tatʊr]

journalist (de)	journalist (en)	[ɦʊɳa'list]
correspondent (de)	korrespondent (en)	[kɔrɛspɔn'dɛnt]
fotocorrespondent (de)	pressfotograf (en)	['prɛs fʊtʊ'graf]
reporter (de)	reporter (en)	[re'pɔːʈər]

| redacteur (de) | redaktör (en) | [redak'tø:r] |
| chef-redacteur (de) | chefredaktör (en) | ['ɧef,redak'tø:r] |

zich abonneren op	att prenumerera	[at prenume'rera]
abonnement (het)	prenumeration (en)	[prenumera'ɦʊn]
abonnee (de)	prenumerant (en)	[prenume'rant]
lezen (ww)	att läsa	[at 'lʲɛ:sa]
lezer (de)	läsare (en)	['lʲɛ:sarə]

oplage (de)	upplaga (en)	['up,lʲaga]
maand-, maandelijks (bn)	månatlig	[mo'natlig]
wekelijks (bn)	vecko-	['vɛkɔ-]
nummer (het)	nummer (ett)	['numər]
vers (~ van de pers)	ny, färsk	['ny], [fæ:ʂk]

kop (de)	rubrik (en)	[ru'brik]
korte artikel (het)	notis (en)	[nʊ'tis]
rubriek (de)	rubrik (en)	[ru'brik]
artikel (het)	artikel (en)	[a'ʈikəlʲ]
pagina (de)	sida (en)	['sida]

reportage (de)	reportage (ett)	[repɔː'ʈa:ʃ]
gebeurtenis (de)	händelse (en)	['hɛndəlʲsə]
sensatie (de)	sensation (en)	[sɛnsa'ɦʊn]
schandaal (het)	skandal (en)	[skan'dalʲ]
schandalig (bn)	skandalös	[skanda'lʲøs]
groot (~ schandaal, enz.)	stor	['stʊr]
programma (het)	program (ett)	[prɔ'gram]
interview (het)	intervju (en)	[intɛr'vju:]

live uitzending (de)	direktsändning (en)	[di'rɛkt‚sɛndniŋ]
kanaal (het)	kanal (en)	[ka'nalʲ]

120. Landbouw

landbouw (de)	jordbruk (ett)	['jʊːɖ‚brʉk]
boer (de)	bonde (en)	['bʊndə]
boerin (de)	bondkvinna (en)	['bʊnd‚kvina]
landbouwer (de)	lantbrukare, bonde (en)	['lʲant‚brʉːkarə], ['bʊndə]

tractor (de)	traktor (en)	['traktʊr]
maaidorser (de)	skördetröska (en)	['ŋøːɖɛ‚trœska]

ploeg (de)	plog (en)	['plʊg]
ploegen (ww)	att ploga	[at 'plʲʊga]
akkerland (het)	plöjd åker (en)	['plʲœjd 'oːkər]
voor (de)	fåra (en)	['foːra]

zaaien (ww)	att så	[at soː]
zaaimachine (de)	såmaskin (en)	['soː‚ma'ŋiːn]
zaaien (het)	såning (en)	['soːniŋ]

zeis (de)	lie (en)	['liːe]
maaien (ww)	att meja, att slå	[at 'meja], [at 'slʲoː]

schop (de)	spade (en)	['spadə]
spitten (ww)	att gräva	[at 'grɛːva]

schoffel (de)	hacka (en)	['haka]
wieden (ww)	att hacka	[at 'haka]
onkruid (het)	ogräs (ett)	[ʊ'grɛːs]

gieter (de)	vattenkanna (en)	['vatən‚kana]
begieten (water geven)	att vattna	[at 'vatna]
bewatering (de)	vattning (en)	['vatniŋ]

riek, hooivork (de)	grep (en)	['grep]
hark (de)	kratta (en)	['krata]

meststof (de)	gödsel (en)	['jøsəlʲ]
bemesten (ww)	att gödsla	[at 'jøslʲa]
mest (de)	dynga (en)	['dʏŋa]

veld (het)	åker (en)	['oːkər]
wei (de)	äng (en)	['ɛŋ]
moestuin (de)	koksträdgård (en)	['kʊks‚trɛ'goːɖ]
boomgaard (de)	fruktträdgård (en)	['frʊkt‚trɛ'goːɖ]

weiden (ww)	att beta	[at 'beta]
herder (de)	herde (en)	['hɛːdə]
weiland (de)	betesmark (en)	['betəs‚mark]

veehouderij (de)	boskapsskötsel (en)	['bʊskaps‚ŋøːtsəlʲ]
schapenteelt (de)	fåravel (en)	['foːr‚avəlʲ]

plantage (de)	plantage (en)	[plʲan'taːʃ]
rijtje (het)	rad (en)	['rad]
broeikas (de)	drivhus (ett)	['driv̩hʉs]

| droogte (de) | torka (en) | ['tɔrka] |
| droog (bn) | torr | ['tɔr] |

graan (het)	korn, spannmål (ett)	['kʊːn], ['spanˌmoːlʲ]
graangewassen (mv.)	sädesslag (en)	['sɛdəsˌslʲag]
oogsten (ww)	att inhösta	[at in'høsta]

molenaar (de)	mjölnare (en)	['mjœlʲnarə]
molen (de)	kvarn (en)	[kvaːn]
malen (graan ~)	att mala	[at 'malʲa]
bloem (bijv. tarwebloem)	mjöl (ett)	['mjøːlʲ]
stro (het)	halm (en)	['halʲm]

121. Gebouw. Bouwproces

bouwplaats (de)	byggplats (en)	['bʏgˌplʲats]
bouwen (ww)	att bygga	[at 'bʏga]
bouwvakker (de)	byggarbetare (en)	['bʏgˌar'betarə]

project (het)	projekt (ett)	[prʊ'fʲɛkt]
architect (de)	arkitekt (en)	[arki'tɛkt]
arbeider (de)	arbetare (en)	['arˌbetarə]

fundering (de)	fundament (ett)	[funda'mɛnt]
dak (het)	tak (ett)	['tak]
heipaal (de)	påle (en)	['poːlʲe]
muur (de)	mur, vägg (en)	['mʉːr], [vɛg]

| betonstaal (het) | armeringsjärn (ett) | [ar'meriŋsˌjæːn] |
| steigers (mv.) | ställningar (pl) | ['stɛlʲniŋar] |

beton (het)	betong (en)	[be'tɔŋ]
graniet (het)	granit (en)	[gra'nit]
steen (de)	sten (en)	['sten]
baksteen (de)	tegel, mursten (en)	['tegəlʲ], ['mʉːˌsten]

zand (het)	sand (en)	['sand]
cement (de/het)	cement (en)	[se'mɛnt]
pleister (het)	puts (en)	['pʉts]
pleisteren (ww)	att putsa	[at 'putsa]
verf (de)	färg (en)	['fæːrj]
verven (muur ~)	att måla	[at 'moːlʲa]
ton (de)	tunna (en)	['tuna]

kraan (de)	lyftkran (en)	['lʲyftˌkran]
heffen, hijsen (ww)	att lyfta	[at 'lʲyfta]
neerlaten (ww)	att sänka	[at 'sɛŋka]

| bulldozer (de) | bulldozer (en) | ['bulʲˌdoːsər] |
| graafmachine (de) | grävmaskin (en) | ['grɛvˌma'fʲiːn] |

graafbak (de)	skopa (en)	['skʊpa]
graven (tunnel, enz.)	att gräva	[at 'grɛ:va]
helm (de)	hjälm (en)	['jɛlʲm]

122. Wetenschap. Onderzoek. Wetenschappers

wetenschap (de)	vetenskap (en)	['vetən‚skap]
wetenschappelijk (bn)	vetenskaplig	['vetən‚skaplig]
wetenschapper (de)	vetenskapsman (en)	['vetənskaps‚man]
theorie (de)	teori (en)	[teʊ'ri:]

axioma (het)	axiom (ett)	[aksi'ɔm]
analyse (de)	analys (en)	[ana'lʲys]
analyseren (ww)	att analysera	[at analʲy'sera]
argument (het)	argument (ett)	[argʉ'mɛnt]
substantie (de)	stoff (ett), substans (en)	['stof], ['sʉbstans]

hypothese (de)	hypotes (en)	[hypɔ'tɛs]
dilemma (het)	dilemma (ett)	['dilʲema]
dissertatie (de)	avhandling (en)	['av‚handliŋ]
dogma (het)	dogm (en)	['dɔgm]

doctrine (de)	doktrin (en)	[dɔk'trin]
onderzoek (het)	forskning (en)	['fɔ:ʂkniŋ]
onderzoeken (ww)	att forska	[at 'fɔ:ʂka]
toetsing (de)	test (ett)	['tɛst]
laboratorium (het)	laboratorium (ett)	[lʲabɔra'tɔrium]

methode (de)	metod (en)	[me'tɔd]
molecule (de/het)	molekyl (en)	[mɔlʲe'kylʲ]
monitoring (de)	övervakning (en)	['ø:ve‚vakniŋ]
ontdekking (de)	upptäckt (en)	['up‚tɛkt]

postulaat (het)	postulat (ett)	[postʉ'lʲat]
principe (het)	princip (en)	[prin'sip]
voorspelling (de)	prognos (en)	[prɔ'gnɔs]
een prognose maken	att prognostisera	[at prɔŋɔsti'sera]

synthese (de)	syntes (en)	[syn'tes]
tendentie (de)	tendens (en)	[tɛn'dɛns]
theorema (het)	teorém (ett)	[teʊ're:m]

| leerstellingen (mv.) | läran (pl) | ['lʲæ:ran] |
| feit (het) | faktum (ett) | ['faktum] |

| expeditie (de) | expedition (en) | [ɛkspedi'ɳʊn] |
| experiment (het) | experiment (ett) | [ɛksperi'mɛnt] |

academicus (de)	akademiker (en)	[aka'demikər]
bachelor (bijv. BA, LLB)	bachelor (en)	[baçelor]
doctor (de)	doktor (en)	['dɔktʊr]
universitair docent (de)	docent (en)	[dɔ'sɛnt]
master, magister (de)	magister (en)	[ma'jistər]
professor (de)	professor (en)	[prɔ'fɛsʊr]

Beroepen en ambachten

123. Zoeken naar werk. Ontslag

baan (de)	arbete, jobb (ett)	['arbetə], ['job]
werknemers (mv.)	personal, stab (en)	[pɛʂu'nalʲ], ['stab]
personeel (het)	personal (en)	[pɛʂu'nalʲ]

carrière (de)	karriär (en)	[kari'æ:r]
vooruitzichten (mv.)	utsikter (pl)	['ʉt͵siktər]
meesterschap (het)	mästerskap (ett)	['mɛstə͵ʂkap]

keuze (de)	urval (ett)	['ʉ:r͵valʲ]
uitzendbureau (het)	arbetsförmedling (en)	['arbets͵før'medliŋ]
CV, curriculum vitae (het)	meritförteckning (en)	[me'rit͵fœ:'tɛkniŋ]
sollicitatiegesprek (het)	jobbsamtal (ett)	['job͵samtalʲ]
vacature (de)	vakans (en)	['vakans]

salaris (het)	lön (en)	['lʲø:n]
vaste salaris (het)	fast lön (en)	['fast ͵lʲø:n]
loon (het)	betalning (en)	[be'talʲniŋ]

betrekking (de)	ställning (en)	['stɛlʲniŋ]
taak, plicht (de)	plikt (en)	['plikt]
takenpakket (het)	arbetsplikter (pl)	['arbets͵pliktər]
bezig (~ zijn)	upptagen	['up͵tagən]

| ontslagen (ww) | att avskeda | [at 'av͵ɧeda] |
| ontslag (het) | avsked (ett) | ['avɧed] |

werkloosheid (de)	arbetslöshet (en)	['arbets͵lʲø:shet]
werkloze (de)	arbetslös (en)	['arbets͵lʲø:s]
pensioen (het)	pension (en)	[pan'ɧʊn]
met pensioen gaan	att gå i pension	[at 'go: i pan'ɧʊn]

124. Zakenmensen

directeur (de)	direktör (en)	[dirɛk'tø:r]
beheerder (de)	föreståndare (en)	[førə'stɔndarə]
hoofd (het)	boss (en)	['bos]

baas (de)	överordnad (en)	['ø:vɘr͵ɔ:dnat]
superieuren (mv.)	överordnade (pl)	['ø:vɘr͵ɔ:dnadə]
president (de)	president (en)	[prɛsi'dɛnt]
voorzitter (de)	ordförande (en)	['ʊ:d͵førandə]

| adjunct (de) | ställföreträdare (en) | ['stɛlʲ͵fœre'trɛ:darə] |
| assistent (de) | assistent (en) | [asi'stɛnt] |

| secretaris (de) | sekreterare (en) | [sɛkrə'terarə] |
| persoonlijke assistent (de) | privatsekreterare (en) | [pri'vat sɛkrə'terarə] |

zakenman (de)	affärsman (en)	[a'fæːʂˌman]
ondernemer (de)	entreprenör (en)	[æntepre'nøːr]
oprichter (de)	grundläggare (en)	['grʉndˌlʲɛgarə]
oprichten	att grunda	[at 'grʉnda]
(een nieuw bedrijf ~)		

stichter (de)	stiftare (en)	['stiftarə]
partner (de)	partner (en)	['paːʈnər]
aandeelhouder (de)	aktieägare (en)	['aktsɪəˌɛːgarə]

miljonair (de)	miljonär (en)	[miljʊ'næːr]
miljardair (de)	miljardär (en)	[milja:'dæːr]
eigenaar (de)	ägare (en)	['ɛːgarə]
landeigenaar (de)	jordägare (en)	['juːdˌɛːgarə]

klant (de)	kund (en)	['kund]
vaste klant (de)	stamkund (en)	['stamˌkund]
koper (de)	köpare (en)	['ɕøːparə]
bezoeker (de)	besökare (en)	[be'søːkarə]
professioneel (de)	yrkesman (en)	['yrkəsˌman]
expert (de)	expert (en)	[ɛks'pɛːʈ]
specialist (de)	specialist (en)	[spesia'list]

| bankier (de) | bankir (en) | [baŋ'kir] |
| makelaar (de) | mäklare (en) | ['mɛklʲarə] |

kassier (de)	kassör (en)	[ka'søːr]
boekhouder (de)	bokförare (en)	['bʊkˌføːrarə]
bewaker (de)	säkerhetsvakt (en)	['sɛːkərhetsˌvakt]

investeerder (de)	investerare (en)	[invɛ'sterarə]
schuldenaar (de)	gäldenär (en)	[jɛlʲdɛ'næːr]
crediteur (de)	kreditor (en)	[kre'ditʊr]
lener (de)	låntagare (en)	['lʲoːnˌtagarə]

| importeur (de) | importör (en) | [impɔ:'ʈøːr] |
| exporteur (de) | exportör (en) | [ɛkspɔ:'ʈøːr] |

producent (de)	producent (en)	[prɔdʉ'sɛnt]
distributeur (de)	distributör (en)	[distribʉ'tøːr]
bemiddelaar (de)	mellanhand (en)	['mɛlʲanˌhand]

adviseur, consulent (de)	konsulent (en)	[kɔnsu'lʲɛnt]
vertegenwoordiger (de)	representant (en)	[represən'tant]
agent (de)	agent (en)	[a'gɛnt]
verzekeringsagent (de)	försäkringsagent (en)	[fœ:'ʂɛkriŋs a'gɛnt]

125. Dienstverlenende beroepen

| kok (de) | kock (en) | ['kɔk] |
| chef-kok (de) | kökschef (en) | ['ɕœksˌʃef] |

bakker (de)	bagare (en)	['bagarə]
barman (de)	bartender (en)	['ba:‚tɛndər]
kelner, ober (de)	servitör (en)	[sɛrvi'tøːr]
serveerster (de)	servitris (en)	[sɛrvi'tris]

advocaat (de)	advokat (en)	[advʊ'kat]
jurist (de)	jurist (en)	[jʉ'rist]
notaris (de)	notarius publicus (en)	[nʊ'tariʊs 'publikʉs]

elektricien (de)	elektriker (en)	[ɛ'lʲektrikər]
loodgieter (de)	rörmokare (en)	['røːr‚mɔkarə]
timmerman (de)	timmerman (en)	['timər‚man]

masseur (de)	massör (en)	[ma'søːr]
masseuse (de)	massös (en)	[ma'søːs]
dokter, arts (de)	läkare (en)	['lʲɛːkarə]

taxichauffeur (de)	taxichaufför (en)	['taksi ɧɔ'føːr]
chauffeur (de)	chaufför (en)	[ɧɔ'føːr]
koerier (de)	bud (en)	['bʉːd]

kamermeisje (het)	städerska (en)	['stɛːdɛʂka]
bewaker (de)	säkerhetsvakt (en)	['sɛːkərhets‚vakt]
stewardess (de)	flygvärdinna (en)	['flʲyg‚vɛːɖina]

meester (de)	lärare (en)	['lʲæːrarə]
bibliothecaris (de)	bibliotekarie (en)	[bibliʊte'kariə]
vertaler (de)	översättare (en)	['øː‚və‚sætarə]
tolk (de)	tolk (en)	['tɔlʲk]
gids (de)	guide (en)	['gajd]

kapper (de)	frisör (en)	[fri'søːr]
postbode (de)	brevbärare (en)	['brev‚bæːrarə]
verkoper (de)	försäljare (en)	[fœː'ʂɛljarə]

tuinman (de)	trädgårdsmästare (en)	['trɛ:go:ɖs 'mɛstarə]
huisbediende (de)	tjänare (en)	['ɕɛ:narə]
dienstmeisje (het)	tjänarinna (en)	[ɕɛ:na'rina]
schoonmaakster (de)	städerska (en)	['stɛːdɛʂka]

126. Militaire beroepen en rangen

soldaat (rang)	menig (en)	['menig]
sergeant (de)	sergeant (en)	[sɛr'ɧant]
luitenant (de)	löjtnant (en)	['lʲœjt‚nant]
kapitein (de)	kapten (en)	[kap'ten]

majoor (de)	major (en)	[ma'jʉːr]
kolonel (de)	överste (en)	['øː‚vəʂtə]
generaal (de)	general (en)	[jene'ralʲ]
maarschalk (de)	marskalk (en)	[ma:'ʂalʲk]
admiraal (de)	amiral (en)	[ami'ralʲ]
militair (de)	militär (en)	[mili'tæːr]
soldaat (de)	soldat (en)	[sʊlʲ'dat]

| officier (de) | officer (en) | [ɔfi'se:r] |
| commandant (de) | befälhavare (en) | [be'fɛl ˌhavarə] |

grenswachter (de)	gränsvakt (en)	['grɛns ˌvakt]
marconist (de)	radiooperatör (en)	['radiʋ ɔpera'tør]
verkenner (de)	spaningssoldat (en)	['spaniŋs sʋl'dat]
sappeur (de)	pionjär (en)	[piʋ'njæ:r]
schutter (de)	skytt (en)	['ɧʏt]
stuurman (de)	styrman (en)	['styrˌman]

127. Ambtenaren. Priesters

| koning (de) | kung (en) | ['kuŋ] |
| koningin (de) | drottning (en) | ['drɔtniŋ] |

| prins (de) | prins (en) | ['prins] |
| prinses (de) | prinsessa (en) | [prin'sɛsa] |

| tsaar (de) | tsar (en) | ['tsar] |
| tsarina (de) | tsarinna (en) | [tsa'rina] |

president (de)	president (en)	[prɛsi'dɛnt]
minister (de)	minister (en)	[mi'nistər]
eerste minister (de)	statsminister (en)	['stats mi'nistər]
senator (de)	senator (en)	[se'natʋr]

diplomaat (de)	diplomat (en)	[diplʲɔ'mat]
consul (de)	konsul (en)	['kɔnsulʲ]
ambassadeur (de)	ambassadör (en)	[ambasa'dø:r]
adviseur (de)	rådgivare (en)	['ro:dʲjivarə]

ambtenaar (de)	tjänsteman (en)	['ɕɛnstəˌman]
prefect (de)	prefekt (en)	[pre'fɛkt]
burgemeester (de)	borgmästare (en)	['bɔrjˌmɛstarə]

| rechter (de) | domare (en) | ['dʋmarə] |
| aanklager (de) | åklagare (en) | [ɔ:'klʲagarə] |

missionaris (de)	missionär (en)	[miɧʋ'næ:r]
monnik (de)	munk (en)	['muŋk]
abt (de)	abbé (en)	[a'be:]
rabbi, rabbijn (de)	rabbin (en)	[ra'bin]

vizier (de)	vesir (en)	[ve'syr]
sjah (de)	schah (en)	['ʃa:]
sjeik (de)	schejk (en)	['ʃɛjk]

128. Agrarische beroepen

imker (de)	biodlare (en)	['biˌʋdlʲarə]
herder (de)	herde (en)	['hɛ:də]
landbouwkundige (de)	agronom (en)	[agrʋ'nɔm]

| veehouder (de) | boskapsskötare (en) | ['bʊskaps͵ɧøːtarə] |
| dierenarts (de) | veterinär (en) | [vetəri'næːr] |

landbouwer (de)	lantbrukare, bonde (en)	['lʲantˌbrʉːkarə], ['bʊndə]
wijnmaker (de)	vinodlare (en)	['vinˌʊdlʲarə]
zoöloog (de)	zoolog (en)	[sʊo'lʲɔg]
cowboy (de)	cowboy (en)	['kaʊˌbɔj]

129. Kunst beroepen

| acteur (de) | skådespelare (en) | ['skoːdə͵spelʲarə] |
| actrice (de) | skådespelerska (en) | ['skoːdə͵spelʲeʂka] |

| zanger (de) | sångare (en) | ['sɔŋarə] |
| zangeres (de) | sångerska (en) | ['sɔŋɛʂka] |

| danser (de) | dansör (en) | [dan'søːr] |
| danseres (de) | dansös (en) | [dan'søːs] |

| artiest (mann.) | skådespelare (en) | ['skoːdə͵spelʲarə] |
| artiest (vrouw.) | skådespelerska (en) | ['skoːdə͵spelʲeʂka] |

muzikant (de)	musiker (en)	['mʉsikər]
pianist (de)	pianist (en)	[pia'nist]
gitarist (de)	gitarrspelare (en)	[ji'tarˌspelʲarə]

orkestdirigent (de)	dirigent (en)	[diri'fɧɛnt]
componist (de)	komponist (en)	[kɔmpo'nist]
impresario (de)	impressario (en)	[imprɛ'sariʊ]

filmregisseur (de)	regissör (en)	[reɧi'søːr]
filmproducent (de)	producent (en)	[prɔdʉ'sɛnt]
scenarioschrijver (de)	manusförfattare (en)	['manusˌførˈfatarə]
criticus (de)	kritiker (en)	['kritikər]

schrijver (de)	författare (en)	[førˈfatarə]
dichter (de)	poet (en)	[pʊ'et]
beeldhouwer (de)	skulptör (en)	[skʉlʲp'tøːr]
kunstenaar (de)	konstnär (en)	['kɔnstnæːr]

jongleur (de)	jonglör (en)	[jong'lʲøːr]
clown (de)	clown (en)	['klʲawn]
acrobaat (de)	akrobat (en)	[akrʊ'bat]
goochelaar (de)	trollkonstnär (en)	['trɔlʲˌkɔnstnæːr]

130. Verschillende beroepen

dokter, arts (de)	läkare (en)	['lʲɛːkarə]
ziekenzuster (de)	sjuksköterska (en)	['ɧʉːkˌɧøːtɛʂka]
psychiater (de)	psykiater (en)	[syki'atər]
tandarts (de)	tandläkare (en)	['tandˌlʲɛːkarə]
chirurg (de)	kirurg (en)	[ɕi'rʉrg]

astronaut (de)	**astronaut (en)**	[astrʉ'naʊt]
astronoom (de)	**astronom (en)**	[astrʉ'nɔm]
chauffeur (de)	**förare (en)**	['fø:rarə]
machinist (de)	**lokförare (en)**	['lˠʊkˌfø:rarə]
mecanicien (de)	**mekaniker (en)**	[me'kanikər]
mijnwerker (de)	**gruvarbetare (en)**	['grʉːvˌar'betarə]
arbeider (de)	**arbetare (en)**	['arˌbetarə]
bankwerker (de)	**låssmed (en)**	['lˠɔsˌsmed]
houtbewerker (de)	**snickare (en)**	['snikarə]
draaier (de)	**svarvare (en)**	['svarvarə]
bouwvakker (de)	**byggarbetare (en)**	['byɡˌar'betarə]
lasser (de)	**svetsare (en)**	['svɛtsarə]
professor (de)	**professor (en)**	[prɔ'fɛsʊr]
architect (de)	**arkitekt (en)**	[arki'tɛkt]
historicus (de)	**historiker (en)**	[hi'stʊrikər]
wetenschapper (de)	**vetenskapsman (en)**	['vetənskapsˌman]
fysicus (de)	**fysiker (en)**	['fysikər]
scheikundige (de)	**kemist (en)**	[ɕe'mist]
archeoloog (de)	**arkeolog (en)**	[ˌarkeʊ'lˠɔɡ]
geoloog (de)	**geolog (en)**	[jeʊ'lˠɔɡ]
onderzoeker (de)	**forskare (en)**	['fo:şkarə]
babysitter (de)	**barnflicka (en)**	['ba:ɳˌflika]
leraar, pedagoog (de)	**pedagog (en)**	[peda'ɡɔɡ]
redacteur (de)	**redaktör (en)**	[redak'tø:r]
chef-redacteur (de)	**chefredaktör (en)**	['ɧefˌredak'tø:r]
correspondent (de)	**korrespondent (en)**	[kɔrɛspɔn'dɛnt]
typiste (de)	**maskinskriverska (en)**	[ma'ɧiːn 'skrivɛşka]
designer (de)	**designer (en)**	[de'sajnər]
computerexpert (de)	**dataexpert (en)**	['data ɛks'pɛ:t]
programmeur (de)	**programmerare (en)**	[prɔɡra'merarə]
ingenieur (de)	**ingenjör (en)**	[inɧə'njø:r]
matroos (de)	**sjöman (en)**	['ɧøːˌman]
zeeman (de)	**matros (en)**	[ma'trʊs]
redder (de)	**räddare (en)**	['rɛdarə]
brandweerman (de)	**brandman (en)**	['brandˌman]
politieagent (de)	**polis (en)**	[pʊ'lis]
nachtwaker (de)	**nattvakt, väktare (en)**	['natˌvakt], ['vɛktarə]
detective (de)	**detektiv (en)**	[detɛk'tiv]
douanier (de)	**tulltjänsteman (en)**	['tulˠ 'ɕɛnstəˌman]
lijfwacht (de)	**livvakt (en)**	['liːvˌvakt]
gevangenisbewaker (de)	**fångvaktare (en)**	['fɔŋˌvaktarə]
inspecteur (de)	**inspektör (en)**	[inspɛk'tø:r]
sportman (de)	**idrottsman (en)**	['idrɔtsˌman]
trainer (de)	**tränare (en)**	['trɛːnarə]
slager, beenhouwer (de)	**slaktare (en)**	['slˠaktarə]

schoenlapper (de)	skomakare (en)	['skʊˌmakarə]
handelaar (de)	handelsman (en)	['handəlˑsˌman]
lader (de)	lastare (en)	['lˑastarə]

| kledingstilist (de) | modedesigner (en) | ['mʊdə de'sajnər] |
| model (het) | modell, mannekäng (en) | [mʊ'dɛlˑ], ['manekɛŋ] |

131. Beroepen. Sociale status

| scholier (de) | skolbarn (ett) | ['skʊlˑˌbaːrɳ] |
| student (de) | student (en) | [stu'dɛnt] |

filosoof (de)	filosof (en)	[filˑɔ'sɔf]
econoom (de)	ekonom (en)	[ɛkʊ'nɔm]
uitvinder (de)	uppfinnare (en)	['upˌfinarə]

werkloze (de)	arbetslös (en)	['arbetsˌlˑøːs]
gepensioneerde (de)	pensionär (en)	[panɧʊ'næːr]
spion (de)	spion (en)	[spi'ʊn]

gedetineerde (de)	fånge (en)	['fɔŋə]
staker (de)	strejkande (en)	['strɛjkandə]
bureaucraat (de)	byråkrat (en)	['byrɔˌkrat]
reiziger (de)	resenär (en)	[rese'næːr]

homoseksueel (de)	homosexuell (en)	['hɔmɔsɛksuˌɛlˑ]
hacker (computerkraker)	hackare (en)	['hakarə]
hippie (de)	hippie (en)	['hipi]
bandiet (de)	bandit (en)	[ban'dit]
huurmoordenaar (de)	legomördare (en)	['lˑegʊˌmøːdarə]
drugsverslaafde (de)	narkoman (en)	[narkʊ'man]
drugshandelaar (de)	droglangare (en)	['drʊgˌlˑaŋarə]
prostituee (de)	prostituerad (en)	[prɔstitʊ'ɛrad]
pooier (de)	hallik (en)	['halik]

tovenaar (de)	trollkarl (en)	['trɔlˑˌkar]
tovenares (de)	trollkvinna (en)	['trɔlˑˌkvina]
piraat (de)	pirat, sjörövare (en)	[pi'rat], ['ɧøːˌrøːvarə]
slaaf (de)	slav (en)	['slˑav]
samoerai (de)	samuraj (en)	[samu'raj]
wilde (de)	vilde (en)	['vilˑdə]

Sport

132. Soorten sporten. Sporters

sportman (de)	idrottsman (en)	['idrɔts‚man]
soort sport (de/het)	idrottsgren (en)	['idrɔts‚gren]
basketbal (het)	basket (en)	['basket]
basketbalspeler (de)	basketspelare (en)	['basket‚spelʲarə]
baseball (het)	baseboll (en)	['bɛjsbɔlʲ]
baseballspeler (de)	basebollspelare (en)	['bɛjsbɔlʲ‚spelʲarə]
voetbal (het)	fotboll (en)	['futbɔlʲ]
voetballer (de)	fotbollsspelare (en)	['futbɔlʲs 'spelʲarə]
doelman (de)	målvakt (en)	['mo:lʲ‚vakt]
hockey (het)	ishockey (en)	['is‚hɔki]
hockeyspeler (de)	ishockeyspelare (en)	['is‚hɔki 'spelʲarə]
volleybal (het)	volleyboll (en)	['vɔli‚bɔlʲ]
volleybalspeler (de)	volleybollspelare (en)	['vɔlibɔlʲ 'spelʲarə]
boksen (het)	boxning (en)	['buksniŋ]
bokser (de)	boxare (en)	['buksarə]
worstelen (het)	brottning (en)	['brɔtniŋ]
worstelaar (de)	brottare (en)	['brɔtarə]
karate (de)	karate (en)	[ka'ratə]
karateka (de)	karateutövare (en)	[ka'ratə‚ɯ'tø:varə]
judo (de)	judo (en)	['jɯdɔ]
judoka (de)	judobrottare (en)	['jɯdɔ‚brɔtarə]
tennis (het)	tennis (en)	['tɛnis]
tennisspeler (de)	tennisspelare (en)	['tɛnis‚spelʲarə]
zwemmen (het)	simning (en)	['simniŋ]
zwemmer (de)	simmare (en)	['simarə]
schermen (het)	fäktning (en)	['fɛktniŋ]
schermer (de)	fäktare (en)	['fɛktarə]
schaak (het)	schack (ett)	['ʃak]
schaker (de)	schackspelare (en)	['ʃak‚spelʲarə]
alpinisme (het)	alpinism (en)	['alʲpi‚nizm]
alpinist (de)	alpinist (en)	['alʲpi‚nist]
hardlopen (het)	löpning (en)	['lʲœpniŋ]

renner (de)	löpare (en)	['l⃓øːparə]
atletiek (de)	friidrott (en)	['friː 'i̩drɔt]
atleet (de)	atlet (en)	[at'l⃓et]

| paardensport (de) | ridsport (en) | ['rid̩spɔːt] |
| ruiter (de) | ryttare (en) | ['rʏtarə] |

kunstschaatsen (het)	konståkning (en)	['kɔn̩stoːkniŋ]
kunstschaatser (de)	konståkare (en)	['kɔn̩stoːkarə]
kunstschaatsster (de)	konståkerska (en)	['kɔn̩stoːkɛʂka]

gewichtheffen (het)	tyngdlyftning (en)	['tʏŋd̩l⃓yftniŋ]
gewichtheffer (de)	tyngdlyftare (en)	['tʏŋd̩l⃓yftarə]
autoraces (mv.)	biltävling (en)	['bil⃓ˌtɛvliŋ]
coureur (de)	racerförare (en)	['rejs̩føːrarə]

| wielersport (de) | cykelsport (en) | ['sykəl⃓ˌspɔːt] |
| wielrenner (de) | cyklist (en) | [sʏk'list] |

verspringen (het)	längdhopp (ett)	['l⃓ɛŋd̩hɔp]
polsstokspringen (het)	stavhopp (ett)	['stav̩hɔp]
verspringer (de)	hoppare (en)	['hɔparə]

133. Soorten sporten. Diversen

Amerikaans voetbal (het)	amerikansk fotboll (en)	[ameri'kansk 'futbɔl⃓]
badminton (het)	badminton (en)	['bɛdmintɔn]
biatlon (de)	skidskytte (ett)	['ɧid̩ɧʏtə]
biljart (het)	biljard (en)	[bi'ljaːd̩]

bobsleeën (het)	bobsleigh (en)	[bɔb'sl⃓ej]
bodybuilding (de)	kroppsbyggande (ett)	['krɔps̩byɡandə]
waterpolo (het)	vattenpolo (ett)	['vatən̩pul⃓u]
handbal (de)	handboll (en)	['hand̩bɔl⃓]
golf (het)	golf (en)	['ɡɔl⃓f]

roeisport (de)	rodd (en)	['rʊd]
duiken (het)	dykning (en)	['dʏkniŋ]
langlaufen (het)	skidåkning (en)	['ɧiːˌdɔkniŋ]
tafeltennis (het)	bordtennis (en)	['buːd̩tɛnis]

zeilen (het)	segelsport (en)	['seɡəl⃓ˌspɔːt]
rally (de)	rally (ett)	['ral⃓i]
rugby (het)	rugby (en)	['rugbi]
snowboarden (het)	snowboard (en)	['snɔw̩bɔːd̩]
boogschieten (het)	bågskjutning (ett)	['boːɡˌɧʉːtniŋ]

134. Fitnessruimte

lange halter (de)	skivstång (en)	['ɧiv̩stɔŋ]
halters (mv.)	hantlar (pl)	['hant̩l⃓ar]
training machine (de)	träningsmaskin (en)	['trɛːniŋs ma'ɧiːn]

| hometrainer (de) | motioncykel (en) | [mɔt'fjʊn‚sykəlʲ] |
| loopband (de) | löpband (ett) | ['lʲø:p‚band] |

rekstok (de)	räcke (ett)	['rɛkə]
brug (de) gelijke leggers	barr (en)	['bar]
paardsprong (de)	hoppbord (en)	['hɔp‚bu:d̪]
mat (de)	matta (en)	['mata]

springtouw (het)	hopprep (ett)	['hɔprep]
aerobics (de)	aerobics	[aɛ'robiks]
yoga (de)	yoga (en)	['joga]

135. Hockey

hockey (het)	ishockey (en)	['is‚hɔki]
hockeyspeler (de)	ishockeyspelare (en)	['is‚hɔki 'spelʲarə]
hockey spelen	att spela ishockey	[at 'spelʲa 'is‚hɔki]
IJs (het)	is (en)	['is]

puck (de)	puck (en)	['puk]
hockeystick (de)	klubba (en)	['klʉba]
schaatsen (mv.)	skridskor (pl)	['skri‚skʊr]

| boarding (de) | sarg (en) | ['sarj] |
| schot (het) | skott (ett) | ['skɔt] |

doelman (de)	målvakt (en)	['mo:lʲ‚vakt]
goal (de)	mål (ett)	['mo:lʲ]
een goal scoren	att göra mål	[at 'jø:ra ‚mo:lʲ]

periode (de)	period (en)	[peri'ʊd]
tweede periode (de)	andra period (en)	['andra peri'ʊd]
reservebank (de)	reservbänk (en)	[re'sɛrv‚bɛŋk]

136. Voetbal

voetbal (het)	fotboll (en)	['fʊtbɔlʲ]
voetballer (de)	fotbollsspelare (en)	['fʊtbɔlʲs 'spelʲarə]
voetbal spelen	att spela fotboll	[at 'spelʲa 'fʊtbɔlʲ]

eredivisie (de)	högsta liga (en)	['hœgsta 'liga]
voetbalclub (de)	fotbollsklubb (en)	['fʊtbɔlʲs‚klʉb]
trainer (de)	tränare (en)	['trɛ:narə]
eigenaar (de)	ägare (en)	['ɛ:garə]

team (het)	lag (ett)	['lʲag]
aanvoerder (de)	lagkapten (en)	['lʲag kap'ten]
speler (de)	spelare (en)	['spelʲarə]
reservespeler (de)	reserv, avbytare (en)	[re'sɛrv], ['av‚bytarə]

| aanvaller (de) | anfallsspelare (en) | ['anfalʲs‚spelʲarə] |
| centrale aanvaller (de) | central anfallsspelare (en) | [sɛn'tralʲ 'anfalʲs‚spelʲarə] |

doelpuntmaker (de)	målgörare (en)	['moːlʲˌjøːrarə]
verdediger (de)	försvarare, back (en)	[fœːˈşvararə], ['bak]
middenvelder (de)	halvback (en)	['halʲvˌbak]
match, wedstrijd (de)	match (en)	['matʃ]
elkaar ontmoeten (ww)	att mötas	[at 'møːtas]
finale (de)	final (en)	[fiˈnalʲ]
halve finale (de)	semifinal (en)	['semifiˌnalʲ]
kampioenschap (het)	mästerskap (ett)	['mɛstəˌşkap]
helft (de)	halvlek (en)	['halʲvˌlʲek]
eerste helft (de)	den första perioden	[dɛn 'fœːşta peri'ʊdən]
pauze (de)	halvtid (en)	['halʲvˌtid]
doel (het)	mål (ett)	['moːlʲ]
doelman (de)	målvakt (en)	['moːlʲˌvakt]
doelpaal (de)	stolpe (en)	['stɔlpə]
lat (de)	ribba (en)	['riba]
doelnet (het)	nät (ett)	['nɛːt]
een goal incasseren	att släppa in ett mål	[at 'slʲepa in ɛt 'moːlʲ]
bal (de)	boll (en)	['bɔlʲ]
pass (de)	passning (en)	['pasniŋ]
schot (het), schop (de)	spark (ett)	['spark]
schieten (de bal ~)	att sparka	[at 'sparka]
vrije schop (directe ~)	frispark (en)	['friˌspark]
hoekschop, corner (de)	hörna (en)	['høː̞ɳa]
aanval (de)	angrepp (ett)	['anˌgrɛp]
tegenaanval (de)	kontring, motattack (en)	['kɔntriŋ], ['mot a'tak]
combinatie (de)	kombination (en)	[kɔmbinaˈfjʊn]
scheidsrechter (de)	domare (en)	['dʊmarə]
fluiten (ww)	att blåsa i visselpipan	[at 'blʲoːsa i 'visəlʲˌpipan]
fluitsignaal (het)	vissling (en)	['visliŋ]
overtreding (de)	regelbrott (ett)	['regəlʲˌbrɔt]
een overtreding maken	att begå en förseelse	[at be'go en fœːˈşeelʲsə]
uit het veld te sturen	att utvisa	[at 'ʉtˌvisa]
gele kaart (de)	gult kort (ett)	['gʉlʲt 'kɔːt]
rode kaart (de)	rött kort (ett)	['rœt 'kɔːt]
diskwalificatie (de)	diskvalificering (en)	[diskvalifi'seriŋ]
diskwalificeren (ww)	att diskvalificera	[at diskvalifi'sera]
strafschop, penalty (de)	straffspark (en)	['strafˌspark]
muur (de)	mur (en)	['mʉːr]
scoren (ww)	att göra mål	[at 'jøːra ˌmoːlʲ]
goal (de), doelpunt (het)	mål (ett)	['moːlʲ]
een goal scoren	att göra mål	[at 'jøːra ˌmoːlʲ]
vervanging (de)	byte (ett)	['bytə]
vervangen (ov.ww.)	att byta ut	[at 'byta ʉt]
regels (mv.)	regler (pl)	['rɛglʲər]
tactiek (de)	taktik (en)	[tak'tik]
stadion (het)	stadion (ett)	['stadiʊn]
tribune (de)	läktare (en)	['lʲɛktarə]

| fan, supporter (de) | fan (ett) | ['fan] |
| schreeuwen (ww) | att skrika | [at 'skrika] |

| scorebord (het) | resultattavla (en) | [resulʲ'tat,tavlʲa] |
| stand (~ is 3-1) | resultat (ett) | [resulʲ'tat] |

nederlaag (de)	nederlag (ett)	['nedə:,lʲag]
verliezen (ww)	att förlora	[at fœ:'lʲura]
gelijkspel (het)	oavgjort (ett)	[u:av'ju:t]
in gelijk spel eindigen	att spela oavgjort	[at 'spelʲa u:av'ju:t]

| overwinning (de) | seger (en) | ['segər] |
| overwinnen (ww) | att vinna | [at 'vina] |

kampioen (de)	mästare (en)	['mɛstarə]
best (bn)	bäst	['bɛst]
feliciteren (ww)	att gratulera	[at gratu'lʲera]

commentator (de)	kommentator (en)	[kɔmɛn'tatʊr]
becommentariëren (ww)	att kommentera	[at kɔmɛn'tɛra]
uitzending (de)	sändning (en)	['sɛndniŋ]

137. Alpine skiën

ski's (mv.)	skidor (pl)	['ɧidʊr]
skiën (ww)	att åka skidor	[at 'o:ka 'ɧidʊr]
skigebied (het)	skidort (en)	['ɧido:t]
skilift (de)	skidlift (en)	['ɧid,lift]

skistokken (mv.)	skidstavar (en)	['ɧid,sta:var]
helling (de)	sluttning (en)	['slu:tniŋ]
slalom (de)	slalom (en)	['slʲalʲom]

138. Tennis. Golf

golf (het)	golf (en)	['gɔlʲf]
golfclub (de)	golfklubb (en)	['gɔlʲf,klub]
golfer (de)	golfspelare (en)	['gɔlʲf,spelʲarə]

hole (de)	hål (ett)	['ho:lʲ]
golfclub (de)	klubba (en)	['kluba]
trolley (de)	golfvagn (en)	['gɔlʲf,vagn]

| tennis (het) | tennis (en) | ['tɛnis] |
| tennisveld (het) | tennisbana (en) | ['tɛnis,bana] |

| opslag (de) | serve (en) | ['sɛrvə] |
| serveren, opslaan (ww) | att serva | [at 'sɛrva] |

racket (het)	racket (en)	['raket]
net (het)	nät (en)	['nɛ:t]
bal (de)	boll (en)	['bɔlʲ]

139. Schaken

schaak (het)	schack (ett)	['ɧak]
schaakstukken (mv.)	schackpjäser (pl)	['ɧak͵pjæ:sər]
schaker (de)	schackspelare (en)	['ɧak͵spelʲarə]
schaakbord (het)	schackbräde (ett)	['ɧak͵brɛ:də]
schaakstuk (het)	schackpjäs (en)	['ɧak͵pjæ:s]
witte stukken (mv.)	vita pjäser (pl)	['vita ͵pjæ:sər]
zwarte stukken (mv.)	svarta pjäser (pl)	['sva:ta 'pjæ:sər]
pion (de)	bonde (en)	['bʊndə]
loper (de)	löpare (en)	['lʲø:parə]
paard (het)	springare (en)	['sprɪŋarə]
toren (de)	torn (ett)	['tʊ:ɳ]
koningin (de)	drottning, dam (en)	['drɔtnɪŋ], [dam]
koning (de)	kung (en)	['kʊŋ]
zet (de)	drag (ett)	['drag]
zetten (ww)	att flytta	[at 'flʲyta]
opofferen (ww)	att offra	[at 'ɔfra]
rokade (de)	rockad (en)	[rʊ'kad]
schaak (het)	schack (ett)	['ɧak]
schaakmat (het)	matt (en)	['mat]
schaakwedstrijd (de)	schackturnering (en)	['ɧak tu:'ɳerɪŋ]
grootmeester (de)	stormästare (en)	['stʊr͵mɛstarə]
combinatie (de)	kombination (en)	[kɔmbina'ɧʊn]
partij (de)	parti (ett)	[pa:'ʈi:]
dammen (de)	damspel (ett)	['dam͵spelʲ]

140. Boksen

boksen (het)	boxning (en)	['bʊksnɪŋ]
boksgevecht (het)	match (en)	['matʃ]
bokswedstrijd (de)	boxningsmatch (en)	['bʊksnɪŋ͵matʃ]
ronde (de)	rond (en)	['rɔnd]
ring (de)	ring (en)	['rɪŋ]
gong (de)	gong (en)	['gɔŋ]
stoot (de)	slag (ett)	['slʲag]
knock-down (de)	knockdown (en)	['nɔk͵dawn]
knock-out (de)	knockout (en)	[nɔk'aʊt]
knock-out slaan (ww)	att slå ut	[at 'slʲo: ʉt]
bokshandschoen (de)	boxhandske (en)	['bʊks͵hanskə]
referee (de)	domare (en)	['dʊmarə]
lichtgewicht (het)	lättvikt (en)	['lʲæt͵vikt]
middengewicht (het)	mellanvikt (en)	['mɛlʲan͵vikt]
zwaargewicht (het)	tungvikt (en)	['tʊŋ͵vikt]

141. Sporten. Diversen

Nederlands	Zweeds	Uitspraak
Olympische Spelen (mv.)	de olympiska spelen	[de ʊ'limpiska 'speliən]
winnaar (de)	segrare (en)	['sɛɡˌrarə]
overwinnen (ww)	att vinna, att segra	[at 'vina], [at 'sɛgra]
winnen (ww)	att vinna	[at 'vina]
leider (de)	ledare (en)	['liedarə]
leiden (ww)	att leda	[at 'lieda]
eerste plaats (de)	förstaplats (en)	['fœ:ʂta pliats]
tweede plaats (de)	andraplats (en)	['andra,pliats]
derde plaats (de)	tredjeplats (en)	['trɛdjə,pliats]
medaille (de)	medalj (en)	[me'dalj]
trofee (de)	trofé (en)	['trʊfe:]
beker (de)	pokal (en)	[pɔ'kali]
prijs (de)	pris (ett)	['pris]
hoofdprijs (de)	huvudpris (ett)	['hʉ:vʉdˌpris]
record (het)	rekord (ett)	[re'kɔ:d]
een record breken	att sätta rekord	[at 'sæta re'kɔ:d]
finale (de)	final (en)	[fi'nali]
finale (bn)	final-	[fi'nali-]
kampioen (de)	mästare (en)	['mɛstarə]
kampioenschap (het)	mästerskap (ett)	['mɛstəˌskap]
stadion (het)	stadion (ett)	['stadiʊn]
tribune (de)	läktare (en)	['liektarə]
fan, supporter (de)	fan (ett)	['fan]
tegenstander (de)	motståndare (en)	['mʊtˌstɔndarə]
start (de)	start (en)	['sta:t]
finish (de)	mål (ett), mållinje (en)	['mo:li], ['mo:liˌlinjə]
nederlaag (de)	nederlag (ett)	['nedəˌliag]
verliezen (ww)	att förlora	[at fœ:'liʊra]
rechter (de)	domare (en)	['dʊmarə]
jury (de)	jury (en)	['jʉri]
stand (~ is 3-1)	resultat (ett)	[resuli'tat]
gelijkspel (het)	oavgjort (ett)	[ʊ:av'jʊ:t]
in gelijk spel eindigen	att spela oavgjort	[at 'spelia ʊ:av'jʊ:t]
punt (het)	poäng (en)	[pʊ'ɛŋ]
uitslag (de)	resultat (ett)	[resuli'tat]
periode (de)	period (en)	[peri'ʊd]
pauze (de)	halvtid (en)	['haliv,tid]
doping (de)	dopning (en)	['dɔpniŋ]
straffen (ww)	att straffa	[at 'strafa]
diskwalificeren (ww)	att diskvalificera	[at diskvalifi'sera]
toestel (het)	redskap (ett)	['rɛdˌskap]
speer (de)	spjut (ett)	['spjʉ:t]

| kogel (de) | kula (en) | ['kɯ:lʲa] |
| bal (de) | boll (en) | ['bɔlʲ] |

doel (het)	mål (ett)	['mo:lʲ]
schietkaart (de)	måltavla (en)	['mo:lʲˌtavlʲa]
schieten (ww)	att skjuta	[at 'ɧɯ:ta]
precies (bijv. precieze schot)	fullträff	['fulʲˌtrɛf]

trainer, coach (de)	tränare (en)	['trɛ:narə]
trainen (ww)	att träna	[at 'trɛ:na]
zich trainen (ww)	att träna	[at 'trɛ:na]
training (de)	träning (en)	['trɛ:niŋ]

gymnastiekzaal (de)	idrottshall (en)	['idrɔtsˌhalʲ]
oefening (de)	övning (en)	['øvniŋ]
opwarming (de)	uppvärmning (en)	['upˌværmniŋ]

Onderwijs

142. School

school (de)	skola (en)	['skʊlʲa]
schooldirecteur (de)	rektor (en)	['rɛktʊr]
leerling (de)	elev (en)	[ɛ'lʲev]
leerlinge (de)	elev (en)	[ɛ'lʲev]
scholier (de)	skolbarn (ett)	['skʊlʲˌbaːn]
scholiere (de)	skolflicka (en)	['skʊlʲˌflika]
leren (lesgeven)	att undervisa	[at 'undəˌvisa]
studeren (bijv. een taal ~)	att lära sig	[at 'lʲæːra sɛj]
van buiten leren	att lära sig utantill	[at 'lʲæːra sɛj 'ɵːtanˌtilʲ]
leren (bijv. ~ tellen)	att lära sig	[at 'lʲæːra sɛj]
in school zijn (schooljongen zijn)	att gå i skolan	[at 'goː i 'skʊlʲan]
naar school gaan	att gå till skolan	[at 'goː tilʲ 'skʊlʲan]
alfabet (het)	alfabet (ett)	['alʲfabet]
vak (schoolvak)	ämne (ett)	['ɛmnə]
klaslokaal (het)	klassrum (ett)	['klʲasˌruːm]
les (de)	timme (en)	['timə]
pauze (de)	rast (en)	['rast]
bel (de)	skolklocka (en)	['skʊlʲˌklʲɔka]
schooltafel (de)	skolbänk (en)	['skʊlʲˌbɛŋk]
schoolbord (het)	tavla (en)	['tavlʲa]
cijfer (het)	betyg (ett)	[be'tyg]
goed cijfer (het)	bra betyg (ett)	[bra be'tyg]
slecht cijfer (het)	dåligt betyg (ett)	['doːlit be'tyg]
een cijfer geven	att betygsätta	[at be'tygsæta]
fout (de)	fel (ett)	['felʲ]
fouten maken	att göra misstag	[at 'jøːra 'mistag]
corrigeren (fouten ~)	att rätta	[at 'ræta]
spiekbriefje (het)	fusklapp (en)	['fuskˌlʲap]
huiswerk (het)	läxor (pl)	['lʲɛːksʊr]
oefening (de)	övning (en)	['øvniŋ]
aanwezig zijn (ww)	att vara närvarande	[at 'vara 'næːrˌvarandə]
absent zijn (ww)	att vara frånvarande	[at 'vara 'froːnˌvarandə]
school verzuimen	att missa skolan	[at 'misa 'skʊlʲan]
bestraffen (een stout kind ~)	att straffa	[at 'strafa]
bestraffing (de)	straff (ett)	['straf]

127

gedrag (het)	uppförande (ett)	['up,førandə]
cijferlijst (de)	betyg, omdöme (ett)	[be'tyg], ['ɔm,dø:mə]
potlood (het)	blyertspenna (en)	['blʲyɛ:ts,pɛna]
gom (de)	suddgummi (ett)	['sud,gumi]
krijt (het)	krita (en)	['krita]
pennendoos (de)	pennfodral (ett)	['pɛnfʊd,ralʲ]

boekentas (de)	skolväska (en)	['skʊlʲ,vɛska]
pen (de)	penna (en)	['pɛna]
schrift (de)	övningsbok (en)	['øvniŋs,bʊk]
leerboek (het)	lärobok (en)	['lʲæ:rʊ,bʊk]
passer (de)	passare (en)	['pasarə]

| technisch tekenen (ww) | att rita | [at 'rita] |
| technische tekening (de) | teknisk ritning (en) | ['tɛknisk 'ritniŋ] |

gedicht (het)	dikt (en)	['dikt]
van buiten (bw)	utantill	['u:tan,tilʲ]
van buiten leren	att lära sig utantill	[at 'læ:ra sɛj 'ʉ:tan,tilʲ]

vakantie (de)	skollov (ett)	['skʊl,lʲov]
met vakantie zijn	att ha lov	[at ha 'lʲov]
vakantie doorbrengen	att tillbringa skollovet	[at 'tilʲ,briŋa 'skʊ,lʲovet]

toets (schriftelijke ~)	prov (ett)	['prʊv]
opstel (het)	uppsats (en)	['upsats]
dictee (het)	diktamen (en)	[dik'tamən]
examen (het)	examen (en)	[ɛk'samən]
examen afleggen	att ta en examen	[at ta en ɛk'samən]
experiment (het)	försök (ett)	['fœ:,ʂø:k]

143. Hogeschool. Universiteit

academie (de)	akademi (en)	[akade'mi:]
universiteit (de)	universitet (ett)	[univɛʂi'tet]
faculteit (de)	fakultet (en)	[fakulʲ'tet]

student (de)	student (en)	[stu'dɛnt]
studente (de)	kvinnlig student (en)	['kvinlig stu'dɛnt]
leraar (de)	lärare, föreläsare (en)	['lʲæ:rarə], ['førə,lʲɛ:sarə]

| collegezaal (de) | föreläsningssal (en) | [føre'lʲɛsniŋ,salʲ] |
| afgestudeerde (de) | alumn (en) | [a'lʲʉmn] |

| diploma (het) | diplom (ett) | [dip'lʲom] |
| dissertatie (de) | avhandling (en) | ['av,handliŋ] |

| onderzoek (het) | studie (en) | ['studiə] |
| laboratorium (het) | laboratorium (ett) | [lʲabɔra'tɔrium] |

college (het)	föreläsning (en)	['førə,lʲɛsniŋ]
medestudent (de)	studiekompis (en)	['studiə,kompis]
studiebeurs (de)	stipendium (ett)	[sti'pɛndium]
academische graad (de)	akademisk grad (en)	[aka'demisk grad]

144. Wetenschappen. Disciplines

wiskunde (de)	matematik (en)	[matema'tik]
algebra (de)	algebra (en)	['al'gebra]
meetkunde (de)	geometri (en)	[jeʊmə'tri:]

astronomie (de)	astronomi (en)	[astrʊnɔ'mi:]
biologie (de)	biologi (en)	[biʊl'ɔ'gi:]
geografie (de)	geografi (en)	[jeʊgra'fi:]
geologie (de)	geologi (en)	[jeʊl'ɔ'gi:]
geschiedenis (de)	historia (en)	[hi'stʊria]

geneeskunde (de)	medicin (en)	[medi'sin]
pedagogiek (de)	pedagogik (en)	[pedagɔ'gik]
rechten (mv.)	rätt (en)	['ræt]

fysica, natuurkunde (de)	fysik (en)	[fy'zik]
scheikunde (de)	kemi (en)	[çe'mi:]
filosofie (de)	filosofi (en)	[fil'ɔsɔ'fi:]
psychologie (de)	psykologi (en)	[sykʊl'ɔ'gi:]

145. Schrift. Spelling

grammatica (de)	grammatik (en)	[grama'tik]
vocabulaire (het)	ordförråd (ett)	['ʊːdfœ:ˌro:d]
fonetiek (de)	fonetik (en)	[fone'tik]

zelfstandig naamwoord (het)	substantiv (ett)	['substanˌtiv]
bijvoeglijk naamwoord (het)	adjektiv (ett)	['adjɛkˌtiv]
werkwoord (het)	verb (ett)	['vɛrb]
bijwoord (het)	adverb (ett)	[ad'vɛrb]

voornaamwoord (het)	pronomen (ett)	[prʊ'nʊmən]
tussenwerpsel (het)	interjektion (en)	[intɛrjɛk'ɧʊn]
voorzetsel (het)	preposition (en)	[prepʊsi'ɧʊn]

stam (de)	rot (en)	['rʊt]
achtervoegsel (het)	ändelse (en)	['ɛndəl'sə]
voorvoegsel (het)	prefix (ett)	[prɛ'fiks]
lettergreep (de)	stavelse (en)	['stavəl'sə]
achtervoegsel (het)	suffix (ett)	[su'fi:ks]

| nadruk (de) | betoning (en) | [be'tʊniŋ] |
| afkappingsteken (het) | apostrof (en) | [apʊ'strɔf] |

punt (de)	punkt (en)	['puŋkt]
komma (de/het)	komma (ett)	['kɔma]
puntkomma (de)	semikolon (ett)	['semikʊˌl'ɔn]
dubbelpunt (de)	kolon (ett)	[kʊ'l'ɔn]
beletselteken (het)	tre punkter (pl)	[trɛ 'puŋktər]

| vraagteken (het) | frågetecken (ett) | ['fro:gəˌtɛkən] |
| uitroepteken (het) | utropstecken (ett) | ['ʉtrʊpsˌtɛkən] |

aanhalingstekens (mv.)	anföringstecken (pl)	[ɑn'fœriŋsˌtɛkən]
tussen aanhalingstekens (bw)	inom anföringstecken	['inɔm ɑn'fœriŋsˌtɛkən]
haakjes (mv.)	parentes (en)	[parɛn'tes]
tussen haakjes (bw)	inom parentes	['inɔm parɛn'tes]
streepje (het)	bindestreck (ett)	['bindəˌstrɛk]
gedachtestreepje (het)	tankstreck (ett)	['taŋkˌstrɛk]
spatie	mellanrum (ett)	['mɛlʲanˌruːm]
(~ tussen twee woorden)		
letter (de)	bokstav (en)	['bʊkstav]
hoofdletter (de)	stor bokstav (en)	['stʊr 'bʊkstav]
klinker (de)	vokal (en)	[vʊ'kalʲ]
medeklinker (de)	konsonant (en)	[kɔnsɔ'nant]
zin (de)	mening, sats (en)	['meniŋ], ['sats]
onderwerp (het)	subjekt (ett)	[sub'jɛːkt]
gezegde (het)	predikat (ett)	[predi'kat]
regel (in een tekst)	rad (en)	['rad]
op een nieuwe regel (bw)	på ny rad	[pɔ ny 'rad]
alinea (de)	stycke (ett)	['stʏkə]
woord (het)	ord (ett)	['ʊːd̥]
woordgroep (de)	ordkombination (en)	['ʊːd̥ˌkɔmbina'ɧun]
uitdrukking (de)	uttryck (ett)	['ʉtˌtrʏk]
synoniem (het)	synonym (en)	[synɔ'nym]
antoniem (het)	antonym, motsats (en)	[antɔ'nʏm], ['mʊtsats]
regel (de)	regel (en)	['regəlʲ]
uitzondering (de)	undantag (ett)	['undanˌtaːg]
correct (bijv. ~e spelling)	riktig	['riktig]
vervoeging, conjugatie (de)	böjning (en)	['bœjniŋ]
verbuiging, declinatie (de)	böjning (en)	['bœjniŋ]
naamval (de)	kasus (ett)	['kasus]
vraag (de)	fråga (en)	['froːga]
onderstrepen (ww)	att understryka	[at 'undəˌstryka]
stippellijn (de)	pricklinje (en)	['prikˌlinjə]

146. Vreemde talen

taal (de)	språk (ett)	['sproːk]
vreemd (bn)	främmande	['frɛmandə]
vreemde taal (de)	främmande språk (ett)	['frɛmandə sproːk]
leren (bijv. van buiten ~)	att studera	[at stu'dera]
studeren (Nederlands ~)	att lära sig	[at 'lʲæːra sɛj]
lezen (ww)	att läsa	[at 'lʲɛːsa]
spreken (ww)	att tala	[at 'talʲa]
begrijpen (ww)	att förstå	[at fœ:'stoː]
schrijven (ww)	att skriva	[at 'skriva]
snel (bw)	snabbt	['snabt]

| langzaam (bw) | långsamt | ['lʲɔŋˌsamt] |
| vloeiend (bw) | flytande | ['flʲytandə] |

regels (mv.)	regler (pl)	['rɛglʲər]
grammatica (de)	grammatik (en)	[grama'tik]
vocabulaire (het)	ordförråd (ett)	['ʊːdfœːˌroːd]
fonetiek (de)	fonetik (en)	[fɔne'tik]

leerboek (het)	lärobok (en)	['lʲæːrʊˌbʊk]
woordenboek (het)	ordbok (en)	['ʊːdˌbʊk]
leerboek (het) voor zelfstudie	självinstruerande lärobok (en)	['ɧɛlʲv instrʉ'ɛrandə 'lʲæːrʊˌbʊk]
taalgids (de)	parlör (en)	[pa:'lʲøːr]

cassette (de)	kassett (en)	[ka'sɛt]
videocassette (de)	videokassett (en)	['videʊ ka'sɛt]
CD (de)	cd-skiva (en)	['sede ˌɧiva]
DVD (de)	dvd (en)	[deve'deː]

alfabet (het)	alfabet (ett)	['alʲfabet]
spellen (ww)	att stava	[at 'stava]
uitspraak (de)	uttal (ett)	['ʉtˌtalʲ]

accent (het)	brytning (en)	['brʏtniŋ]
met een accent (bw)	med brytning	[me 'brʏtniŋ]
zonder accent (bw)	utan brytning	['ʉtan 'brʏtniŋ]

| woord (het) | ord (ett) | ['ʊːd] |
| betekenis (de) | betydelse (en) | [be'tydəlʲsə] |

cursus (de)	kurs (en)	['kuːʂ]
zich inschrijven (ww)	att anmäla sig	[at 'anˌmɛːlʲa sɛj]
leraar (de)	lärare (en)	['lʲæːrarə]

vertaling (een ~ maken)	översättning (en)	['øːvəˌʂætniŋ]
vertaling (tekst)	översättning (en)	['øːvəˌʂætniŋ]
vertaler (de)	översättare (en)	['øːvəˌʂætarə]
tolk (de)	tolk (en)	['tɔlʲk]

| polyglot (de) | polyglott (en) | [pʊlʏ'glʲɔt] |
| geheugen (het) | minne (ett) | ['minə] |

147. Sprookjesfiguren

Sinterklaas (de)	Jultomten	['julʲˌtɔmtən]
Assepoester (de)	Askungen	['askuŋən]
zeemeermin (de)	havsfru (en)	['havsˌfrʉː]
Neptunus (de)	Neptunus	[nep'tʉnus]

magiër, tovenaar (de)	trollkarl (en)	['trɔlʲˌkar]
goede heks (de)	fe (en)	['fe]
magisch (bn)	troll-, magisk	['trɔlʲ-], ['magisk]
toverstokje (het)	trollspö (ett)	['trɔlʲˌspøː]
sprookje (het)	saga (en)	['saga]

131

wonder (het)	mirakel (ett)	[mi'rakəlʲ]
dwerg (de)	gnom, dvärg (en)	[gnʊm], ['dværj]
veranderen in ...	att förvandlas till ...	[at før'vandlas tilʲ ...]
(anders worden)		

geest (de)	spöke (ett)	['spø:kə]
spook (het)	fantom, vålnad (ett)	[fan'to:m], ['volʲnad]
monster (het)	monster (ett)	['mɔnstər]
draak (de)	drake (en)	['drakə]
reus (de)	jätte (en)	['jætə]

148. Dierenriem

Ram (de)	Väduren	['vɛdɵrən]
Stier (de)	Oxen	['ʊksən]
Tweelingen (mv.)	Tvillingarna	['tviliŋa:ŋa]
Kreeft (de)	Kräftan	['krɛftan]
Leeuw (de)	Lejonet	['lʲejɔnet]
Maagd (de)	Jungfrun	['juŋfrɵn]

Weegschaal (de)	Vågen	['vo:gən]
Schorpioen (de)	Skorpionen	[skɔrpi'ʊnən]
Boogschutter (de)	Skytten	['ɧytən]
Steenbok (de)	Stenbocken	['sten,bʊkən]
Waterman (de)	Vattumannen	['vatɵ,manən]
Vissen (mv.)	Fiskarna	['fiska:ŋa]

karakter (het)	karaktär (en)	[karak'tæ:r]
karaktertrekken (mv.)	karaktärsdrag (ett)	[karak'tæ:ʂ,drag]
gedrag (het)	uppförande (ett)	['ʊp,førandə]
waarzeggen (ww)	att spå	[at spɔ]
waarzegster (de)	spåkvinna (en)	['spo:,kvina]
horoscoop (de)	horoskop (ett)	[hʊrʊ'skɔp]

Kunst

149. Theater

theater (het)	teater (en)	[te'atər]
opera (de)	opera (en)	['ʊpera]
operette (de)	operett (en)	[ʊpe'rɛt]
ballet (het)	balett (en)	[ba'lʲet]

affiche (de/het)	affisch (en)	[a'fi:ʃ]
theatergezelschap (het)	teatertrupp (en)	[te'atər,trup]
tournee (de)	turné (en)	[tur'ne:]
op tournee zijn	att vara på turné	[at 'vara pɔ tur'ne:]
repeteren (ww)	att repetera	[at repe'tera]
repetitie (de)	repetition (en)	[repeti'ɦʊn]
repertoire (het)	repertoar (en)	[rɛpɛ:tʊ'a:r]

voorstelling (de)	föreställning (en)	['førə,stɛlʲniŋ]
spektakel (het)	teaterstycke (ett)	[te'atər,stʏkə]
toneelstuk (het)	skådespel (ett), pjäs (en)	['sko:də,spelʲ], [pjæ:s]

biljet (het)	biljett (en)	[bi'lʲet]
kassa (de)	biljettkassa (en)	[bi'lʲet,kasa]
foyer (de)	lobby (en)	['lʲobi]
garderobe (de)	garderob (en)	[ga:dͅə'rɔ:b]
garderobe nummer (het)	nummerbricka (en)	['numər,brika]
verrekijker (de)	kikare (en)	['ɕikarə]
plaatsaanwijzer (de)	platsanvisare (en)	['plʲats,an'visarə]

parterre (de)	parkett (en)	[par'ket]
balkon (het)	balkong (en)	[balʲ'kɔŋ]
gouden rang (de)	första raden (en)	['fœ:ʂta 'radən]
loge (de)	loge (en)	['lʲogə]
rij (de)	rad (en)	['rad]
plaats (de)	plats (en)	['plʲats]

publiek (het)	publik (en)	[pub'lik]
kijker (de)	åskådare (en)	['ɔs,ko:darə]
klappen (ww)	att klappa	[at 'klʲapa]
applaus (het)	applåd (en)	[ap'lʲo:d]
ovatie (de)	bifall (ett)	['bi,falʲ]

toneel (op het ~ staan)	scen (en)	['se:n]
gordijn, doek (het)	ridå (en)	[ri'do:]
toneeldecor (het)	dekoration (en)	[dekɔra'ɦʊn]
backstage (de)	kulisser (pl)	[kʉ'lisər]

scène (de)	scen (en)	['se:n]
bedrijf (het)	akt (en)	['akt]
pauze (de)	mellanakt (en)	['mɛlʲan,akt]

150. Bioscoop

| acteur (de) | skådespelare (en) | ['sko:də͵spelʲare] |
| actrice (de) | skådespelerska (en) | ['sko:də͵spelʲeşka] |

bioscoop (de)	filmindustri (en)	['filʲm͵indu'stri:]
speelfilm (de)	film (en)	['filʲm]
aflevering (de)	del (en)	['delʲ]

detectivefilm (de)	kriminalfilm (en)	[krimi'nalʲ͵filʲm]
actiefilm (de)	actionfilm (en)	['ɛkʃən͵filʲm]
avonturenfilm (de)	äventyrsfilm (en)	['ɛ:vɛn͵tyş 'filʲm]
sciencefictionfilm (de)	science fiction film (en)	['sajəns ͵fikʃən 'filʲm]
griezelfilm (de)	skräckfilm (en)	['skrɛk͵filʲm]

komedie (de)	komedi (en), lustspel (ett)	[kɔme'di:], [lʉ:st͵spel]
melodrama (het)	melodram (en)	[melʲɔ'dram]
drama (het)	drama (ett)	['drama]

speelfilm (de)	spelfilm (en)	['spelʲ͵filʲm]
documentaire (de)	dokumentärfilm (en)	[dɔkumən'tæ:r͵filʲm]
tekenfilm (de)	tecknad film (en)	['tɛknad 'filʲm]
stomme film (de)	stumfilm (en)	['stum͵filʲm]

rol (de)	roll (en)	['rɔlʲ]
hoofdrol (de)	huvudroll (en)	['hʉ:vʉd͵rɔlʲ]
spelen (ww)	att spela	[at 'spelʲa]

filmster (de)	filmstjärna (en)	['filʲm͵ɧæ:ɳa]
bekend (bn)	välkänd	[vɛlʲ'ɕɛnd]
beroemd (bn)	berömd	[be'rœmd]
populair (bn)	populär	[pɔpʉ'lʲæ:r]

scenario (het)	manus (ett)	['manus]
scenarioschrijver (de)	manusförfattare (en)	['manus͵før'fatarə]
regisseur (de)	regissör (en)	[reɧi'sø:r]
filmproducent (de)	producent (en)	[prɔdʉ'sɛnt]
assistent (de)	assistent (en)	[asi'stɛnt]
cameraman (de)	kameraman (en)	['kamera͵man]
stuntman (de)	stuntman (en)	['stunt͵man]
stuntdubbel (de)	ersättare (en)	[æ:'şætarə]

een film maken	att spela in en film	[at 'spelʲa in en 'filʲm]
auditie (de)	provspelning (en)	['prʉv͵spɛlʲniŋ]
opnamen (mv.)	inspelning (en)	['in͵spɛlʲniŋ]
filmploeg (de)	filmteam (ett)	['filʲm͵tim]
filmset (de)	inspelningsplats (en)	['inspɛlʲniŋ͵plʲats]
filmcamera (de)	filmkamera (en)	['filʲm͵kamera]

bioscoop (de)	biograf (en)	[biʉ'graf]
scherm (het)	filmduk (en)	['filʲm͵dʉ:k]
een film vertonen	att visa en film	[at 'visa en filʲm]

| geluidsspoor (de) | ljudspår (ett) | ['jʉ:d͵spo:r] |
| speciale effecten (mv.) | specialeffekter (pl) | [spesi'alʲ ɛ'fɛktər] |

ondertiteling (de)	undertexter (pl)	['undə‚tɛkstər]
voortiteling, aftiteling (de)	eftertext (ett)	['ɛftə‚tɛkst]
vertaling (de)	översättning (en)	['øː‚və‚sætniŋ]

151. Schilderij

kunst (de)	konst (en)	['kɔnst]
schone kunsten (mv.)	de sköna konsterna	[de 'ʃøː‚na 'kɔnstɛ꞉ŋa]
kunstgalerie (de)	konstgalleri (ett)	['kɔnst galʲe'riː]
kunsttentoonstelling (de)	konst utställning (en)	['kɔnst 'ʉt‚stɛlʲniŋ]

schilderkunst (de)	måleri (ett)	[moː‚lʲe'riː]
grafiek (de)	grafik (en)	[gra'fik]
abstracte kunst (de)	abstrakt konst (en)	[ab'strakt 'kɔnst]
impressionisme (het)	impressionism (en)	[imprɛʃʉ'nism]

schilderij (het)	tavla (en)	['tavlʲa]
tekening (de)	teckning (en)	['tɛkniŋ]
poster (de)	poster, löpsedel (en)	['pɔstər], ['løp‚sedəlʲ]

illustratie (de)	illustration (en)	[ilʉstra'ʃʉn]
miniatuur (de)	miniatyr (en)	[minia'tyr]
kopie (de)	kopia (en)	[kʉ'pia]
reproductie (de)	reproduktion (en)	[rɛprɔduk'ʃʉn]

mozaïek (het)	mosaik (en)	[mʉsa'ik]
gebrandschilderd glas (het)	glasmålning (en)	['glʲas‚moː‚lʲniŋ]
fresco (het)	fresk (en)	['frɛsk]
gravure (de)	gravyr (en)	[gra'vyr]

buste (de)	byst (en)	['bʏst]
beeldhouwwerk (het)	skulptur (en)	[skʉlʲp'tʉ꞉r]
beeld (bronzen ~)	staty (en)	[sta'ty]
gips (het)	gips (en)	['jips]
gipsen (bn)	gips-	['jips-]

portret (het)	porträtt (en)	[pɔː'træt]
zelfportret (het)	självporträtt (en)	['ʃɛlʲv‚pɔː'træt]
landschap (het)	landskapsmålning (en)	['lʲaŋ‚skaps 'moː‚lʲniŋ]
stilleven (het)	stilleben (ett)	['stil‚lʲeben]
karikatuur (de)	karikatyr (en)	[karika'tyr]
schets (de)	skiss (en)	['skis]

verf (de)	färg (en)	['fæ꞉rj]
aquarel (de)	akvarell (en)	[akva'rɛlʲ]
olieverf (de)	olja (en)	['ɔlja]
potlood (het)	blyertspenna (en)	['blʲyɛ꞉ts‚pɛna]
Oostindische inkt (de)	tusch (en)	['tu꞉ʃ]
houtskool (de)	kol (ett)	['kɔlʲ]

tekenen (met krijt)	att teckna	[at 'tɛkna]
schilderen (ww)	att måla	[at 'moː‚lʲa]
poseren (ww)	att posera	[at pʉ'sera]
naaktmodel (man)	modell (en)	[mʉ'dɛlʲ]

naaktmodel (vrouw)	modell (en)	[mʊ'dɛlʲ]
kunstenaar (de)	konstnär (en)	['kɔnstnæ:r]
kunstwerk (het)	konstverk (ett)	['kɔnst‚vɛrk]
meesterwerk (het)	mästerverk (ett)	['mɛstər‚vɛrk]
studio, werkruimte (de)	ateljé (en)	[ate'ljeː]
schildersdoek (het)	kanvas, duk (en)	['kanvas], [dʉːk]
schildersezel (de)	staffli (ett)	[staf'liː]
palet (het)	palett (en)	[pa'lʲet]
lijst (een vergulde ~)	ram (en)	['ram]
restauratie (de)	restaurering (en)	[rɛstɔ'reriŋ]
restaureren (ww)	att restaurera	[at rɛstɔ'rera]

152. Literatuur & Poëzie

literatuur (de)	litteratur (en)	[litera'tʉːr]
auteur (de)	författare (en)	[før'fatarə]
pseudoniem (het)	pseudonym (en)	[sydɔ'nym]
boek (het)	bok (en)	['bʊk]
boekdeel (het)	volym (en)	[vɔ'lʲym]
inhoudsopgave (de)	innehållsförteckning (en)	['inəhoːlʲs fœː'ʈɛkniŋ]
pagina (de)	sida (en)	['sida]
hoofdpersoon (de)	huvudperson (en)	['hʉːvʉd‚pɛ'ʂʊn]
handtekening (de)	autograf (en)	[atɔ'graf]
verhaal (het)	novell (en)	[nʊ'vɛlʲ]
novelle (de)	kortroman (en)	['kɔːʈ rʊ'man]
roman (de)	roman (en)	[rʊ'man]
werk (literatuur)	verk (ett)	['vɛrk]
fabel (de)	fabel (en)	['fabəlʲ]
detectiveroman (de)	kriminalroman (en)	[krimi'nalʲ rʊ'man]
gedicht (het)	dikt (en)	['dikt]
poëzie (de)	poesi (en)	[pʊe'siː]
epos (het)	epos (ett)	['ɛpɔs]
dichter (de)	poet (en)	[pʊ'et]
fictie (de)	skönlitteratur (en)	['ʃøːn litera'tʉːr]
sciencefiction (de)	science fiction	['sajəns ‚fikʃən]
avonturenroman (de)	äventyr (pl)	['ɛːvɛn‚tyr]
opvoedkundige literatuur (de)	undervisningslitteratur (en)	['undə‚visniŋ litera'tʉːr]
kinderliteratuur (de)	barnlitteratur (en)	['baːrn‚litera'tʉːr]

153. Circus

circus (de/het)	cirkus (en)	['sirkʉs]
chapiteau circus (de/het)	ambulerande cirkus (en)	['ambu‚lerandə 'sirkʉs]
programma (het)	program (ett)	[prɔ'gram]
voorstelling (de)	föreställning (en)	['førə‚stɛlʲniŋ]
nummer (circus ~)	nummer (ett)	['numər]

arena (de)	arena (en)	[a'rena]
pantomime (de)	pantomim (en)	[pantɔ'mim]
clown (de)	clown (en)	['klʲawn]
acrobaat (de)	akrobat (en)	[akrʊ'bat]
acrobatiek (de)	akrobatik (en)	[akrʊba'tik]
gymnast (de)	gymnast (en)	[jym'nast]
gymnastiek (de)	gymnastik (en)	[jymna'stik]
salto (de)	salto (en)	['salʲtʊ]
sterke man (de)	atlet (en)	[at'lʲet]
temmer (de)	djur-tämjare (en)	['jʉːr ˌtɛmjarə]
ruiter (de)	ryttare (en)	['rʏtarə]
assistent (de)	assistent (en)	[asi'stɛnt]
stunt (de)	trick (ett)	['trik]
goocheltruc (de)	magitrick (ett)	[ma'giˌtrik]
goochelaar (de)	trollkarl (en)	['trɔlʲˌkar]
jongleur (de)	jonglör (en)	[jɔng'lʲøːr]
jongleren (ww)	att jonglera	[at jɔng'lʲera]
dierentrainer (de)	dressör (en)	[drɛ'søːr]
dressuur (de)	dressyr (en)	[drɛ'syr]
dresseren (ww)	att dressera	[at drɛ'sera]

154. Muziek. Popmuziek

muziek (de)	musik (en)	[mʉ'siːk]
muzikant (de)	musiker (en)	['mʉsikər]
muziekinstrument (het)	musikinstrument (ett)	[mʉ'siːk instru'mɛnt]
spelen (bijv. gitaar ~)	att spela ...	[at 'spelʲa ...]
gitaar (de)	gitarr (en)	[ji'tar]
viool (de)	fiol, violin (en)	[fi'ʊlʲ], [viɔ'lin]
cello (de)	cello (en)	['sɛlʲʊ]
contrabas (de)	kontrabas (en)	['kɔntraˌbas]
harp (de)	harpa (en)	['harpa]
piano (de)	piano (ett)	[pi'anʊ]
vleugel (de)	flygel (en)	['flʲygəlʲ]
orgel (het)	orgel (en)	['ɔrjəlʲ]
blaasinstrumenten (mv.)	blåsinstrumenter (pl)	['blʲoːsˌinstru'mɛntər]
hobo (de)	oboe (en)	[ɔb'ɔ:]
saxofoon (de)	saxofon (en)	[saksʊ'fɔn]
klarinet (de)	klarinett (en)	[klʲari'net]
fluit (de)	flöjt (en)	['flʲøjt]
trompet (de)	trumpet (en)	[trum'pet]
accordeon (de/het)	dragspel (ett)	['dragˌspelʲ]
trommel (de)	trumma (en)	['truma]
duet (het)	duo (en)	['dʉːɔ]
trio (het)	trio (en)	['triːɔ]

kwartet (het)	kvartett (en)	[kva'tɛt]
koor (het)	kör (en)	['ɕø:r]
orkest (het)	orkester (en)	[ɔr'kɛstər]

popmuziek (de)	popmusik (en)	['pɔp mʉ'si:k]
rockmuziek (de)	rockmusik (en)	['rɔk mʉ'si:k]
rockgroep (de)	rockband (ett)	['rɔk‚band]
jazz (de)	jazz (en)	['jas]

| idool (het) | idol (en) | [i'dɔlʲ] |
| bewonderaar (de) | beundrare (en) | [be'undrarə] |

concert (het)	konsert (en)	[kɔn'sɛ:r]
symfonie (de)	symfoni (en)	[sʏmfʉ'ni:]
compositie (de)	komposition (en)	[kɔmpʉsi'ɧʉn]
componeren (muziek ~)	att komponera	[at kɔmpʉ'nera]

zang (de)	sång (en)	['sɔŋ]
lied (het)	sång (en)	['sɔŋ]
melodie (de)	melodi (en)	[melʲɔ'di:]
ritme (het)	rytm (en)	['rʏtm]
blues (de)	blues (en)	['blʉs]

bladmuziek (de)	noter (pl)	['nʉtər]
dirigeerstok (baton)	taktpinne (en)	['takt‚pinə]
strijkstok (de)	stråke (en)	['stro:kə]
snaar (de)	sträng (en)	['strɛŋ]
koffer (de)	fodral (ett)	[fʉd'ralʲ]

Rusten. Entertainment. Reizen

155. Trip. Reizen

toerisme (het)	turism (en)	[tu'rism]
toerist (de)	turist (en)	[tu'rist]
reis (de)	resa (en)	['resa]
avontuur (het)	äventyr (ett)	['ε:vɛn‚tyr]
tocht (de)	tripp (en)	['trip]
vakantie (de)	semester (en)	[se'mɛstər]
met vakantie zijn	att ha semester	[at ha se'mɛstər]
rust (de)	uppehåll (ett), vila (en)	['upə'hoːlʲ], ['vilʲa]
trein (de)	tåg (ett)	['toːg]
met de trein	med tåg	[me 'toːg]
vliegtuig (het)	flygplan (ett)	['flʲygplʲan]
met het vliegtuig	med flygplan	[me 'flʲygplʲan]
met de auto	med bil	[me 'bilʲ]
per schip (bw)	med båt	[me 'boːt]
bagage (de)	bagage (ett)	[ba'gaːʃ]
valies (de)	resväska (en)	['rɛs‚vɛska]
bagagekarretje (het)	bagagevagn (en)	[ba'gaːʃ ‚vagn]
paspoort (het)	pass (ett)	['pas]
visum (het)	visum (ett)	['viːsum]
kaartje (het)	biljett (en)	[bi'lʲet]
vliegticket (het)	flygbiljett (en)	['flʲyg bi‚lʲet]
reisgids (de)	reseguidebok (en)	['rese‚gajdbʊk]
kaart (de)	karta (en)	['kaːʈa]
gebied (landelijk ~)	område (ett)	['om‚roːdə]
plaats (de)	plats (en)	['plʲats]
exotische bestemming (de)	(det) exotiska	[ɛ'ksɔtiska]
exotisch (bn)	exotisk	[ɛk'sɔtisk]
verwonderlijk (bn)	förunderlig	[fø'rundelig]
groep (de)	grupp (en)	['grup]
rondleiding (de)	utflykt (en)	['ʉt‚flʲykt]
gids (de)	guide (en)	['gajd]

156. Hotel

hotel (het)	hotell (ett)	[hʊ'tɛlʲ]
motel (het)	motell (ett)	[mʊ'tɛlʲ]
3-sterren	trestjärnigt	['tre‚ɦæːnit]

| 5-sterren | femstjärnigt | [fɛm‚ɧæːɳit] |
| overnachten (ww) | att bo | [at 'buː] |

kamer (de)	rum (ett)	['ruːm]
eenpersoonskamer (de)	enkelrum (ett)	['ɛŋkəlʲ‚ruːm]
tweepersoonskamer (de)	dubbelrum (ett)	['dubəlʲ‚ruːm]
een kamer reserveren	att boka rum	[at 'buka 'ruːm]

| halfpension (het) | halvpension (en) | ['halʲv‚pan'ɧun] |
| volpension (het) | helpension (en) | ['helʲ‚pan'ɧun] |

met badkamer	med badkar	[me 'bad‚kar]
met douche	med dusch	[me 'duʃ]
satelliet-tv (de)	satellit-TV (en)	[satɛ'liːt 'teve]
airconditioner (de)	luftkonditionerare (en)	['luft‚kondiɧu'nerarə]
handdoek (de)	handduk (en)	['hand‚duːk]
sleutel (de)	nyckel (en)	['nʏkəlʲ]

administrateur (de)	administratör (en)	[administra'tør]
kamermeisje (het)	städerska (en)	['stɛːdɛʂka]
piccolo (de)	bärare (en)	['bæːrarə]
portier (de)	portier (en)	[pɔ'ʈʲeː]

restaurant (het)	restaurang (en)	[rɛstɔ'raŋ]
bar (de)	bar (en)	['bar]
ontbijt (het)	frukost (en)	['frʉːkɔst]
avondeten (het)	kvällsmat (en)	['kvɛlʲs‚mat]
buffet (het)	buffet (en)	[bu'fet]

| hal (de) | lobby (en) | ['lʲɔbi] |
| lift (de) | hiss (en) | ['his] |

| NIET STOREN | STÖR EJ! | ['støːr ɛj] |
| VERBODEN TE ROKEN! | RÖKNING FÖRBJUDEN | ['rœkniŋ før'bjʉːdən] |

157. Boeken. Lezen

boek (het)	bok (en)	['buk]
auteur (de)	författare (en)	[før'fatarə]
schrijver (de)	författare (en)	[før'fatarə]
schrijven (een boek)	att skriva	[at 'skriva]

lezer (de)	läsare (en)	['lʲɛːsarə]
lezen (ww)	att läsa	[at 'lʲɛːsa]
lezen (het)	läsning (en)	['lʲɛsniŋ]

| stil (~ lezen) | för sig själv | [før ‚sɛj 'ɧɛlʲv] |
| hardop (~ lezen) | högt | ['hœgt] |

uitgeven (boek ~)	att publicera	[at publi'sera]
uitgeven (het)	publicering (en)	[publi'seriŋ]
uitgever (de)	förläggare (en)	['fœːˌlʲɛgarə]
uitgeverij (de)	förlag (ett)	[fœː'lʲag]
verschijnen (bijv. boek)	att komma ut	[at 'kɔma ʉt]

| verschijnen (het) | utgåva (en) | ['ʉt̩goːva] |
| oplage (de) | upplaga (en) | ['upˌlʲaga] |

| boekhandel (de) | bokhandel (en) | ['bʊkˌhandəlʲ] |
| bibliotheek (de) | bibliotek (ett) | [biˈbliʊ'tek] |

novelle (de)	kortroman (en)	['kɔːt̩ rʊ'man]
verhaal (het)	novell (en)	[nʊ'vɛlʲ]
roman (de)	roman (en)	[rʊ'man]
detectiveroman (de)	kriminalroman (en)	[krimi'nalʲ rʊ'man]

memoires (mv.)	memoarer (pl)	[memʊ'arər]
legende (de)	legend (en)	[lʲe'gɛnd]
mythe (de)	myt (en)	['myt]

gedichten (mv.)	dikter (pl)	['diktər]
autobiografie (de)	självbiografi (en)	['ɧɛlʲv biʊgra'fiː]
bloemlezing (de)	utvalda verk (pl)	['ʉt̩valʲda vɛrk]
sciencefiction (de)	science fiction	['sajəns ˌfikʃən]

naam (de)	titel (en)	['titəlʲ]
inleiding (de)	inledning (en)	['inˌlʲedniŋ]
voorblad (het)	titelsida (en)	['titəlʲˌsida]

hoofdstuk (het)	kapitel (ett)	[ka'pitəlʲ]
fragment (het)	utdrag (ett)	['ʉt̩drag]
episode (de)	episod (en)	[ɛpi'sʊd]

intrige (de)	handling (en)	['handliŋ]
inhoud (de)	innehåll (ett)	['ineˌhoːlʲ]
inhoudsopgave (de)	innehållsförteckning (en)	['ineho:lʲs fœ:'ʈɛkniŋ]
hoofdpersonage (het)	huvudperson (en)	['hʉːvʉd̩pɛ'ʂʉn]

boekdeel (het)	volym (en)	[vɔ'lʲym]
omslag (de/het)	omslag (ett)	['ɔmˌslʲag]
boekband (de)	bokband (ett)	['bʊkˌband]
bladwijzer (de)	bokmärke (ett)	['bʊkˌmæːrkə]

pagina (de)	sida (en)	['sida]
bladeren (ww)	att bläddra	[at 'blʲɛdra]
marges (mv.)	marginaler (pl)	[margi'nalʲər]
annotatie (de)	annotering (ett)	[anɔ'tɛriŋ]
opmerking (de)	anmärkning (en)	['anˌmæːrkniŋ]

tekst (de)	text (en)	['tɛkst]
lettertype (het)	typsnitt (ett)	['typsnit]
drukfout (de)	tryckfel (ett)	['trʏkˌfelʲ]

vertaling (de)	översättning (en)	['øːvəˌsætniŋ]
vertalen (ww)	att översätta	[at 'øːvəˌsæta]
origineel (het)	original (ett)	[ɔrigi'nalʲ]

beroemd (bn)	berömd	[be'rœmd]
onbekend (bn)	okänd	[ʊː'ɕɛnd]
interessant (bn)	intressant	[intrɛ'sant]
bestseller (de)	bestseller (en)	['bɛstˌsɛ:lʲər]

woordenboek (het)	ordbok (en)	['uːd̪ˌbʊk]
leerboek (het)	lärobok (en)	['lʲæːrʊˌbʊk]
encyclopedie (de)	encyklopedi (en)	[ɛnsʏklʲɔpeˈdiː]

158. Jacht. Vissen

jacht (de)	jakt (en)	['jakt]
jagen (ww)	att jaga	[at 'jaga]
jager (de)	jägare (en)	['jɛːgarə]

schieten (ww)	att skjuta	[at 'ɧʉːta]
geweer (het)	gevär (ett)	[je'væːr]
patroon (de)	patron (en)	[pa'trʊn]
hagel (de)	hagel (ett)	['hagəlʲ]

val (de)	sax (en)	['saks]
valstrik (de)	fälla (en)	['fɛlʲa]
in de val trappen	att fångas i fälla	[at 'fɔŋas i 'fɛlʲa]
een val zetten	att gillra en fälla	[at 'jilʲra en 'fɛlʲa]

stroper (de)	tjuvskytt (en)	['ɕɯːvˌɧʏt]
wild (het)	vilt (ett)	['vilʲt]
jachthond (de)	jakthund (en)	['jaktˌhund]
safari (de)	safari (en)	[sa'fari]
opgezet dier (het)	uppstoppat djur (ett)	['upˌstɔpat jʉːr]

visser (de)	fiskare (en)	['fiskarə]
visvangst (de)	fiske (ett)	['fiskə]
vissen (ww)	att fiska	[at 'fiska]

hengel (de)	fiskespö (ett)	['fiskəˌspøː]
vislijn (de)	fiskelina (en)	['fiskəˌlina]
haak (de)	krok (en)	['krʊk]

| dobber (de) | flöte (ett) | ['flʲøːtə] |
| aas (het) | agn (en) | ['agn] |

| de hengel uitwerpen | att kasta ut | [at 'kasta ʉt] |
| bijten (ov. de vissen) | att nappa | [at 'napa] |

| vangst (de) | fångst (en) | ['fɔŋst] |
| wak (het) | hål (ett) i isen | ['hoːlʲ i 'isən] |

| net (het) | nät (ett) | ['nɛːt] |
| boot (de) | båt (en) | ['boːt] |

vissen met netten	att fiska med nät	[at 'fiska me 'nɛːt]
het net uitwerpen	att kasta nätet	[at 'kasta 'nɛːtət]
het net binnenhalen	att dra upp nätet	[at 'dra up 'nɛːtət]
in het net vallen	att bli fångad i nätet	[at bli foːŋad i 'nɛːtət]

walvisvangst (de)	valfångare (en)	['valʲˌfɔŋarə]
walvisvaarder (de)	valfångstbåt (ett)	['valʲfɔŋstˌboːt]
harpoen (de)	harpun (en)	[har'pʉːn]

159. Spellen. Biljart

biljart (het)	biljard (en)	[bi'lja:ɖ]
biljartzaal (de)	biljardsalong (en)	[bi'lja:ɖ sa'lɔŋ]
biljartbal (de)	biljardboll (en)	[bi'lja:ɖˌbɔlʲ]
een bal in het gat jagen	att sänka en boll	[at 'sɛŋka en 'bɔlʲ]
keu (de)	kö (en)	['kø:]
gat (het)	hål (ett)	['hoːlʲ]

160. Spellen. Speelkaarten

ruiten (mv.)	ruter (pl)	['rʉːtər]
schoppen (mv.)	spader (pl)	['spadər]
klaveren (mv.)	hjärter	['jæ:tər]
harten (mv.)	klöver (pl)	['klʲøːvər]
aas (de)	äss (ett)	['ɛs]
koning (de)	kung (en)	['kuŋ]
dame (de)	dam (en)	['dam]
boer (de)	knekt (en)	['knɛkt]
speelkaart (de)	kort (ett)	['kɔ:t]
kaarten (mv.)	kort (pl)	['kɔ:t]
troef (de)	trumf (en)	['trumf]
pak (het) kaarten	kortlek (en)	['kɔ:tˌlʲek]
punt (bijv. vijftig ~en)	poäng (en)	[pʊ'ɛŋ]
uitdelen (kaarten ~)	att ge, att dela ut	[at je:], [at 'delʲa ʉt]
schudden (de kaarten ~)	att blanda	[at 'blʲanda]
beurt (de)	utspel (ett)	['ʉtspelʲ]
valsspeler (de)	falskspelare (en)	['falʲskˌspelʲarə]

161. Casino. Roulette

casino (het)	kasino (ett)	[ka'sinʊ]
roulette (de)	roulett (ett)	[ru'lʲet]
inzet (de)	insats (en)	['inˌsats]
een bod doen	att satsa	[at 'satsa]
rood (de)	röd (en)	['røːd]
zwart (de)	svart (en)	['sva:t]
inzetten op rood	att satsa på rött	[at 'satsa pɔ 'rœt]
inzetten op zwart	att satsa på svart	[at 'satsa pɔ 'sva:t]
croupier (de)	croupier (en)	[krʊ'pje:]
de cilinder draaien	att snurra hjulet	[at 'snura 'jʉ:lʲet]
spelregels (mv.)	spelregler (pl)	['spelʲˌrɛglʲər]
fiche (pokerfiche, etc.)	spelmark (en)	['spelʲmark]
winnen (ww)	att vinna	[at 'vina]
winst (de)	vinst (en)	['vinst]

verliezen (ww)	att förlora	[at fœ:'l'ʊra]
verlies (het)	förlust (en)	[fœ:'l'ʉːst]

speler (de)	spelare (en)	['spel'arə]
blackjack (kaartspel)	blackjack (ett)	['bl'ɛkˌʃɛk]
dobbelspel (het)	tärningsspel (ett)	['tæːŋiŋsˌspel']
dobbelstenen (mv.)	tärningar (pl)	['tɛŋiŋar]
speelautomaat (de)	spelautomat (en)	['spel' autʊ'mat]

162. Rusten. Spellen. Diversen

wandelen (on.ww.)	att promenera, att ströva	[at prʊme'nera], [at 'strøːva]
wandeling (de)	promenad (en)	[prʊme'nad]
trip (per auto)	utflykt, biltur (en)	['ʉtˌfl'ykt], ['bil'ˌtʉr]
avontuur (het)	äventyr (ett)	['ɛːvɛnˌtyr]
picknick (de)	picknick (en)	['piknik]

spel (het)	spel (ett)	['spel']
speler (de)	spelare (en)	['spel'arə]
partij (de)	parti (ett)	[pa:'ʈiː]

collectioneur (de)	samlare (en)	['saml'arə]
collectioneren (ww)	att samla	[at 'saml'a]
collectie (de)	samling (en)	['samliŋ]

kruiswoordraadsel (het)	korsord (ett)	['kɔːʂˌʊːd]
hippodroom (de)	galoppbana (en)	[ga'l'ɔpˌbana]
discotheek (de)	diskotek (ett)	[diskɔ'tek]

sauna (de)	sauna (en)	['sauna]
loterij (de)	lotteri (ett)	[l'ote'riː]

trektocht (kampeertocht)	campingresa (en)	['kampiŋˌresa]
kamp (het)	läger (ett)	['l'ɛːgər]
tent (de)	tält (ett)	['tɛl't]
kompas (het)	kompass (en)	[kɔm'pas]
rugzaktoerist (de)	campare (en)	['kamparə]

bekijken (een film ~)	att se på	[at 'seː pɔ]
kijker (televisie~)	tv-tittare (en)	['teveˌtitarə]
televisie-uitzending (de)	tv-show (ett)	['teveˌʃow]

163. Fotografie

fotocamera (de)	kamera (en)	['kamera]
foto (de)	foto, fotografi (ett)	['fʊtʊ], [fʊtʊgra'fiː]

fotograaf (de)	fotograf (en)	[fʊtʊ'graf]
fotostudio (de)	fotoateljé (en)	['fʊtʊ atəˌlje:]
fotoalbum (het)	fotoalbum (ett)	['fʊtʊ ˌal'bum]
lens (de), objectief (het)	objektiv (ett)	[ɔbjɛk'tiv]
telelens (de)	teleobjektiv (ett)	['tel'e ɔbjɛk'tiv]

| filter (de/het) | filter (ett) | ['fiʲtər] |
| lens (de) | lins (en) | ['lins] |

optiek (de)	optik (en)	[ɔp'tik]
diafragma (het)	bländare (en)	['blʲɛndarə]
belichtingstijd (de)	exponeringstid (en)	[ɛkspʉ'neriŋsˌtid]
zoeker (de)	sökare (en)	['sø:karə]

digitale camera (de)	digitalkamera (en)	[digi'talʲ ˌkamera]
statief (het)	stativ (ett)	[sta'tiv]
flits (de)	blixt (en)	['blikst]

fotograferen (ww)	att fotografera	[at fʉtʉgra'fera]
kieken (foto's maken)	att ta bilder	[at ta 'bilʲdər]
zich laten fotograferen	att bli fotograferad	[at bli fʉtʉgra'ferad]

focus (de)	skärpa (en)	['ɧærpa]
scherpstellen (ww)	att ställa in skärpan	[at 'stɛlʲa in 'ɧærpan]
scherp (bn)	skarp	['skarp]
scherpte (de)	skärpa (en)	['ɧærpa]

| contrast (het) | kontrast (en) | [kɔn'trast] |
| contrastrijk (bn) | kontrast- | [kɔn'trast-] |

kiekje (het)	bild (en)	['bilʲd]
negatief (het)	negativ (ett)	['negaˌtiv]
filmpje (het)	film (en)	['fiʲm]
beeld (frame)	bild, kort (en)	['bilʲd], ['kɔ:t]
afdrukken (foto's ~)	att skriva ut	[at 'skriva ʉt]

164. Strand. Zwemmen

strand (het)	badstrand (en)	['badˌstrand]
zand (het)	sand (en)	['sand]
leeg (~ strand)	öde	['ø:də]

bruine kleur (de)	solbränna (en)	['sʉlʲˌbrɛna]
zonnebaden (ww)	att sola sig	[at 'sʉlʲa: sɛj]
gebruind (bn)	solbränd	['sʉlʲˌbrɛnd]
zonnecrème (de)	solkräm (en)	['sʉlʲˌkrɛm]

bikini (de)	bikini (en)	[bi'kini]
badpak (het)	baddräkt (en)	['badˌdrɛkt]
zwembroek (de)	simbyxor (pl)	['simˌbyksʉr]

zwembad (het)	simbassäng (en)	['simbaˌsɛŋ]
zwemmen (ww)	att simma	[at 'sima]
douche (de)	dusch (en)	['duʃ]
zich omkleden (ww)	att klä om sig	[at 'klʲɛ ɔm sɛj]
handdoek (de)	handduk (en)	['handˌdʉ:k]

boot (de)	båt (en)	['bo:t]
motorboot (de)	motorbåt (en)	['mʉtʉrˌbo:t]
waterski's (mv.)	vattenskidor (pl)	['vatənˌɧidʉr]

waterfiets (de)	vattencykel (en)	['vatən‚sykəlʲ]
surfen (het)	surfing (en)	['suːrfiŋ]
surfer (de)	surfare (en)	['suːrfarə]

scuba, aqualong (de)	dykapparat (en)	['dyk‚apaˈrat]
zwemvliezen (mv.)	simfenor (pl)	['sim‚fœnʊr]
duikmasker (het)	mask (en)	['mask]
duiker (de)	dykare (en)	['dykarə]
duiken (ww)	att dyka	[at 'dyka]
onder water (bw)	under vatten	['undə‚vatən]

parasol (de)	parasoll (en)	[paraˈsolʲ]
ligstoel (de)	liggstol (en)	['lig‚stʊlʲ]
zonnebril (de)	solglasögon (pl)	['sʊlʲglʲas‚øːgon]
luchtmatras (de/het)	luftmadrass (en)	['lʉft‚madˈras]

| spelen (ww) | att leka | [at 'lʲeka] |
| gaan zwemmen (ww) | att bada | [at 'bada] |

bal (de)	boll (en)	['bolʲ]
opblazen (oppompen)	att blåsa upp	[at 'blʲoːsa up]
lucht-, opblaasbare (bn)	uppblåsbar	['up‚blʲoːsbar]

golf (hoge ~)	våg (en)	['voːg]
boei (de)	boj (en)	['boj]
verdrinken (ww)	att drunkna	[at 'drʉŋkna]

redden (ww)	att rädda	[at 'rɛda]
reddingsvest (de)	räddningsväst (en)	['rɛdniŋ‚vɛst]
waarnemen (ww)	att observera	[at ɔbsɛr'vera]
redder (de)	badvakt (en)	['bad‚vakt]

TECHNISCHE APPARATUUR. VERVOER

Technische apparatuur

165. Computer

computer (de)	dator (en)	['datʊr]
laptop (de)	bärbar dator (en)	['bærbar 'datʊr]
aanzetten (ww)	att slå på	[at 'slʲo: pɔ]
uitzetten (ww)	att slå av	[at 'slʲo: 'av]
toetsenbord (het)	tangentbord (ett)	[tan'jent͵bʊ:d̪]
toets (enter~)	tangent (en)	[tan'jent]
muis (de)	mus (en)	['mʉ:s]
muismat (de)	musmatta (en)	['mʉ:s͵mata]
knopje (het)	knapp (en)	['knap]
cursor (de)	markör (en)	[mar'kø:r]
monitor (de)	monitor, bildskärm (en)	[mɔni'tor], ['bilʲdʃæ:rm]
scherm (het)	skärm (en)	['ʃæ:rm]
harde schijf (de)	hårddisk (en)	['ho:d̪disk]
volume (het)	hårddisk kapacitet (en)	['ho:d̪disk kapasi'tet]
van de harde schijf		
geheugen (het)	minne (ett)	['minə]
RAM-geheugen (het)	operativminne (ett)	[ɔpera'tiv͵minə]
bestand (het)	fil (en)	['filʲ]
folder (de)	mapp (en)	['map]
openen (ww)	att öppna	[at 'øpna]
sluiten (ww)	att stänga	[at 'stɛŋa]
opslaan (ww)	att bevara	[at be'vara]
verwijderen (wissen)	att ta bort, att radera	[at ta 'bɔ:t], [at ra'dera]
kopiëren (ww)	att kopiera	[at kɔ'pjera]
sorteren (ww)	att sortera	[at sɔ:'tera]
overplaatsen (ww)	att överföra	[at ø:və͵føra]
programma (het)	program (ett)	[prɔ'gram]
software (de)	programvara (en)	[prɔ'gram͵vara]
programmeur (de)	programmerare (en)	[prɔgra'merarə]
programmeren (ww)	att programmera	[at prɔgra'mera]
hacker (computerkraker)	hackare (en)	['hakarə]
wachtwoord (het)	lösenord (ett)	['lʲø:sən͵ʊ:d̪]
virus (het)	virus (ett)	['vi:rʉs]
ontdekken (virus ~)	att upptäcka	[at 'up͵tɛka]

| byte (de) | byte (ett) | ['bajt] |
| megabyte (de) | megabyte (en) | ['mega,bajt] |

| data (de) | data (pl) | ['data] |
| databank (de) | databas (en) | ['data,bas] |

kabel (USB-~, enz.)	kabel (en)	['kabəlʲ]
afsluiten (ww)	att koppla från	[at 'koplʲa frɔn]
aansluiten op (ww)	att koppla	[at 'koplʲa]

166. Internet. E-mail

internet (het)	Internet	['intɛ:,ɳɛt]
browser (de)	webbläsare (en)	['vɛb,lʲɛ:sarə]
zoekmachine (de)	sökmotor (en)	['sø:k,mʊtʊr]
internetprovider (de)	leverantör (en)	[lʲevəran'tø:r]

webmaster (de)	webbmästare (en)	['vɛb,mɛstarə]
website (de)	webbplats (en)	['vɛb,plʲats]
webpagina (de)	webbsida (en)	['vɛb,sida]

| adres (het) | adress (en) | [a'drɛs] |
| adresboek (het) | adressbok (en) | [a'drɛs,bʊk] |

postvak (het)	brevlåda (en)	['brev,lʲo:da]
post (de)	post (en)	['pɔst]
vol (~ postvak)	full	['fulʲ]

bericht (het)	meddelande (ett)	[me'delʲandə]
binnenkomende berichten (mv.)	inkommande meddelanden	[in'kɔmandə me'delʲandən]
uitgaande berichten (mv.)	utgående meddelanden	['ʉt,go:əndə me'delʲandən]
verzender (de)	avsändare (en)	['av,sɛndarə]
verzenden (ww)	att skicka	[at 'ɧika]
verzending (de)	avsändning (en)	['av,sɛndniŋ]

| ontvanger (de) | mottagare (en) | ['mɔt,tagarə] |
| ontvangen (ww) | att ta emot | [at ta ɛmo:t] |

| correspondentie (de) | korrespondens (en) | [kɔrɛspon'dɛns] |
| corresponderen (met ...) | att brevväxla | [at 'brev,vɛkslʲa] |

bestand (het)	fil (en)	['filʲ]
downloaden (ww)	att ladda ner	[at 'lʲada ner]
creëren (ww)	att skapa	[at 'skapa]
verwijderen (een bestand ~)	att ta bort, att radera	[at ta 'bɔ:t], [at ra'dera]
verwijderd (bn)	borttagen	['bɔ:t̪ta:gən]

verbinding (de)	förbindelse (en)	[før'bindəlʲsə]
snelheid (de)	hastighet (en)	['hastig,het]
modem (de)	modem (ett)	[mʊ'dem]
toegang (de)	tillträde (ett)	['tilʲtrɛ:də]
poort (de)	port (en)	['pɔ:t]
aansluiting (de)	uppkoppling (en)	['up,koplʲiŋ]

zich aansluiten (ww)	att ansluta	[at 'an‚slʉːta]
selecteren (ww)	att välja	[at 'vɛlja]
zoeken (ww)	att söka efter ...	[at 'søːka ‚ɛftər ...]

167. Elektriciteit

elektriciteit (de)	elektricitet (en)	[ɛlʲektrisi'tet]
elektrisch (bn)	elektrisk	[ɛ'lʲektrisk]
elektriciteitscentrale (de)	kraftverk (ett)	['kraft‚vɛrk]
energie (de)	energi (en)	[ɛner'ɕi]
elektrisch vermogen (het)	elkraft (en)	['ɛlʲ‚kraft]

lamp (de)	glödlampa (en)	['glʲøːd‚lʲampa]
zaklamp (de)	ficklampa (en)	['fik‚lʲampa]
straatlantaarn (de)	gatlykta (en)	['gat‚lʲykta]

licht (elektriciteit)	ljus (ett)	['jʉːs]
aandoen (ww)	att slå på	[at 'slʲoː pɔ]
uitdoen (ww)	att slå av	[at 'slʲoː 'av]
het licht uitdoen	att släcka ljuset	[at 'slʲɛka 'jʉːsət]

doorbranden (gloeilamp)	att brinna ut	[at 'brina ʉt]
kortsluiting (de)	kortslutning (en)	['kɔːt‚slʉːtniŋ]
onderbreking (de)	kabelbrott (ett)	['kabəlʲ‚brɔt]
contact (het)	kontakt (en)	[kɔn'takt]

schakelaar (de)	strömbrytare (en)	['strøːm‚brytarə]
stopcontact (het)	eluttag (ett)	['ɛlʲ‚ʉː'tag]
stekker (de)	stickkontakt (en)	['stik kɔn'takt]
verlengsnoer (de)	grenuttag (ett)	['grenʉ‚tag]

zekering (de)	säkring (en)	['sɛkriŋ]
kabel (de)	ledning (en)	['lʲedniŋ]
bedrading (de)	ledningsnät (ett)	['lʲedniŋs‚nɛːt]

ampère (de)	ampere (en)	[am'pɛr]
stroomsterkte (de)	strömstyrka (en)	['strøːm‚styrka]
volt (de)	volt (en)	['vɔlʲt]
spanning (de)	spänning (en)	['spɛniŋ]

| elektrisch toestel (het) | elektrisk apparat (en) | [ɛ'lʲektrisk apa'rat] |
| indicator (de) | indikator (en) | [indi'katʊr] |

elektricien (de)	elektriker (en)	[ɛ'lʲektrikər]
solderen (ww)	att löda	[at 'lʲøːda]
soldeerbout (de)	lödkolv (en)	['lʲøːd‚kɔlʲv]
stroom (de)	ström (en)	['strøːm]

168. Gereedschappen

| werktuig (stuk gereedschap) | verktyg (ett) | ['vɛrk‚tyg] |
| gereedschap (het) | verktyg (pl) | ['vɛrk‚tyg] |

uitrusting (de)	utrustning (en)	['ʉˌtrustniŋ]
hamer (de)	hammare (en)	['hamarə]
schroevendraaier (de)	skruvmejsel (en)	['skrʉːvˌmɛjsəlʲ]
bijl (de)	yxa (en)	['yksa]

zaag (de)	såg (en)	['soːg]
zagen (ww)	att såga	[at 'soːga]
schaaf (de)	hyvel (en)	['hyvəlʲ]
schaven (ww)	att hyvla	[at 'hyvlʲa]
soldeerbout (de)	lödkolv (en)	['lʲøːdˌkolʲv]
solderen (ww)	att löda	[at 'lʲøːda]

vijl (de)	fil (en)	['filʲ]
nijptang (de)	kniptång (en)	['knipˌtoŋ]
combinatietang (de)	flacktång (en)	['flʲakˌtoŋ]
beitel (de)	stämjärn, huggjärn (ett)	['stɛmˌjæːn], ['hugˌjæːŋ]

boorkop (de)	borr (en)	['bor]
boormachine (de)	borrmaskin (en)	['borˌma'ɧiːn]
boren (ww)	att borra	[at 'bora]

mes (het)	kniv (en)	['kniv]
zakmes (het)	fickkniv (en)	['fikˌkniv]
knip- (abn)	fäll-	['fɛlʲ-]
lemmet (het)	blad (ett)	['blʲad]

scherp (bijv. ~ mes)	skarp	['skarp]
bot (bn)	slö	['slʲøː]
bot raken (ww)	att bli slö	[at bli 'slʲøː]
slijpen (een mes ~)	att slipa, att vässa	[at 'slipa], [at 'vɛsa]

bout (de)	bult (en)	['bulʲt]
moer (de)	mutter (en)	['mutər]
schroefdraad (de)	gänga (en)	['jɛŋa]
houtschroef (de)	skruv (en)	['skrʉːv]

nagel (de)	spik (en)	['spik]
kop (de)	spikhuvud (ett)	['spikˌhʉːvud]

liniaal (de/het)	linjal (en)	[li'njalʲ]
rolmeter (de)	måttband (ett)	['motˌband]
waterpas (de/het)	vattenpass (ett)	['vatənˌpas]
loep (de)	lupp (en)	['lʉp]

meetinstrument (het)	mätinstrument (ett)	['mɛːtˌinstru'mɛnt]
opmeten (ww)	att mäta	[at 'mɛːta]
schaal (meetschaal)	skala (en)	['skalʲa]
gegevens (mv.)	avläsningar (pl)	['avˌlʲɛsniŋar]

compressor (de)	kompressor (en)	[kom'prɛsʊr]
microscoop (de)	mikroskop (ett)	[mikrʉ'skop]

pomp (de)	pump (en)	['pump]
robot (de)	robot (en)	['robot]
laser (de)	laser (en)	['lʲasər]
moersleutel (de)	skruvnyckel (en)	['skrʉːvˌnʏkəlʲ]

| plakband (de) | tejp (en) | ['tɛjp] |
| lijm (de) | lim (ett) | ['lim] |

schuurpapier (het)	sandpapper (ett)	['sand,papər]
veer (de)	fjäder (en)	['fjɛ:dər]
magneet (de)	magnet (en)	[mag'net]
handschoenen (mv.)	handskar (pl)	['hanskar]

touw (bijv. henneptouw)	rep (ett)	['rep]
snoer (het)	snör (ett)	['snø:r]
draad (de)	tråd, ledning (en)	['tro:d], ['lʲednɪŋ]
kabel (de)	kabel (en)	['kabəlʲ]

moker (de)	slägga (en)	['slʲɛga]
breekijzer (het)	spett, järnspett (ett)	['spɛt], ['jæ:n̩spɛt]
ladder (de)	stege (en)	['stegə]
trapje (inklapbaar ~)	trappstege (en)	['trap,stegə]

aanschroeven (ww)	att skruva fast	[at 'skru:va fast]
losschroeven (ww)	att skruva av	[at 'skru:va av]
dichtpersen (ww)	att klämma	[at 'klʲɛma]
vastlijmen (ww)	att klistra, att limma	[at 'klistra], [at 'lima]
snijden (ww)	att skära	[at 'ʃæ:ra]

defect (het)	funktionsstörning (en)	[fuŋk'ʃʊns,stø:ŋɪŋ]
reparatie (de)	reparation (en)	[repara'ʃʊn]
repareren (ww)	att reparera	[at repa'rera]
regelen (een machine ~)	att justera	[at ʃu'stera]

nakijken (ww)	att checka	[at 'ɕɛka]
controle (de)	kontroll (en)	[kɔn'trolʲ]
gegevens (mv.)	avläsningar (pl)	['av,lʲɛsnɪŋar]

| degelijk (bijv. ~ machine) | pålitlig | ['po,litlig] |
| ingewikkeld (bn) | komplex | [kɔm'plʲeks] |

roesten (ww)	att rosta	[at 'rɔsta]
roestig (bn)	rostig	['rɔstig]
roest (de/het)	rost (en)	['rɔst]

Vervoer

169. Vliegtuig

vliegtuig (het)	flygplan (ett)	['flʲygplʲan]
vliegticket (het)	flygbiljett (en)	['flʲyg biˌlʲet]
luchtvaartmaatschappij (de)	flygbolag (ett)	['flʲygˌbulʲag]
luchthaven (de)	flygplats (en)	['flʲygˌplʲats]
supersonisch (bn)	överljuds-	['øːvərˌjɵːds-]
gezagvoerder (de)	kapten (en)	[kap'ten]
bemanning (de)	besättning (en)	[be'sætniŋ]
piloot (de)	pilot (en)	[pi'lʲʊt]
stewardess (de)	flygvärdinna (en)	['flʲygˌvæːdina]
stuurman (de)	styrman (en)	['styrˌman]
vleugels (mv.)	vingar (pl)	['viŋar]
staart (de)	stjärtfena (en)	['ɧæːt feːna]
cabine (de)	cockpit, förarkabin (en)	['kɔkpit], ['føːrarˌka'bin]
motor (de)	motor (en)	['mʊtʊr]
landingsgestel (het)	landningsställ (ett)	['landniŋsˌstɛlʲ]
turbine (de)	turbin (en)	[tur'bin]
propeller (de)	propeller (en)	[prʊ'pɛlʲər]
zwarte doos (de)	svart låda (en)	['svaːt 'lʲoːda]
stuur (het)	styrspak (ett)	['styːˌʂpak]
brandstof (de)	bränsle (ett)	['brɛnslʲe]
veiligheidskaart (de)	säkerhetsinstruktion (en)	['sɛːkərheʦ instruk'ɧun]
zuurstofmasker (het)	syremask (en)	['syreˌmask]
uniform (het)	uniform (en)	[uni'fɔrm]
reddingsvest (de)	räddningsväst (en)	['rɛdniŋˌvɛst]
parachute (de)	fallskärm (en)	['falʲˌɧæːrm]
opstijgen (het)	start (en)	['staːt]
opstijgen (ww)	att lyfta	[at 'lʲyfta]
startbaan (de)	startbana (en)	['staːtˌbaːna]
zicht (het)	siktbarhet (en)	['siktbarˌhet]
vlucht (de)	flygning (en)	['flʲygniŋ]
hoogte (de)	höjd (en)	['hœjd]
luchtzak (de)	luftgrop (en)	['lɵftˌgrʊp]
plaats (de)	plats (en)	['plʲats]
koptelefoon (de)	hörlurar (pl)	['hœːˌlʲɵːrar]
tafeltje (het)	utfällbart bord (ett)	['ɵtfɛlʲˌbart 'bʊːd]
venster (het)	fönster (ett)	['fœnstər]
gangpad (het)	mittgång (en)	['mitˌgɔŋ]

170. Trein

trein (de)	tåg (ett)	['toːg]
elektrische trein (de)	lokaltåg, pendeltåg (ett)	[lʲɔ'kalʲˌtoːg], ['pendəlˌtoːg],
sneltrein (de)	expresståg (ett)	[ɛks'prɛsˌtoːg]
diesellocomotief (de)	diesellokomotiv (ett)	['disəlʲ lʲɔkɔmɔ'tiv]
locomotief (de)	ånglokomotiv (en)	['ɔŋˌlʲɔkɔmɔ'tiv]
rijtuig (het)	vagn (en)	['vagn]
restauratierijtuig (het)	restaurangvagn (en)	[rɛstɔ'raŋˌvagn]
rails (mv.)	räls, rälsar (pl)	['rɛlʲs], ['rɛlʲsar]
spoorweg (de)	järnväg (en)	['jæːnˌvɛːg]
dwarsligger (de)	sliper (en)	['slipər]
perron (het)	perrong (en)	[pɛ'rɔŋ]
spoor (het)	spår (ett)	['spoːr]
semafoor (de)	semafor (en)	[sema'fɔr]
halte (bijv. kleine treinhalte)	station (en)	[sta'ɧʊn]
machinist (de)	lokförare (en)	['lʲʊkˌføːrarə]
kruier (de)	bärare (en)	['bæːrarə]
conducteur (de)	tågvärd (en)	['toːgˌvæːɖ]
passagier (de)	passagerare (en)	[pasa'ɧerarə]
controleur (de)	kontrollant (en)	[kɔntrɔ'lʲant]
gang (in een trein)	korridor (en)	[kɔri'dɔːr]
noodrem (de)	nödbroms (en)	['nøːdˌbrɔms]
coupé (de)	kupé (en)	[kʉ'peː]
bed (slaapplaats)	slaf, säng (en)	['slʲaf], ['sɛŋ]
bovenste bed (het)	överslaf (en)	['øvəˌslʲaf]
onderste bed (het)	underslaf (en)	['undəˌslʲaf]
beddengoed (het)	sängkläder (pl)	['sɛŋˌklʲɛːdər]
kaartje (het)	biljett (en)	[bi'lʲet]
dienstregeling (de)	tidtabell (en)	['tid ta'bɛlʲ]
informatiebord (het)	informationstavla (en)	[infɔrma'ɧʊnsˌtavlʲa]
vertrekken	att avgå	[at 'avˌgoː]
(De trein vertrekt ...)		
vertrek (ov. een trein)	avgång (en)	['avˌgɔŋ]
aankomen (ov. de treinen)	att ankomma	[at 'anˌkɔma]
aankomst (de)	ankomst (en)	['anˌkɔmst]
aankomen per trein	att ankomma med tåget	[at 'anˌkɔma me 'toːgət]
in de trein stappen	att stiga på tåget	[at 'stiga pɔ 'toːgət]
uit de trein stappen	att stiga av tåget	[at 'stiga av 'toːgət]
treinwrak (het)	tågolycka (en)	['toːg ʊː'lʲyka]
ontspoord zijn	att spåra ur	[at 'spoːra ɵːr]
locomotief (de)	ånglokomotiv (en)	['ɔŋˌlʲɔkɔmɔ'tiv]
stoker (de)	eldare (en)	['ɛlʲdarə]
stookplaats (de)	eldstad (en)	['ɛlʲdˌstad]
steenkool (de)	kol (ett)	['kɔlʲ]

171. Schip

schip (het)	skepp (ett)	['ɧɛp]
vaartuig (het)	fartyg (ett)	['faː͵tyg]
stoomboot (de)	ångbåt (en)	['ɔŋ͵boːt]
motorschip (het)	flodbåt (en)	['flʲʊd͵boːt]
lijnschip (het)	kryssningfartyg (ett)	['krysniŋ͵faː'tyg]
kruiser (de)	kryssare (en)	['krʏsarə]
jacht (het)	jakt (en)	['jakt]
sleepboot (de)	bogserbåt (en)	['bʊksɛːr͵boːt]
duwbak (de)	pråm (en)	['proːm]
ferryboot (de)	färja (en)	['fæːrja]
zeilboot (de)	segelbåt (en)	['segəlʲ͵boːt]
brigantijn (de)	brigantin (en)	[brigan'tin]
IJsbreker (de)	isbrytare (en)	['is͵brytarə]
duikboot (de)	ubåt (en)	[ʉː'boːt]
boot (de)	båt (en)	['boːt]
sloep (de)	jolle (en)	['jɔlʲe]
reddingssloep (de)	livbåt (en)	['liv͵boːt]
motorboot (de)	motorbåt (en)	['mʊtʊr͵boːt]
kapitein (de)	kapten (en)	[kap'ten]
zeeman (de)	matros (en)	[ma'trʊs]
matroos (de)	sjöman (en)	['ɧøː͵man]
bemanning (de)	besättning (en)	[be'sætniŋ]
bootsman (de)	båtsman (en)	['bɔtsman]
scheepsjongen (de)	jungman (en)	['jʉŋ͵man]
kok (de)	kock (en)	['kɔk]
scheepsarts (de)	skeppsläkare (en)	['ɧɛp͵lʲɛːkarə]
dek (het)	däck (ett)	['dɛk]
mast (de)	mast (en)	['mast]
zeil (het)	segel (ett)	['segəlʲ]
ruim (het)	lastrum (ett)	['lʲast͵ruːm]
voorsteven (de)	bog (en)	['bʊg]
achtersteven (de)	akter (en)	['aktər]
roeispaan (de)	åra (en)	['oːra]
schroef (de)	propeller (en)	[prʊ'pɛlʲər]
kajuit (de)	hytt (en)	['hʏt]
officierskamer (de)	officersmäss (en)	[ɔfi'seːrs͵mɛs]
machinekamer (de)	maskinrum (ett)	[ma'ɧiːn͵ruːm]
brug (de)	kommandobrygga (en)	[kɔm'andʊ͵brʏga]
radiokamer (de)	radiohytt (en)	['radiʊ͵hʏt]
radiogolf (de)	våg (en)	['voːg]
logboek (het)	loggbok (en)	['lʲɔg͵bʊk]
verrekijker (de)	tubkikare (en)	['tʉb͵çikarə]
klok (de)	klocka (en)	['klʲɔka]

vlag (de)	flagga (en)	['flˈaga]
kabel (de)	tross (en)	['trɔs]
knoop (de)	knop, knut (en)	['knʊp], ['knʉt]

| trapleuning (de) | räcken (pl) | ['rɛkən] |
| trap (de) | landgång (en) | ['lˈand‚gɔŋ] |

anker (het)	ankar (ett)	['aŋkar]
het anker lichten	att lätta ankar	[at 'lˈæta 'aŋkar]
het anker neerlaten	att kasta ankar	[at 'kasta 'aŋkar]
ankerketting (de)	ankarkätting (en)	['aŋkar‚ɕætiŋ]

haven (bijv. containerhaven)	hamn (en)	['hamn]
kaai (de)	kaj (en)	['kaj]
aanleggen (ww)	att förtöja	[at fœ:'tœ:ja]
wegvaren (ww)	att kasta loss	[at 'kasta 'lˈɔs]

reis (de)	resa (en)	['resa]
cruise (de)	kryssning (en)	['krʏsniŋ]
koers (de)	kurs (en)	['ku:ʂ]
route (de)	rutt (en)	['rut]

vaarwater (het)	farled, segelled (en)	['fa:[ˈed], ['segəl‚led]
zandbank (de)	grund (ett)	['grʉnd]
stranden (ww)	att gå på grund	[at 'go: pɔ 'grʉnd]

storm (de)	storm (en)	['stɔrm]
signaal (het)	signal (en)	[sig'nalˈ]
zinken (ov. een boot)	att sjunka	[at 'ɧuŋka]
Man overboord!	Man överbord!	['man 'ø:və‚bu:d]
SOS (noodsignaal)	SOS	[ɛsoˈɛs]
reddingsboei (de)	livboj (en)	['liv‚bɔj]

172. Vliegveld

luchthaven (de)	flygplats (en)	['flˈyg‚plˈats]
vliegtuig (het)	flygplan (ett)	['flˈygplˈan]
luchtvaartmaatschappij (de)	flygbolag (ett)	['flˈyg‚bulˈag]
luchtverkeersleider (de)	flygledare (de)	['flˈyg‚lˈedarə]

vertrek (het)	avgång (en)	['av‚gɔŋ]
aankomst (de)	ankomst (en)	['aŋ‚kɔmst]
aankomen (per vliegtuig)	att ankomma	[at 'aŋ‚kɔma]

| vertrektijd (de) | avgångstid (en) | ['avgɔŋs‚tid] |
| aankomstuur (het) | ankomsttid (en) | ['aŋkɔmst‚tid] |

| vertraagd zijn (ww) | att bli försenad | [at bli fœ:'ʂɛnad] |
| vluchtvertraging (de) | avgångsförsening (en) | ['avgɔŋs‚fœ:'ʂɛniŋ] |

informatiebord (het)	informationstavla (en)	[informa'ɧʉns‚tavlˈa]
informatie (de)	information (en)	[informa'ɧʉn]
aankondigen (ww)	att meddela	[at 'me‚delˈa]
vlucht (bijv. KLM ~)	flyg (ett)	['flˈyg]

douane (de)	tull (en)	['tulʲ]
douanier (de)	tulltjänsteman (en)	['tulʲ 'ɕɛnstə‚man]

douaneaangifte (de)	tulldeklaration (en)	['tulʲ‚dɛklʲara'ɧʊn]
invullen (douaneaangifte ~)	att fylla i	[at 'fylʲa 'i]
een douaneaangifte invullen	att fylla i en tulldeklaration	[at 'fylʲa i en 'tulʲ‚dɛklʲara'ɧʊn]
paspoortcontrole (de)	passkontroll (en)	['paskɔn‚trolʲ]

bagage (de)	bagage (ett)	[ba'ga:ʃ]
handbagage (de)	handbagage (ett)	['hand ba‚ga:ʃ]
bagagekarretje (het)	bagagevagn (en)	[ba'ga:ʃ ‚vagn]

landing (de)	landning (en)	['lʲandniŋ]
landingsbaan (de)	landningsbana (en)	['lʲandniŋs‚bana]
landen (ww)	att landa	[at 'lʲanda]
vliegtuigtrap (de)	trappa (en)	['trapa]

inchecken (het)	incheckning (en)	['in‚ɕɛkniŋ]
incheckbalie (de)	incheckningsdisk (en)	['in‚ɕɛkniŋs 'disk]
inchecken (ww)	att checka in	[at 'ɕɛka in]
instapkaart (de)	boardingkort (ett)	['bɔ:dɪŋ‚kɔ:t]
gate (de)	gate (en)	['gejt]

transit (de)	transit (en)	['transit]
wachten (ww)	att vänta	[at 'vɛnta]
wachtzaal (de)	väntsal (en)	['vɛnt‚salʲ]
begeleiden (uitwuiven)	att vinka av	[at 'viŋka av]
afscheid nemen (ww)	att säga adjö	[at 'sɛ:ja a'jø:]

173. Fiets. Motorfiets

fiets (de)	cykel (en)	['sykəlʲ]
bromfiets (de)	scooter (en)	['sku:tər]
motorfiets (de)	motorcykel (en)	['mʊtʊr‚sykəlʲ]

met de fiets rijden	att cykla	[at 'sʏklʲa]
stuur (het)	styre (ett)	['styrə]
pedaal (de/het)	pedal (en)	[pe'dalʲ]
remmen (mv.)	bromsar (pl)	['brɔmsar]
fietszadel (de/het)	sadel (en)	['sadəlʲ]

pomp (de)	pump (en)	['pump]
bagagedrager (de)	bagagehållare (en)	[ba'ga:ʃ ‚ho:lʲarə]
fietslicht (het)	lykta (en)	['lʲykta]
helm (de)	hjälm (en)	['jɛlʲm]

wiel (het)	hjul (ett)	['jɵ:lʲ]
spatbord (het)	stänskärm (en)	['stɛŋk‚ɧæ:rm]
velg (de)	fälg (en)	['fɛlj]
spaak (de)	eker (en)	['ɛkər]

Auto's

174. Soorten auto's

auto (de)	bil (en)	['bilʲ]
sportauto (de)	sportbil (en)	['spɔːtˌbilʲ]
limousine (de)	limousine (en)	[limu'siːn]
terreinwagen (de)	terrängbil (en)	[tɛ'rɛŋˌbilʲ]
cabriolet (de)	cabriolet (en)	[kabrio'lʲeː]
minibus (de)	minibuss (en)	['miniˌbus]
ambulance (de)	ambulans (en)	[ambʉ'lʲans]
sneeuwruimer (de)	snöplog (en)	['snøːˌplʲʊg]
vrachtwagen (de)	lastbil (en)	['lʲastˌbilʲ]
tankwagen (de)	tankbil (en)	['taŋkˌbilʲ]
bestelwagen (de)	skåpbil (en)	['skoːpˌbilʲ]
trekker (de)	dragbil (en)	['dragˌbilʲ]
aanhangwagen (de)	släpvagn (en)	['slʲɛpˌvagn]
comfortabel (bn)	komfortabel	[kɔmfo'tabəlʲ]
tweedehands (bn)	begagnad	[be'gagnad]

175. Auto's. Carrosserie

motorkap (de)	motorhuv (en)	['mʊtʊr hʉːv]
spatbord (het)	stänkskärm (en)	['stɛŋkˌɧæːrm]
dak (het)	tak (ett)	['tak]
voorruit (de)	vindruta (en)	['vindˌrʉta]
achterruit (de)	backspegel (en)	['bakˌspegəlʲ]
ruitensproeier (de)	vindrutespolar (en)	['vindrʉtəˌspʊlʲar]
wisserbladen (mv.)	vindrutetorkare (en)	['vindrʉtəˌtorkarə]
zijruit (de)	sidoruta (en)	['sidʊˌrʉːta]
raamlift (de)	fönsterhiss (en)	['fœnstərˌhis]
antenne (de)	antenn (en)	[an'tɛn]
zonnedak (het)	taklucka (en), soltak (ett)	['takˌlʉka], ['solʲˌtak]
bumper (de)	stötfångare (en)	['støːtˌfɔŋarə]
koffer (de)	bagageutrymme (ett)	[ba'gaːʃ 'ʉtˌrʏmə]
imperiaal (de/het)	takräcke (ett)	['takˌrɛkə]
portier (het)	dörr (en)	['dœr]
handvat (het)	dörrhandtag (ett)	['dœrˌhantag]
slot (het)	dörrlås (ett)	['dœrˌlʲoːs]
nummerplaat (de)	nummerplåt (en)	['numərˌplʲoːt]
knalpot (de)	ljuddämpare (en)	['jʉːdˌdɛmparə]

benzinetank (de)	bensintank (en)	[bɛn'sin͵taŋk]
uitlaatpijp (de)	avgasrör (ett)	['avgas͵rø:r]

gas (het)	gas (en)	['gas]
pedaal (de/het)	pedal (en)	[pe'dalʲ]
gaspedaal (de/het)	gaspedal (en)	['gas pe'dalʲ]

rem (de)	broms (en)	['brɔms]
rempedaal (de/het)	bromspedal (en)	['brɔms pe'dalʲ]
remmen (ww)	att bromsa	[at 'brɔmsa]
handrem (de)	handbroms (en)	['hand͵brɔms]

koppeling (de)	koppling (en)	['kopliŋ]
koppelingspedaal (de/het)	kopplingspedal (en)	['kopliŋs pe'dalʲ]
koppelingsschijf (de)	kopplingslamell (en)	['kopliŋs la'mɛlʲ]
schokdemper (de)	stötdämpare (en)	['stø:t͵dɛmparə]

wiel (het)	hjul (ett)	['jʉːlʲ]
reservewiel (het)	reservhjul (ett)	[re'sɛrv͵jʉːlʲ]
band (de)	däck (ett)	['dɛk]
wieldop (de)	navkapsel (en)	['nav͵kapsəlʲ]

aandrijfwielen (mv.)	drivhjul (pl)	['driv͵jʉːlʲ]
met voorwielaandrijving	framhjulsdriven	['framjʉːlʲs͵drivən]
met achterwielaandrijving	bakhjulsdriven	['bakjʉːlʲs͵drivən]
met vierwielaandrijving	fyrahjulsdriven	['fyrajʉːlʲs͵drivən]

versnellingsbak (de)	växellåda (en)	['vɛksəl͵lʲoːda]
automatisch (bn)	automatisk	[autʊ'matisk]
mechanisch (bn)	mekanisk	[me'kanisk]
versnellingspook (de)	växelspak (en)	['vɛksəlʲ͵spak]

voorlicht (het)	strålkastare (en)	['stroːlʲ͵kastarə]
voorlichten (mv.)	strålkastare (pl)	['stroːlʲ͵kastarə]

dimlicht (het)	halvljus (ett)	[halʲvjʉːs]
grootlicht (het)	helljus (ett)	['hɛlʲ:jʉːs]
stoplicht (het)	stoppljus (ett)	['stopjʉːs]

standlichten (mv.)	positionsljus (ett)	[pʊsi'ŋʊnsjʉːs]
noodverlichting (de)	nödljus (ett)	['nø:djʉːs]
mistlichten (mv.)	dimlykta (en)	['dim͵lʲykta]
pinker (de)	blinker (en)	['bliŋkər]
achteruitrijdlicht (het)	backljus (ett)	['bakjʉːs]

176. Auto's. Passagiersruimte

interieur (het)	interiör, inredning (en)	[intɛ'rjø:r], ['in͵redniŋ]
leren (van leer gemaak)	läder-	['lʲɛ:dər-]
fluwelen (abn)	velour-	[ve'lʉːr-]
bekleding (de)	klädsel (en)	['klʲɛdsəlʲ]

toestel (het)	instrument (ett)	[instru'mɛnt]
instrumentenbord (het)	instrumentpanel (en)	[instru'mɛnt pa'nəlʲ]

snelheidsmeter (de)	hastighetsmätare (en)	['hastighets,mɛ:tarə]
pijltje (het)	visare (en)	['visarə]

kilometerteller (de)	vägmätare (en)	['vɛ:g,mɛ:tarə]
sensor (de)	indikator (en)	[indi'katʊr]
niveau (het)	nivå (en)	[ni'vo:]
controlelampje (het)	varningslampa (en)	['va:ŋɲs ,lʲampa]

stuur (het)	ratt (en)	['rat]
toeter (de)	horn (ett)	['hʊ:ɳ]
knopje (het)	knapp (en)	['knap]
schakelaar (de)	omskiftare (en)	['ɔm,fiftarə]

stoel (bestuurders~)	säte (ett)	['sɛtə]
rugleuning (de)	ryggstöd (ett)	['rʏg,stø:d]
hoofdsteun (de)	nackstöd (ett)	['nak,stø:d]
veiligheidsgordel (de)	säkerhetsbälte (ett)	['sɛ:kərhets,bɛlʲtə]
de gordel aandoen	att sätta fast säkerhetsbältet	[at 'sæta fast 'sɛkərhets,bɛlʲtət]
regeling (de)	justering (en)	[fju'ste:riŋ]

airbag (de)	krockkudde (en)	['krɔk,kudə]
airconditioner (de)	luftkonditionerare (en)	['lʉft,kɔndifjʊ'nerarə]

radio (de)	radio (en)	['radiʊ]
CD-speler (de)	cd-spelare (en)	['sede ,spelʲarə]
aanzetten (bijv. radio ~)	att slå på	[at 'slʲo: pɔ]
antenne (de)	antenn (en)	[an'tɛn]
handschoenenkastje (het)	handskfack (ett)	['hansk,fak]
asbak (de)	askkopp (en)	['askop]

177. Auto's. Motor

motor (de)	motor (en)	['mʊtʊr]
diesel- (abn)	diesel-	['disəlʲ-]
benzine- (~motor)	bensin-	[bɛn'sin-]

motorinhoud (de)	motorvolym (en)	['mʊtʊr vɔ'lʲym]
vermogen (het)	styrka (en)	['styrka]
paardenkracht (de)	hästkraft (en)	['hɛst,kraft]
zuiger (de)	kolv (en)	['kɔlʲv]
cilinder (de)	cylinder (en)	[sy'lindər]
klep (de)	ventil (en)	[vɛn'tilʲ]

injectie (de)	injektor (en)	[in'jɛktʊr]
generator (de)	generator (en)	[jene'ratʊr]
carburator (de)	förgasare (en)	[før'gasarə]
motorolie (de)	motorolja (en)	['mʊtʊr,ɔlja]

radiator (de)	kylare (en)	['ɕylʲarə]
koelvloeistof (de)	kylvätska (en)	['ɕylʲ,vɛtska]
ventilator (de)	fläkt (en)	['flʲɛkt]
accu (de)	batteri (ett)	[batɛ'ri:]
starter (de)	starter, startmotor (en)	[sta:tə], ['sta:t,mʊtʊr]

| contact (ontsteking) | tändning (en) | ['tɛndnɪŋ] |
| bougie (de) | tändstift (ett) | ['tɛnd͵stɪft] |

pool (de)	klämma (en)	['klʲɛma]
positieve pool (de)	plusklämma (en)	['plʉs͵klʲɛma]
negatieve pool (de)	minusklämma (en)	['mɪnus͵klʲɛma]
zekering (de)	säkring (en)	['sɛkrɪŋ]

luchtfilter (de)	luftfilter (ett)	['lʉft͵filʲtər]
oliefilter (de)	oljefilter (ett)	['ɔljə͵filʲtər]
benzinefilter (de)	bränslefilter (ett)	['brɛnslʲe͵filʲtər]

178. Auto's. Botsing. Reparatie

auto-ongeval (het)	bilolycka (en)	['bilʲ ʉːˈlʲyka]
verkeersongeluk (het)	trafikolycka (en)	[traˈfik ʉːˈlʲyka]
aanrijden	att köra in i …	[at ˈɕøːra in i …]
(tegen een boom, enz.)		

verongelukken (ww)	att haverera	[at haveˈrera]
beschadiging (de)	skada (en)	['skada]
heelhuids (bn)	oskadad	[ʉːˈskadad]

pech (de)	haveri (ett)	[haveˈriː]
kapot gaan (zijn gebroken)	att bryta ihop	[at ˈbryta iˈhʉp]
sleeptouw (het)	bogserlina (en)	['bʉksɛːr͵lina]

lek (het)	punktering (en)	[puŋkˈterɪŋ]
lekke krijgen (band)	att vara punkterat	[at ˈvara puŋkˈterat]
oppompen (ww)	att pumpa upp	[at ˈpumpa up]
druk (de)	tryck (ett)	['trɤk]
checken (controleren)	att checka	[at ˈɕɛka]

reparatie (de)	reparation (en)	[reparaˈʃʉn]
garage (de)	bilverkstad (en)	['bilʲˈvɛrk͵stad]
wisselstuk (het)	reservdel (en)	[reˈsɛrv͵delʲ]
onderdeel (het)	del (en)	['delʲ]

bout (de)	bult (en)	['bulʲt]
schroef (de)	skruv (en)	['skrʉːv]
moer (de)	mutter (en)	['mutər]
sluitring (de)	bricka (en)	['brika]
kogellager (de/het)	lager (ett)	['lʲagər]

pijp (de)	rör (ett)	['røːr]
pakking (de)	tätning (en)	['tɛtnɪŋ]
kabel (de)	ledning (en)	['lʲednɪŋ]

dommekracht (de)	domkraft (en)	['dʉm͵kraft]
moersleutel (de)	skruvnyckel (en)	['skrʉːv͵nɤkəlʲ]
hamer (de)	hammare (en)	['hamarə]
pomp (de)	pump (en)	['pump]
schroevendraaier (de)	skruvmejsel (en)	['skrʉːv͵mɛjsəlʲ]
brandblusser (de)	brandsläckare (en)	['brand͵slʲɛkarə]
gevarendriehoek (de)	varningstriangel (en)	['vaːrɪŋs triˈaŋəlʲ]

afslaan	att stanna	[at 'stana]
(ophouden te werken)		
uitvallen (het)	tjuvstopp (ett)	['ɕʉvstɔp]
zijn gebroken	att vara trasig	[at 'vara ˌtrasig]

oververhitten (ww)	att bli överhettad	[at bli 'øvəˌhɛtad]
verstopt raken (ww)	att bli igensatt	[at bli 'ijɛnsat]
bevriezen (autodeur, enz.)	att frysa	[at 'frysa]
barsten (leidingen, enz.)	att spricka, att brista	[at 'sprika], [at 'brista]

druk (de)	tryck (ett)	['trʏk]
niveau (bijv. olieniveau)	nivå (en)	[ni'vo:]
slap (de drijfriem is ~)	slak	['slʲak]

deuk (de)	buckla (en)	['buklʲa]
geklop (vreemde geluiden)	knackande ljud (ett)	['knakandəjʉ:d]
barst (de)	spricka (en)	['sprika]
kras (de)	repa, skråma (en)	['repa], ['skroma]

179. Auto's. Weg

weg (de)	väg (en)	['vɛ:g]
snelweg (de)	huvudväg (en)	['hʉːvʉdˌvɛ:g]
autoweg (de)	motorväg (en)	['mʊtʊrˌvɛ:g]
richting (de)	riktning (en)	['riktniŋ]
afstand (de)	avstånd (ett)	['avˌstɔnd]

brug (de)	bro (en)	['brʊ]
parking (de)	parkeringsplats (en)	[par'keriŋsˌplʲats]
plein (het)	torg (ett)	['tɔrj]
verkeersknooppunt (het)	trafikplats,	[tra'fikˌplʲats],
	vägkorsning (en)	['vɛ:gˌkɔːʂniŋ]
tunnel (de)	tunnel (en)	['tunəlʲ]

benzinestation (het)	bensinstation (en)	[bɛn'sinˌsta'fʊn]
parking (de)	parkeringsplats (en)	[par'keriŋsˌplʲats]
benzinepomp (de)	bensinpump (en)	[bɛn'sinˌpump]
garage (de)	bilverkstad (en)	['bilʲvɛrkˌstad]
tanken (ww)	att tanka	[at 'taŋka]
brandstof (de)	bränsle (ett)	['brɛnslʲe]
jerrycan (de)	dunk (en)	['du:ŋk]

asfalt (het)	asfalt (en)	['asfalʲt]
markering (de)	vägmarkering (en)	['vɛːgˌmar'keriŋ]
trottoirband (de)	trottoarkant (en)	[trɔtʊ'arˌkant]
geleiderail (de)	vägräcke (ett)	['vɛːgˌrɛkə]
greppel (de)	vägdike (ett)	['vɛːgˌdikə]
vluchtstrook (de)	vägkant (en)	['vɛːgˌkant]
lichtmast (de)	lyktstolpe (en)	['lʲykˌstɔlʲpə]

besturen (een auto ~)	att köra	[at 'ɕøːra]
afslaan (naar rechts ~)	att svänga	[at 'svɛŋa]
U-bocht maken (ww)	att göra en u-sväng	[at 'jøːra ən 'ʉːˌsvɛŋ]
achteruit (de)	backning (en)	['bakniŋ]

toeteren (ww)	att tuta	[at 'tʉːta]
toeter (de)	tuta (en)	['tʉːta]
vastzitten (in modder)	att köra fast	[at 'çøːra fast]
spinnen (wielen gaan ~)	att spinna	[at 'spina]
uitzetten (ww)	att stanna	[at 'stana]

snelheid (de)	hastighet (en)	['hastiɡˌhet]
een snelheidsovertreding	att överstiga	[at 'øːvəˌstiga
maken	hastighetsgränsen	'hastigheʦˌɡrɛnsən]
bekeuren (ww)	att bötfälla	[at 'bøtˌfɛlʲa]
verkeerslicht (het)	trafikljus (ett)	[tra'fikˌjʉːs]
rijbewijs (het)	körkort (ett)	['çøːrˌkɔːt]

overgang (de)	överkörsväg (en)	['øːvəˌçøːːsvɛːg]
kruispunt (het)	korsning (en)	['kɔːʂniŋ]
zebrapad (oversteekplaats)	övergångsställe (ett)	['øːvərɡɔŋsˌstɛlʲe]
bocht (de)	kurva, krök (en)	['kurva], ['krøːk]
voetgangerszone (de)	gånggata (en)	['ɡɔŋˌgata]

180. Verkeersborden

verkeersregels (mv.)	trafiklag (en)	[tra'fikˌlag]
verkeersbord (het)	vägmärke (ett)	['vɛːgˌmæːrkə]
inhalen (het)	omkörning (en)	['ɔmˌçøːːŋiŋ]
bocht (de)	krök, kurva (en)	['krøːk], ['kurva]
U-bocht, kering (de)	U-sväng (en)	['ʉːˌsvɛŋ]
Rotonde (de)	rondell (en)	['runˌdɛlʲ]

Verboden richting	Förbud mot infart	[før'bjʉːd mʉt 'infaːt
	med fordon	mɛ 'fʉːdɔn]
Verboden toegang	förbud mot fordonstrafik	[før'bjʉːd mʉt 'fʉːdɔns tra'fik]
Inhalen verboden	Förbud mot omkörning	[før'bjʉːd mʉt 'ɔmˌçøːːŋiŋ]
Parkeerverbod	Förbud mot	[før'bjʉːd mʉt
	att parkera fordon	at par'kera 'fʉːdɔn]
Verbod stil te staan	Förbud att stanna	[før'bjʉːd at 'stana
	och parkera fordon	ɔ par'kera 'fʉːdɔn]

Gevaarlijke bocht	Farlig kurva	['faːlʲig ˌkurva]
Gevaarlijke daling	Nedförslutning	['nɛdførˌslʉːtniŋ]
Eenrichtingsweg	Enkelriktad trafik	['ɛŋkəlʲˌriktad tra'fik]
Voetgangers	övergångsställe (ett)	['øːvərɡɔŋsˌstɛlʲe]
Slipgevaar	Slirig väg	['slirig vɛːg]
Voorrang verlenen	Väjningsplikt	['vɛjniŋsˌplikt]

MENSEN. GEBEURTENISSEN IN HET LEVEN

Gebeurtenissen in het leven

181. Vakanties. Evenement

feest (het)	fest (en)	['fɛst]
nationale feestdag (de)	nationaldag (en)	[natʃʊ'nalʲˌdag]
feestdag (de)	helgdag (en)	['hɛljˌdag]
herdenken (ww)	att fira	[at 'fira]
gebeurtenis (de)	begivenhet (en)	[be'jivənˌhet]
evenement (het)	evenemang (ett)	[ɛvenə'maŋ]
banket (het)	bankett (en)	[baŋ'ket]
receptie (de)	reception (en)	[resɛp'ʃʊn]
feestmaal (het)	fest (en)	['fɛst]
verjaardag (de)	årsdag (en)	['oːsˌdag]
jubileum (het)	jubileum (ett)	[jʉbi'lʲeum]
vieren (ww)	att fira	[at 'fira]
Nieuwjaar (het)	nyår (ett)	['nyˌoːr]
Gelukkig Nieuwjaar!	Gott Nytt År!	[gɔt nʏt 'oːr]
Sinterklaas (de)	Jultomten	['julʲˌtɔmtən]
Kerstfeest (het)	jul (en)	['juːlʲ]
Vrolijk kerstfeest!	God jul!	[ˌgʊd 'juːlʲ]
kerstboom (de)	julgran (en)	['julʲˌgran]
vuurwerk (het)	fyrverkeri (ett)	[fyrvɛrke'riː]
bruiloft (de)	bröllop (ett)	['brœlʲɔp]
bruidegom (de)	brudgum (en)	['brʉːdˌguːm]
bruid (de)	brud (en)	['brʉːd]
uitnodigen (ww)	att inbjuda, att invitera	[at in'bjʉːda], [at invi'tera]
uitnodiging (de)	inbjudan (en)	[in'bjʉːdan]
gast (de)	gäst (en)	['jɛst]
op bezoek gaan	att besöka	[at be'søːka]
gasten verwelkomen	att hälsa på gästerna	[at 'hɛlʲsa pɔ 'jɛsteŋa]
geschenk, cadeau (het)	gåva, present (en)	['goːva], [pre'sɛnt]
geven (iets cadeau ~)	att ge	[at jeː]
geschenken ontvangen	att få presenter	[at foː pre'sɛntər]
boeket (het)	bukett (en)	[bʉ'kɛt]
felicitaties (mv.)	lyckönskning (en)	['lʲykˌønskniŋ]
feliciteren (ww)	att gratulera	[at gratʉ'lʲera]
wenskaart (de)	gratulationskort (ett)	[gratʉlʲa'ʃʉnsˌkoːt]

| een kaartje versturen | att skicka vykort | [at 'ɧika 'vy̧ˌkɔ:t̪] |
| een kaartje ontvangen | att få vykort | [at fo: 'vy̧ˌkɔ:t̪] |

toast (de)	skål (en)	['sko:lʲ]
aanbieden (een drankje ~)	att bjuda	[at 'bjʉ:da]
champagne (de)	champagne (en)	[ɧam'panʲ]

plezier hebben (ww)	att ha roligt	[at ha 'rʊlit]
plezier (het)	uppsluppenhet (en)	['upˌslupənhet]
vreugde (de)	glädje (en)	['glʲɛdjə]

| dans (de) | dans (en) | ['dans] |
| dansen (ww) | att dansa | [at 'dansa] |

| wals (de) | vals (en) | ['valʲs] |
| tango (de) | tango (en) | ['taŋgɔ] |

182. Begrafenissen. Begrafenis

kerkhof (het)	kyrkogård (en)	['ɕyrkʊˌgo:d̪]
graf (het)	grav (en)	['grav]
kruis (het)	kors (ett)	['kɔ:ş]
grafsteen (de)	gravsten (en)	['gravˌsten]
omheining (de)	stängsel (ett)	['stɛŋsəlʲ]
kapel (de)	kapell (ett)	[ka'pɛlʲ]

dood (de)	död (en)	['dø:d]
sterven (ww)	att dö	[at 'dø:]
overledene (de)	den avlidne	[dɛn 'avˌlidnə]
rouw (de)	sorg (en)	['sɔrj]

begraven (ww)	att begrava	[at be'grava]
begrafenisonderneming (de)	begravningsbyrå (en)	[be'gravniŋsˌbyro:]
begrafenis (de)	begravning (en)	[be'gravniŋ]

krans (de)	krans (en)	['krans]
doodskist (de)	likkista (en)	['likˌɕista]
lijkwagen (de)	likvagn (en)	['likˌvagn]
lijkkleed (de)	liksvepning (en)	['likˌsvɛpniŋ]

begrafenisstoet (de)	begravningståg (ett)	[be'gravniŋsˌto:g]
urn (de)	gravurna (en)	['gravˌu:ŋa]
crematorium (het)	krematorium (ett)	[krema'tɔrium]

overlijdensbericht (het)	nekrolog (en)	[nɛkrʊ'lʲɔg]
huilen (wenen)	att gråta	[at 'gro:ta]
snikken (huilen)	att snyfta	[at 'snʏfta]

183. Oorlog. Soldaten

| peloton (het) | pluton (en) | [plʉ'tʊn] |
| compagnie (de) | kompani (ett) | [kɔmpa'ni:] |

regiment (het)	regemente (ett)	[rege'mɛntə]
leger (armee)	här, armé (en)	['hæ:r], [ar'me:]
divisie (de)	division (en)	[divi'ʃʊn]

sectie (de)	trupp (en)	['trup]
troep (de)	här (en)	['hæ:r]

soldaat (militair)	soldat (en)	[sʊlʲ'dat]
officier (de)	officer (en)	[ɔfi'se:r]

soldaat (rang)	menig (en)	['menig]
sergeant (de)	sergeant (en)	[sɛr'ʃant]
luitenant (de)	löjtnant (en)	['lʲœjt,nant]

kapitein (de)	kapten (en)	[kap'ten]
majoor (de)	major (en)	[ma'jʊ:r]
kolonel (de)	överste (en)	['ø:vəʂtə]
generaal (de)	general (en)	[jene'ralʲ]

matroos (de)	sjöman (en)	['ʃø:,man]
kapitein (de)	kapten (en)	[kap'ten]
bootsman (de)	båtsman (en)	['bɔtsman]

artillerist (de)	artillerist (en)	[a:ʈilʲe'rist]
valschermjager (de)	fallskärmsjägare (en)	['falʲʃæːrms ,jɛ:garə]
piloot (de)	flygare (en)	['flʲygarə]
stuurman (de)	styrman (en)	['styr,man]
mecanicien (de)	mekaniker (en)	[me'kanikər]

sappeur (de)	pionjär (en)	[piʊ'njæ:r]
parachutist (de)	fallskärmshoppare (en)	['falʲʃæːrms ,hɔparə]
verkenner (de)	spaningssoldat (en)	['spaniŋs sʊlʲ'dat]
scherpschutter (de)	prickskytt (en)	['prik,ʃʏt]

patrouille (de)	patrull (en)	[pat'rulʲ]
patrouilleren (ww)	att patrullera	[at patru'lʲera]
wacht (de)	vakt (en)	['vakt]

krijger (de)	krigare (en)	['krigarə]
held (de)	hjälte (en)	['jɛlʲtə]
heldin (de)	hjältinna (en)	['jɛlʲ,tina]
patriot (de)	patriot (en)	[patri'ʊt]

verrader (de)	förrädare (en)	[fœ:'rɛ:darə]
verraden (ww)	att förråda	[at fœ:'ro:da]

deserteur (de)	desertör (en)	[desɛ:'ʈø:r]
deserteren (ww)	att desertera	[at desɛ:'ʈera]

huurling (de)	legosoldat (en)	['lʲegʊ,sʊlʲ'dat]
rekruut (de)	rekryt (en)	[rɛk'ryt]
vrijwilliger (de)	frivillig (en)	['fri,vilig]

gedode (de)	döda (en)	['dø:da]
gewonde (de)	sårad (en)	['so:rad]
krijgsgevangene (de)	fånge (en)	['fɔŋə]

184. Oorlog. Militaire acties. Deel 1

oorlog (de)	krig (ett)	['krig]
oorlog voeren (ww)	att vara i krig	[at 'vara i ˌkrig]
burgeroorlog (de)	inbördeskrig (ett)	['inbøːˌdɛsˌkrig]
achterbaks (bw)	lömsk, förrädisk	['lʲømsk], [fœːˈrɛdisk]
oorlogsverklaring (de)	krigsförklaring (en)	['krigsˌførˈklʲariŋ]
verklaren (de oorlog ~)	att förklara	[at førˈklʲara]
agressie (de)	aggression (en)	[agrɛˈʃʊn]
aanvallen (binnenvallen)	att angripa	[at 'anˌgripa]
binnenvallen (ww)	att invadera	[at invaˈdera]
invaller (de)	angripare (en)	['anˌgripara]
veroveraar (de)	erövrare (en)	[ɛˈrœvrara]
verdediging (de)	försvar (ett)	[fœːˈʂvar]
verdedigen (je land ~)	att försvara	[at fœːˈʂvara]
zich verdedigen (ww)	att försvara sig	[at fœːˈʂvara sɛj]
vijand (de)	fiende (en)	['fjɛndə]
tegenstander (de)	motståndare (en)	['mʊtˌstɔndara]
vijandelijk (bn)	fientlig	['fjɛntlig]
strategie (de)	strategi (en)	[strateˈfjiː]
tactiek (de)	taktik (en)	[takˈtik]
order (de)	order (en)	['ɔːdər]
bevel (het)	order, kommando (en)	['ɔːdər], [kɔmˈmandʊ]
bevelen (ww)	att beordra	[at beˈoːdra]
opdracht (de)	uppdrag (ett)	['updrag]
geheim (bn)	hemlig	['hɛmlig]
slag (de)	batalj (en)	[baˈtalʲ]
veldslag (de)	slag (ett)	['slʲag]
strijd (de)	kamp (en)	['kamp]
aanval (de)	angrepp (ett)	['anˌgrɛp]
bestorming (de)	stormning (en)	['stɔrmniŋ]
bestormen (ww)	att storma	[at 'stɔrma]
bezetting (de)	belägring (en)	[beˈlʲɛgriŋ]
aanval (de)	offensiv (en)	['ɔfɛnˌsiːv]
in het offensief te gaan	att angripa	[at 'anˌgripa]
terugtrekking (de)	reträtt (en)	[rɛˈtræt]
zich terugtrekken (ww)	att retirera	[at retiˈrera]
omsingeling (de)	omringning (en)	['ɔmˌriŋniŋ]
omsingelen (ww)	att omringa	[at 'ɔmˌriŋa]
bombardement (het)	bombning (en)	['bɔmbniŋ]
een bom gooien	att släppa en bomb	[at 'slʲepa en bɔmb]
bombarderen (ww)	att bombardera	[at bɔmbaˈdera]
ontploffing (de)	explosion (en)	[ɛksplʲɔˈʃʊn]

schot (het)	skott (ett)	['skɔt]
een schot lossen	att skjuta	[at 'ɧʉːta]
schieten (het)	skjutande (ett)	['ɧʉːtandə]

mikken op (ww)	att sikta på ...	[at 'sikta pɔ ...]
aanleggen (een wapen ~)	att rikta	[at 'rikta]
treffen (doelwit ~)	att träffa	[at 'trɛfa]

zinken (tot zinken brengen)	att sänka	[at 'sɛŋka]
kogelgat (het)	hål (ett)	['hoːlʲ]
zinken (gezonken zijn)	att sjunka	[at 'ɧuŋka]

front (het)	front (en)	['frɔnt]
evacuatie (de)	evakuering (en)	[ɛvakʉ'eːriŋ]
evacueren (ww)	att evakuera	[at ɛvakʉ'eːra]

loopgraaf (de)	skyttegrav (en)	['ɧʏtə,grav]
prikkeldraad (de)	taggtråd (en)	['tag,troːd]
verdedigingsobstakel (het)	avspärning (en)	['av,spɛrniŋ]
wachttoren (de)	vakttorn (ett)	['vakt,tʉːn]

hospitaal (het)	militärsjukhus (ett)	[mili'tæːrs,hʉs]
verwonden (ww)	att såra	[at 'soːra]
wond (de)	sår (ett)	['soːr]
gewonde (de)	sårad (en)	['soːrad]
gewond raken (ww)	att bli sårad	[at bli 'soːrad]
ernstig (~e wond)	allvarlig	[alʲ'vaːlʲig]

185. Oorlog. Militaire acties. Deel 2

krijgsgevangenschap (de)	fångenskap (en)	['fɔŋən,skap]
krijgsgevangen nemen	att tillfångata	[at tilʲ'fɔŋata]
krijgsgevangene zijn	att vara i fångenskap	[at 'vara i 'fɔŋən,skap]
krijgsgevangen genomen worden	att bli tagen till fånga	[at bli 'tagən tilʲ 'fɔŋa]

concentratiekamp (het)	koncentrationsläger (ett)	[kɔnsentra'ɧʉns,lʲeːgər]
krijgsgevangene (de)	fånge (en)	['fɔŋə]
vluchten (ww)	att fly	[at flʲy]

verraden (ww)	att förråda	[at fœː'roːda]
verrader (de)	förrädare (en)	[fœː'rɛːdarə]
verraad (het)	förräderi (ett)	[fœːrɛːde'riː]

| fusilleren (executeren) | att arkebusera | [at 'arkebʉ,sera] |
| executie (de) | arkebusering (en) | ['arkebʉ,seriŋ] |

uitrusting (de)	mundering (en)	[mun'deriŋ]
schouderstuk (het)	axelklaff (en)	['aksɛlʲ,klʲaf]
gasmasker (het)	gasmask (en)	['gas,mask]

portofoon (de)	fältradio (en)	['fɛlt,radiʉ]
geheime code (de)	chiffer (ett)	['ɧifər]
samenzwering (de)	sekretess (en)	[sɛkre'tɛs]

wachtwoord (het)	lösenord (ett)	['lʲøːsənˌʊːd̪]
mijn (landmijn)	mina (en)	['mina]
ondermijnen (legden mijnen)	att minera	[at mi'nera]
mijnenveld (het)	minfält (ett)	['minˌfɛlʲt]
luchtalarm (het)	flyglarm (ett)	['flygˌlʲarm]
alarm (het)	alarm (ett)	[a'lʲarm]
signaal (het)	signal (en)	[sig'nalʲ]
vuurpijl (de)	signalraket (en)	[sig'nalʲˌraket]

staf (generale ~)	stab (en)	['stab]
verkenningstocht (de)	spaning (en)	['spaniŋ]
toestand (de)	situation (en)	[sitɯa'ɧʊn]
rapport (het)	rapport (en)	[ra'pɔːt̪]
hinderlaag (de)	bakhåll (ett)	['bakˌhoːlʲ]
versterking (de)	förstärkning (en)	[fœː'ʂtæːkniŋ]

doel (bewegend ~)	mål (ett)	['moːlʲ]
proefterrein (het)	skjutbana (en)	['ɧɯːtˌbana]
manoeuvres (mv.)	manövrar (pl)	[ma'nœvrar]

paniek (de)	panik (en)	[pa'nik]
verwoesting (de)	ödeläggelse (en)	['øːdəˌlʲɛgəlʲsə]
verwoestingen (mv.)	ruiner (pl)	[rɯ'iːnər]
verwoesten (ww)	att ödelägga	[at 'ødeˌlʲɛga]

overleven (ww)	att överleva	[at 'øːvəˌlʲeva]
ontwapenen (ww)	att avväpna	[at 'avˌvɛpna]
behandelen (een pistool ~)	att hantera	[at han'tera]

| Geeft acht! | Givakt! | [ji'vakt] |
| Op de plaats rust! | Lystring - STÄLL! Manöver! | ['lʲystriŋ - stɛlʲ], [ma'nøvər] |

heldendaad (de)	bedrift (en)	[be'drift]
eed (de)	ed (en)	['ɛd]
zweren (een eed doen)	att svära	[at 'svæːra]
decoratie (de)	belöning (en)	[be'lʲøːniŋ]
onderscheiden (een ereteken geven)	att belöna	[at be'lʲøːna]
medaille (de)	medalj (en)	[me'dalj]
orde (de)	orden (en)	['ɔːd̪ən]

overwinning (de)	seger (en)	['segər]
verlies (het)	nederlag (ett)	['nedəːˌl̪ag]
wapenstilstand (de)	vapenvila (en)	['vapənˌvilʲa]

wimpel (vaandel)	fana (en)	['fana]
roem (de)	berömmelse (en)	[be'rœməlʲsə]
parade (de)	parad (en)	[pa'rad]
marcheren (ww)	att marschera	[at mar'ʃera]

186. Wapens

| wapens (mv.) | vapen (ett) | ['vapən] |
| vuurwapens (mv.) | skjutvapen (ett) | ['ɧɯːtˌvapən] |

koude wapens (mv.)	blank vapen (ett)	['bl'aŋk 'vapən]
chemische wapens (mv.)	kemiskt vapen (ett)	['çemiskt 'vapən]
kern-, nucleair (bn)	kärn-	['çæ:ŋ-]
kernwapens (mv.)	kärnvapen (ett)	['çæ:ŋˌvapən]

| bom (de) | bomb (en) | ['bɔmb] |
| atoombom (de) | atombomb (en) | [a'tɔmˌbɔmb] |

pistool (het)	pistol (en)	[pi'stɵlʲ]
geweer (het)	gevär (ett)	[je'væ:r]
machinepistool (het)	maskinpistol (en)	[ma'ɧi:n pi'stɵlʲ]
machinegeweer (het)	maskingevär (ett)	[ma'ɧi:n je'væ:r]

loop (schietbuis)	mynning (en)	['mʏniŋ]
loop (bijv. geweer met kortere ~)	lopp (ett)	['lʲɔp]
kaliber (het)	kaliber (en)	[ka'libər]

trekker (de)	avtryckare (en)	['avˌtrʏkarə]
korrel (de)	sikte (ett)	['siktə]
magazijn (het)	magasin (ett)	[maga'sin]
geweerkolf (de)	kolv (en)	['kɔlʲv]

| granaat (handgranaat) | handgranat (en) | ['hand graˌnat] |
| explosieven (mv.) | sprängämne (ett) | ['sprɛŋˌɛmnə] |

kogel (de)	kula (en)	['kɵ:lʲa]
patroon (de)	patron (en)	[pa'trɵn]
lading (de)	laddning (en)	['lʲadniŋ]
ammunitie (de)	ammunition (en)	[amɵni'ɧɵn]

bommenwerper (de)	bombplan (ett)	['bɔmbˌplʲan]
straaljager (de)	jaktplan (ett)	['jaktˌplʲan]
helikopter (de)	helikopter (en)	[heli'kɔptər]

afweergeschut (het)	luftvärnskanon (en)	['lʲʊftvæ:ŋs ka'nʊn]
tank (de)	stridsvagn (en)	['stridsˌvagn]
kanon (tank met een ~ van 76 mm)	kanon (en)	[ka'nʊn]

artillerie (de)	artilleri (ett)	[a:tilʲe'ri:]
kanon (het)	kanon (en)	[ka'nʊn]
aanleggen (een wapen ~)	att rikta in	[at 'rikta in]

projectiel (het)	projektil (en)	[prɵɧek'tilʲ]
mortiergranaat (de)	granat (en)	[gra'nat]
mortier (de)	granatkastare (en)	[gra'natˌkastarə]
granaatscherf (de)	splitter (ett)	['splitər]

duikboot (de)	ubåt (en)	[ɵ:'bo:t]
torpedo (de)	torped (en)	[tɔr'ped]
raket (de)	robot, missil (en)	['rɔbɔt], [mi'silʲ]

laden (geweer, kanon)	att ladda	[at 'lʲada]
schieten (ww)	att skjuta	[at 'ɧɵ:ta]
richten op (mikken)	att sikta på ...	[at 'sikta pɔ ...]

bajonet (de)	bajonett (en)	[baju'nɛt]
degen (de)	värja (en)	['væ:rja]
sabel (de)	sabel (en)	['sabəlʲ]
speer (de)	spjut (ett)	['spjʉ:t]
boog (de)	båge (en)	['bo:gə]
pijl (de)	pil (en)	['pilʲ]
musket (de)	musköt (en)	[mu'skø:t]
kruisboog (de)	armborst (ett)	['arm‚bɔ:ʂt]

187. Oude mensen

primitief (bn)	ur-	['ʉr-]
voorhistorisch (bn)	förhistorisk	['førhi‚stʉrisk]
eeuwenoude (~ beschaving)	forntida, antikens	['fʉ:ɳˌtida], [an'tikəns]
Steentijd (de)	Stenåldern	['sten‚ɔ:lʲdɛ:ɳ]
Bronstijd (de)	bronsålder (en)	['brɔns‚o:lʲdər]
IJstijd (de)	istid (en)	['is‚tid]
stam (de)	stam (en)	['stam]
menseneter (de)	kannibal (en)	[kani'balʲ]
jager (de)	jägare (en)	['jɛ:garə]
jagen (ww)	att jaga	[at 'jaga]
mammoet (de)	mammut (en)	[ma'mut]
grot (de)	grotta (en)	['grɔta]
vuur (het)	eld (en)	['ɛlʲd]
kampvuur (het)	bål (ett)	['bo:lʲ]
rotstekening (de)	hällristning (en)	['hɛlʲˌristniŋ]
werkinstrument (het)	redskap (ett)	['rɛd‚skap]
speer (de)	spjut (ett)	['spjʉ:t]
stenen bijl (de)	stenyxa (en)	['sten‚yksa]
oorlog voeren (ww)	att vara i krig	[at 'vara i ‚krig]
temmen (bijv. wolf ~)	att tämja	[at 'tɛmja]
idool (het)	idol (en)	[i'dɔlʲ]
aanbidden (ww)	att dyrka	[at 'dyrka]
bijgeloof (het)	vidskepelse (en)	['vid‚ɧɛpəlʲsə]
ritueel (het)	ritual (en)	[ritu'alʲ]
evolutie (de)	evolution (en)	[ɛvɔlʉ'ʃʊn]
ontwikkeling (de)	utveckling (en)	['ʉt‚vɛkliŋ]
verdwijning (de)	försvinnande (ett)	[fœ:'ʂvinandə]
zich aanpassen (ww)	att anpassa sig	[at 'an‚pasa sɛj]
archeologie (de)	arkeologi (en)	[‚arkeʉlʲo'gi:]
archeoloog (de)	arkeolog (en)	[‚arkeʉ'lʲɔg]
archeologisch (bn)	arkeologisk	[‚arkeʉ'lʲɔgisk]
opgravingsplaats (de)	utgrävningsplats (en)	['ʉt‚grɛvniŋs 'plʲats]
opgravingen (mv.)	utgrävningar (pl)	['ʉt‚grɛvniŋar]
vondst (de)	fynd (ett)	['fʏnd]
fragment (het)	fragment (ett)	[frag'mɛnt]

188. Middeleeuwen

volk (het)	folk (ett)	['fɔlʲk]
volkeren (mv.)	folk (pl)	['fɔlʲk]
stam (de)	stam (en)	['stam]
stammen (mv.)	stammar (pl)	['stamar]

barbaren (mv.)	barbarer (pl)	[bar'barər]
Galliërs (mv.)	galler (pl)	['galʲer]
Goten (mv.)	goter (pl)	['gutər]
Slaven (mv.)	slavar (pl)	['slʲavar]
Vikings (mv.)	vikingar (pl)	['vikiŋar]

Romeinen (mv.)	romare (pl)	['rumarə]
Romeins (bn)	romersk	['rumɛʂk]

Byzantijnen (mv.)	bysantiner (pl)	[bysan'tinər]
Byzantium (het)	Bysans	['bysans]
Byzantijns (bn)	bysantinsk	[bysan'tinsk]

keizer (bijv. Romeinse ~)	kejsare (en)	['ɕejsarə]
opperhoofd (het)	hövding (en)	['hœvdiŋ]
machtig (bn)	mäktig, kraftfull	['mɛktig], ['kraft,fulʲ]
koning (de)	kung (en)	['kuŋ]
heerser (de)	härskare (en)	['hæːʂkarə]

ridder (de)	riddare (en)	['ridarə]
feodaal (de)	feodalherre (en)	[feʊ'dalʲˌhærə]
feodaal (bn)	feodal-	[feʊ'dalʲ-]
vazal (de)	vasall (en)	[va'salʲ]

hertog (de)	hertig (en)	['hɛːʈig]
graaf (de)	greve (en)	['grevə]
baron (de)	baron (en)	[ba'rʊn]
bisschop (de)	biskop (en)	['biskɔp]

harnas (het)	rustning (en)	['rustniŋ]
schild (het)	sköld (en)	['ɧœlʲd]
zwaard (het)	svärd (ett)	['svæːd]
vizier (het)	visir (ett)	[vi'sir]
maliënkolder (de)	ringbrynja (en)	['riŋˌbrʏnja]

kruistocht (de)	korståg (ett)	['kɔːʂˌtoːg]
kruisvaarder (de)	korsfarare (en)	['kɔːʂˌfararə]

gebied (bijv. bezette ~en)	territorium (ett)	[tɛri'tʊrium]
aanvallen (binnenvallen)	att angripa	[at 'anˌgripa]
veroveren (ww)	att erövra	[at ɛ'rœvra]
innemen (binnenvallen)	att ockupera	[at ɔkʉp'era]

bezetting (de)	belägring (en)	[be'lʲɛgriŋ]
bezet (bn)	belägrad	[be'lʲɛgrad]
belegeren (ww)	att belägra	[at be'lʲɛgra]
inquisitie (de)	inkvisition (en)	[iŋkvisi'ɧʊn]
inquisiteur (de)	inkvisitor (en)	[iŋkvi'sitʊr]

foltering (de)	tortyr (en)	[tɔːˈtyr]
wreed (bn)	brutal	[brʉˈtalʲ]
ketter (de)	kättare (en)	[ˈɕætarə]
ketterij (de)	kätteri (ett)	[ɕæteˈriː]

zeevaart (de)	sjöfart (en)	[ˈɧøːˌfaːt]
piraat (de)	pirat, sjörövare (en)	[piˈrat], [ˈɧøːˌrøːvarə]
piraterij (de)	sjöröveri (ett)	[ˈɧøːˌrøːveˈriː]
enteren (het)	äntring (en)	[ˈɛntriŋ]
buit (de)	byte (ett)	[ˈbytə]
schatten (mv.)	skatter (pl)	[ˈskatər]

ontdekking (de)	upptäckt (en)	[ˈupˌtɛkt]
ontdekken (bijv. nieuw land)	att upptäcka	[at ˈupˌtɛka]
expeditie (de)	expedition (en)	[ɛkspediˈɧʉn]

musketier (de)	musketör (en)	[muskəˈtøːr]
kardinaal (de)	kardinal (en)	[kaːɖiˈnalʲ]
heraldiek (de)	heraldik (en)	[heralʲˈdik]
heraldisch (bn)	heraldisk	[heˈralʲdisk]

189. Leider. Baas. Autoriteiten

koning (de)	kung (en)	[ˈkuŋ]
koningin (de)	drottning (en)	[ˈdrɔtniŋ]
koninklijk (bn)	kunglig	[ˈkuŋlig]
koninkrijk (het)	kungarike (ett)	[ˈkuŋaˌrikə]

| prins (de) | prins (en) | [ˈprins] |
| prinses (de) | prinsessa (en) | [prinˈsɛsa] |

president (de)	president (en)	[prɛsiˈdɛnt]
vicepresident (de)	vicepresident (en)	[ˈvisəˌprɛsiˈdɛnt]
senator (de)	senator (en)	[seˈnatʊr]

monarch (de)	monark (en)	[mʉˈnark]
heerser (de)	härskare (en)	[ˈhæːʂkarə]
dictator (de)	diktator (en)	[dikˈtatʊr]
tiran (de)	tyrann (en)	[tyˈran]
magnaat (de)	magnat (en)	[magˈnat]

directeur (de)	direktör (en)	[dirɛkˈtøːr]
chef (de)	chef (en)	[ˈɧef]
beheerder (de)	föreståndare (en)	[førəˈstɔndarə]
baas (de)	boss (en)	[ˈbɔs]
eigenaar (de)	ägare (en)	[ˈɛːgarə]

leider (de)	ledare (en)	[ˈlʲedarə]
hoofd (bijv. ~ van de delegatie)	ledare (en)	[ˈlʲedarə]
autoriteiten (mv.)	myndigheter (pl)	[ˈmʏndiˌhetər]
superieuren (mv.)	överordnade (pl)	[ˈøːvərˌɔːɖnadə]
gouverneur (de)	guvernör (en)	[gʉvɛːˈnøːr]
consul (de)	konsul (en)	[ˈkɔnsulʲ]

diplomaat (de)	diplomat (en)	[diplˈoˈmat]
burgemeester (de)	borgmästare (en)	[ˈbɔrjˌmɛstarə]
sheriff (de)	sheriff (en)	[ʃeˈrif]

keizer (bijv. Romeinse ~)	kejsare (en)	[ˈɕejsarə]
tsaar (de)	tsar (en)	[ˈtsar]
farao (de)	farao (en)	[ˈfaraʊ]
kan (de)	kan (en)	[ˈkan]

190. Weg. Weg. Routebeschrijving

| weg (de) | väg (en) | [ˈvɛːg] |
| route (de kortste ~) | väg (en) | [ˈvɛːg] |

autoweg (de)	motorväg (en)	[ˈmʊtʊrˌvɛːg]
snelweg (de)	huvudväg (en)	[ˈhʉːvʉdˌvɛːg]
rijksweg (de)	riksväg (en)	[ˈriksˌvɛːg]

| hoofdweg (de) | huvudväg (en) | [ˈhʉːvʉdˌvɛːg] |
| landweg (de) | byväg (en) | [ˈbyˌvɛːg] |

| pad (het) | stig (en) | [ˈstig] |
| paadje (het) | stig (en) | [ˈstig] |

Waar?	Var?	[ˈvar]
Waarheen?	Vart?	[ˈvaːt]
Waaruit?	Varifrån?	[ˈvarifroːn]

| richting (de) | riktning (en) | [ˈriktniŋ] |
| aanwijzen (de weg ~) | att peka | [at ˈpeka] |

naar links (bw)	till vänster	[tilʲ ˈvɛnstər]
naar rechts (bw)	till höger	[tilʲ ˈhøːgər]
rechtdoor (bw)	rakt fram	[ˈrakt fram]
terug (bijv. ~ keren)	tillbaka	[tilʲˈbaka]

bocht (de)	kurva, krök (en)	[ˈkurva], [ˈkrøːk]
afslaan (naar rechts ~)	att svänga	[at ˈsvɛŋa]
U-bocht maken (ww)	att göra en u-sväng	[at ˈjøːra en ˈʉːˌsvɛŋ]

| zichtbaar worden (ww) | att vara synlig | [at ˈvara ˈsynlig] |
| verschijnen (in zicht komen) | att visa sig | [at ˈvisa sɛj] |

stop (korte onderbreking)	uppehåll (ett)	[ˈupəˌhoːlʲ]
zich verpozen (uitrusten)	att vila	[at ˈvilʲa]
rust (de)	vila (en)	[ˈvilʲa]

verdwalen (de weg kwijt zijn)	att gå vilse	[at ˈgoː ˈvilʲsə]
leiden naar ... (de weg)	att leda till ...	[at ˈlʲeda tilʲ ...]
bereiken (ergens aankomen)	att komma ut ...	[at ˈkɔma ʉt ...]
deel (~ van de weg)	sträckning (en)	[ˈstrɛkning]

| asfalt (het) | asfalt (en) | [ˈasfalʲt] |
| trottoirband (de) | trottoarkant (en) | [trɔtʉˈarˌkant] |

greppel (de)	vägdike (ett)	['vɛːgˌdikə]
putdeksel (het)	manlucka (en)	['manˌlɵka]
vluchtstrook (de)	vägkant (en)	['vɛːgˌkant]
kuil (de)	grop (en)	['grɵp]

| gaan (te voet) | att gå | [at 'goː] |
| inhalen (voorbijgaan) | att passera | [at pa'sera] |

| stap (de) | steg, fotsteg (ett) | ['steg], ['fʊtˌsteg] |
| te voet (bw) | till fots | [tilʲ 'fʊts] |

blokkeren (de weg ~)	att spärra	[at 'spɛra]
slagboom (de)	bom (en)	['bʊm]
doodlopende straat (de)	återvändsgränd (en)	['oːtərvɛnsˌgrɛnd]

191. De wet overtreden. Criminelen. Deel 1

bandiet (de)	bandit (en)	[ban'dit]
misdaad (de)	brott (ett)	['brɔt]
misdadiger (de)	förbrytare (en)	[før'brytarə]

dief (de)	tjuv (en)	['ɕɵːv]
stelen (ww)	att stjäla	[at 'ɧɛːlʲa]
stelen (de)	tjuveri (ett)	[ɕɵve'riː]
diefstal (de)	stöld (en)	['stœlʲd]

kidnappen (ww)	att kidnappa	[at 'kidˌnapa]
kidnapping (de)	kidnapping (en)	['kidˌnapiŋ]
kidnapper (de)	kidnappare (en)	['kidˌnaparə]

| losgeld (het) | lösesumma (en) | ['lʲøːsəˌsuma] |
| eisen losgeld (ww) | att kräva lösesumma | [at 'krɛːva 'lʲøːsəˌsuma] |

overvallen (ww)	att råna	[at 'roːna]
overval (de)	rån (ett)	['roːn]
overvaller (de)	rånare (en)	['roːnarə]

afpersen (ww)	att pressa ut	[at 'prɛsa ɵt]
afperser (de)	utpressare (en)	['ɵtˌprɛsarə]
afpersing (de)	utpressning (en)	['ɵtˌprɛsniŋ]

vermoorden (ww)	att mörda	[at 'møːɖa]
moord (de)	mord (ett)	['mʊːɖ]
moordenaar (de)	mördare (en)	['møːɖarə]

schot (het)	skott (ett)	['skɔt]
een schot lossen	att skjuta	[at 'ɧɵːta]
neerschieten (ww)	att skjuta ner	[at 'ɧɵːta ner]
schieten (ww)	att skjuta	[at 'ɧɵːta]
schieten (het)	skjutande (ett)	['ɧɵːtandə]

ongeluk (gevecht, enz.)	händelse (en)	['hɛndəlʲsə]
gevecht (het)	slagsmål (ett)	['slʲaksˌmoːlʲ]
Help!	Hjälp!	['jɛlʲp]

slachtoffer (het)	offer (ett)	['ɔfər]
beschadigen (ww)	att skada	[at 'skada]
schade (de)	skada (en)	['skada]
lijk (het)	lik (ett)	['lik]
zwaar (~ misdrijf)	allvarligt	[alʲ'va:lit]
aanvallen (ww)	att anfalla	[at 'anfalʲa]
slaan (iemand ~)	att slå	[at 'slʲo:]
in elkaar slaan (toetakelen)	att prygla	[at 'prɣglʲa]
ontnemen (beroven)	att beröva	[at be'rø:va]
steken (met een mes)	att skära ihjäl	[at 'ʃæ:ra i'jɛlʲ]
verminken (ww)	att lemlästa	[at 'lemˌlɛsta]
verwonden (ww)	att såra	[at 'so:ra]
chantage (de)	utpressning (en)	['ʉtˌprɛsniŋ]
chanteren (ww)	att utpressa	[at 'ʉtˌprɛsa]
chanteur (de)	utpressare (en)	['ʉtˌprɛsarə]
afpersing (de)	utpressning (en)	['ʉtˌprɛsniŋ]
afperser (de)	utpressare (en)	['ʉtˌprɛsarə]
gangster (de)	gangster (en)	['gaŋstər]
maffia (de)	maffia (en)	['mafia]
kruimeldief (de)	ficktjuv (en)	['fikˌɕʉ:v]
inbreker (de)	inbrottstjuv (en)	['inbrɔtsˌɕʉ:v]
smokkelen (het)	smuggling (en)	['smugliŋ]
smokkelaar (de)	smugglare (en)	['smuglʲarə]
namaak (de)	förfalskning (en)	[førˈfalʲskniŋ]
namaken (ww)	att förfalska	[at førˈfalʲska]
namaak-, vals (bn)	falsk	['falʲsk]

192. De wet overtreden. Criminelen. Deel 2

verkrachting (de)	våldtäkt (en)	['vo:lʲˌtɛkt]
verkrachten (ww)	att våldta	[at 'vo:lʲˌta]
verkrachter (de)	våldtäktsman (en)	['vo:lʲtɛktsˌman]
maniak (de)	maniker (en)	['manikər]
prostituee (de)	prostituerad (en)	[prɔstitʉ'ɛrad]
prostitutie (de)	prostitution (en)	[prɔstitʉ'ɧun]
pooier (de)	hallik (en)	['halik]
drugsverslaafde (de)	narkoman (en)	[narkʉ'man]
drugshandelaar (de)	droglangare (en)	['drugˌlʲaŋarə]
opblazen (ww)	att spränga	[at 'sprɛŋa]
explosie (de)	explosion (en)	[ɛksplʲɔ'ɧun]
in brand steken (ww)	att sätta eld	[at 'sæta ˌɛlʲd]
brandstichter (de)	mordbrännare (en)	['mʉ:dˌbrɛnarə]
terrorisme (het)	terrorism (en)	[tɛrʉ'rism]
terrorist (de)	terrorist (en)	[tɛrʉ'rist]
gijzelaar (de)	gisslan (en)	['jislʲan]

bedriegen (ww)	att bedra	[at be'dra]
bedrog (het)	bedrägeri (en)	[bedrɛːge'riː]
oplichter (de)	bedragare (en)	[be'dragarə]

omkopen (ww)	att muta, att besticka	[at 'muːta], [at be'stika]
omkoperij (de)	muta (en)	['muːta]
smeergeld (het)	muta (en)	['muːta]

vergif (het)	gift (en)	['jift]
vergiftigen (ww)	att förgifta	[at før'jifta]
vergif innemen (ww)	att förgifta sig själv	[at før'jifta sɛj ɧɛlʲv]

zelfmoord (de)	självmord (ett)	['ɧɛlʲvˌmuːd]
zelfmoordenaar (de)	självmördare (en)	['ɧɛlʲvˌmøːdarə]

bedreigen (bijv. met een pistool)	att hota	[at 'huta]
bedreiging (de)	hot (ett)	['hut]
een aanslag plegen	att begå mordförsök	[at be'go 'muːdfœːˌsøːk]
aanslag (de)	mordförsök (ett)	['muːdfœːˌsøːk]

stelen (een auto)	att stjäla	[at 'ɧɛːlʲa]
kapen (een vliegtuig)	att kapa	[at 'kapa]

wraak (de)	hämnd (en)	['hɛmnd]
wreken (ww)	att hämnas	[at 'hɛmnas]

martelen (gevangenen)	att tortera	[at tɔː'tera]
foltering (de)	tortyr (en)	[tɔː'tyr]
folteren (ww)	att plåga	[at 'plʲoːga]

piraat (de)	pirat, sjörövare (en)	[pi'rat], ['ɧøːˌrøːvarə]
straatschender (de)	buse (en)	['buːsə]
gewapend (bn)	beväpnad	[be'vɛpnad]
geweld (het)	våld (ett)	['voːlʲd]
onwettig (strafbaar)	illegal	['ilʲeˌgalʲ]

spionage (de)	spioneri (ett)	[spiune'riː]
spioneren (ww)	att spionera	[at spiu'nera]

193. Politie. Wet. Deel 1

gerecht (het)	rättvisa (en)	['rætˌvisa]
gerechtshof (het)	rättssal (en)	['rætˌsalʲ]

rechter (de)	domare (en)	['dumarə]
jury (de)	jurymedlemmer (pl)	['juriˌmedle'mər]
juryrechtspraak (de)	juryrättegång (en)	['juriˌræte'goŋ]
berechten (ww)	att döma	[at 'døːma]

advocaat (de)	advokat (en)	[advu'kat]
beklaagde (de)	anklagad (en)	['aŋˌklʲagad]
beklaagdenbank (de)	anklagades bänk (en)	['aŋˌklʲagadəs ˌbɛŋk]
beschuldiging (de)	anklagelse (en)	['aŋˌklʲagəlʲsə]

beschuldigde (de)	den anklagade	[dɛn 'aŋˌklʲagadə]
vonnis (het)	dom (en)	['dɔm]
veroordelen	att döma	[at 'dø:ma]
(in een rechtszaak)		

schuldige (de)	skyldig (en)	['ɧylʲdig]
straffen (ww)	att straffa	[at 'strafa]
bestraffing (de)	straff (ett)	['straf]

boete (de)	bot (en)	['bʊt]
levenslange opsluiting (de)	livstids fängelse (ett)	['livstids 'fɛŋəlʲsə]
doodstraf (de)	dödsstraff (ett)	['dø:dˌstraf]
elektrische stoel (de)	elektrisk stol (en)	[ɛ'lʲektrisk ˌstʊlʲ]
schavot (het)	galge (en)	['galjə]
executeren (ww)	att avrätta	[at 'avˌrætta]
executie (de)	avrättning (en)	['avˌrætniŋ]

| gevangenis (de) | fängelse (ett) | ['fɛŋəlʲsə] |
| cel (de) | cell (en) | ['sɛlʲ] |

konvooi (het)	eskort (en)	[ɛs'kɔ:t]
gevangenisbewaker (de)	fångvaktare (en)	['fɔŋˌvaktarə]
gedetineerde (de)	fånge (en)	['fɔŋə]

handboeien (mv.)	handbojor (pl)	['handˌbɔjʊr]
handboeien omdoen	att sätta handbojor	[at 'sætta 'handˌbɔjʊr]
ontsnapping (de)	flukt (en)	['flʊkt]
ontsnappen (ww)	att rymma	[at 'rʏma]
verdwijnen (ww)	att försvinna	[at fœ:'ʂvina]
vrijlaten (uit de gevangenis)	att frige	[at 'frijə]
amnestie (de)	amnesti (en)	[amnɛs'ti:]

politie (de)	polis (en)	[pʊ'lis]
politieagent (de)	polis (en)	[pʊ'lis]
politiebureau (het)	polisstation (en)	[pʊ'lisˌsta'ɧʊn]
knuppel (de)	gummibatong (en)	['gumibaˌtʊŋ]
megafoon (de)	megafon (en)	[mega'fɔn]

patrouilleerwagen (de)	patrullbil (en)	[pat'rulʲˌbil]
sirene (de)	siren (en)	[si'ren]
de sirene aansteken	att slå på sirenen	[at slʲo: pɔ si'renən]
geloei (het) van de sirene	siren tjut (ett)	[si'ren ˌɕʉ:t]

plaats delict (de)	brottsplats (en)	['brɔts plʲats]
getuige (de)	vittne (ett)	['vitnə]
vrijheid (de)	frihet (en)	['friˌhet]
handlanger (de)	medskyldig (en)	['mɛdˌɧylʲdig]
ontvluchten (ww)	att fly	[at flʲy]
spoor (het)	spår (ett)	['spo:r]

194. Politie. Wet. Deel 2

| opsporing (de) | undersökning (en) | ['undəˌʂœkniŋ] |
| opsporen (ww) | att söka efter ... | [at 'sø:ka ˌɛfter ...] |

verdenking (de)	misstanke (en)	['mis͵taŋkə]
verdacht (bn)	misstänksam	['mistɛŋksam]
aanhouden (stoppen)	att stanna	[at 'stana]
tegenhouden (ww)	att anhålla	[at 'an͵ho:lʲa]

strafzaak (de)	sak, rättegång (en)	[sak], ['rætə͵gɔŋ]
onderzoek (het)	undersökning (en)	['undə͵søkniŋ]
detective (de)	detektiv (en)	[detɛk'tiv]
onderzoeksrechter (de)	undersökare (en)	['undə͵sø:karə]
versie (de)	version (en)	[vɛr'ɧʉn]

motief (het)	motiv (ett)	[mʉ'tiv]
verhoor (het)	förhör (ett)	[før'hø:r]
ondervragen (door de politie)	att förhöra	[at før'hø:ra]
ondervragen (omstanders ~)	att avhöra	[at 'av͵hø:ra]
controle (de)	kontroll (en)	[kɔn'trolʲ]

razzia (de)	razzia (en)	['ratsia]
huiszoeking (de)	rannsakan (en)	['ran͵sakan]
achtervolging (de)	jakt (en)	['jakt]
achtervolgen (ww)	att förfölja	[at før'følja]
opsporen (ww)	att spåra	[at 'spo:ra]

arrest (het)	arrest (en)	[a'rɛst]
arresteren (ww)	att arrestera	[at arɛ'stera]
vangen, aanhouden (een dief, enz.)	att fånga	[at 'fɔŋa]
aanhouding (de)	gripande (en)	['gripandə]

document (het)	dokument (ett)	[dɔku'mɛnt]
bewijs (het)	bevis (ett)	[be'vis]
bewijzen (ww)	att bevisa	[at be'visa]
voetspoor (het)	fotspår (ett)	['fʉt͵spo:r]
vingerafdrukken (mv.)	fingeravtryck (pl)	['fiŋer͵avtrʏk]
bewijs (het)	bevis (ett)	[be'vis]

alibi (het)	alibi (ett)	['alibi]
onschuldig (bn)	oskyldig	[ʉ:'ɧylʲdig]
onrecht (het)	orättfärdighet (en)	['ʉræt͵fæ:dihet]
onrechtvaardig (bn)	orättfärdig	['ʉræt͵fæ:dig]

crimineel (bn)	kriminell	[krimi'nɛlʲ]
confisqueren (in beslag nemen)	att konfiskera	[at kɔnfi'skera]
drug (de)	drog, narkotika (en)	['drʊg], [nar'kotika]
wapen (het)	vapen (ett)	['vapən]
ontwapenen (ww)	att avväpna	[at 'av͵vɛpna]
bevelen (ww)	att befalla	[at be'falʲa]
verdwijnen (ww)	att försvinna	[at fœ:'ʂvina]

wet (de)	lag (en)	['lʲag]
wettelijk (bn)	laglig	['lʲaglig]
onwettelijk (bn)	olovlig	[ʉ:'lʲovlig]

verantwoordelijkheid (de)	ansvar (ett)	['an͵svar]
verantwoordelijk (bn)	ansvarig	['an͵svarig]

NATUUR

De Aarde. Deel 1

195. De kosmische ruimte

kosmos (de)	rymden, kosmos (ett)	[rʏmden], ['kɔsmɔs]
kosmisch (bn)	rymd-	['rʏmd-]
kosmische ruimte (de)	yttre rymd (en)	['ytrə ˌrʏmd]
heelal (het)	universum (ett)	[uni'vɛːʂum]
sterrenstelsel (het)	galax (en)	[gaˈlʲaks]
ster (de)	stjärna (en)	['ɧæːŋa]
sterrenbeeld (het)	stjärnbild (en)	['ɧæːn̩ˌbilʲd]
planeet (de)	planet (en)	[plʲaˈnet]
satelliet (de)	satellit (en)	[satɛˈliːt]
meteoriet (de)	meteorit (en)	[meteʊ'rit]
komeet (de)	komet (en)	[kʊ'met]
asteroïde (de)	asteroid (en)	[asterʊ'id]
baan (de)	bana (en)	['bana]
draaien (om de zon, enz.)	att rotera	[at rʊ'tera]
atmosfeer (de)	atmosfär (en)	[atmʊ'sfæːr]
Zon (de)	Solen	['sʊlʲən]
zonnestelsel (het)	solsystem (ett)	['sʊlʲ ˌsʏ'stem]
zonsverduistering (de)	solförmörkelse (en)	['sʊlʲfør'mœːrkəlʲsə]
Aarde (de)	Jorden	['jʊːɖən]
Maan (de)	Månen	['mo:nən]
Mars (de)	Mars	['maːʂ]
Venus (de)	Venus	['veːnus]
Jupiter (de)	Jupiter	['jupitər]
Saturnus (de)	Saturnus	[sa'tuːŋus]
Mercurius (de)	Merkurius	[mɛr'kɐrius]
Uranus (de)	Uranus	[ɐ'ranus]
Neptunus (de)	Neptunus	[nep'tɐnus]
Pluto (de)	Pluto	['plɐtʊ]
Melkweg (de)	Vintergatan	['vintəˌgatan]
Grote Beer (de)	Stora bjornen	['stʊra 'bjʊːŋən]
Poolster (de)	Polstjärnan	['pʊlʲˌɧæːŋan]
marsmannetje (het)	marsian (en)	[maːʂi'an]
buitenaards wezen (het)	utomjording (en)	['ɐtomˌjʊːɖisk]

bovenaards (het)	rymdväsen (ett)	['rʏmd‚vɛsən]
vliegende schotel (de)	flygande tefat (ett)	['flʲygandə 'tefat]
ruimtevaartuig (het)	rymdskepp (ett)	['rʏmd‚ɧɛp]
ruimtestation (het)	rymdstation (en)	['rʏmd sta'ɧʊn]
start (de)	start (en)	['staːʈ]
motor (de)	motor (en)	['mʊtʊr]
straalpijp (de)	dysa (en)	['dysa]
brandstof (de)	bränsle (ett)	['brɛnslʲe]
cabine (de)	cockpit, flygdäck (en)	['kɔkpit], ['flʏg‚dɛk]
antenne (de)	antenn (en)	[an'tɛn]
patrijspoort (de)	fönster (ett)	['fœnstər]
zonnebatterij (de)	solbatteri (ett)	['sʊlʲ‚batɛ'riː]
ruimtepak (het)	rymddräkt (en)	['rʏmd‚drɛkt]
gewichtloosheid (de)	tyngdlöshet (en)	['tʏŋdlʲøs‚het]
zuurstof (de)	syre, oxygen (ett)	['syrə], ['oksygən]
koppeling (de)	dockning (en)	['dɔkniŋ]
koppeling maken	att docka	[at 'dɔka]
observatorium (het)	observatorium (ett)	[ɔbsɛrva'tʊrium]
telescoop (de)	teleskop (ett)	[telʲe'skɔp]
waarnemen (ww)	att observera	[at ɔbsɛr'vera]
exploreren (ww)	att utforska	[at 'ʉt‚foːʂka]

196. De Aarde

Aarde (de)	Jorden	['jʊːɖən]
aardbol (de)	jordklot (ett)	['jʊːɖ‚klʲʊt]
planeet (de)	planet (en)	[plʲa'net]
atmosfeer (de)	atmosfär (en)	[atmʊ'sfæːr]
aardrijkskunde (de)	geografi (en)	[jeʊgra'fiː]
natuur (de)	natur (en)	[na'tʉːr]
wereldbol (de)	glob (en)	['glʲʊb]
kaart (de)	karta (en)	['kaːʈa]
atlas (de)	atlas (en)	['atlʲas]
Europa (het)	Europa	[eu'rʊpa]
Azië (het)	Asien	['asiən]
Afrika (het)	Afrika	['afrika]
Australië (het)	Australien	[au'straliən]
Amerika (het)	Amerika	[a'merika]
Noord-Amerika (het)	Nordamerika	['nʊːɖ a'merika]
Zuid-Amerika (het)	Sydamerika	['syd a'merika]
Antarctica (het)	Antarktis	[an'tarktis]
Arctis (de)	Arktis	['arktis]

197. Windrichtingen

noorden (het)	norr	['nɔr]
naar het noorden	norrut	['nɔrʉt]
in het noorden	i norr	[i 'nɔr]
noordelijk (bn)	nordlig	['nʊːdlig]
zuiden (het)	söder (en)	['søːdər]
naar het zuiden	söderut	['søːdərʉt]
in het zuiden	i söder	[i 'søːdər]
zuidelijk (bn)	syd-, söder	['syd-], ['søːdər]
westen (het)	väster (en)	['vɛstər]
naar het westen	västerut	['vɛstərʉt]
in het westen	i väst	[i vɛst]
westelijk (bn)	västra	['vɛstra]
oosten (het)	öster (en)	['œstər]
naar het oosten	österut	['œstərʉt]
in het oosten	i öst	[i 'œst]
oostelijk (bn)	östra	['œstra]

198. Zee. Oceaan

zee (de)	hav (ett)	['hav]
oceaan (de)	ocean (en)	[ʉseˈan]
golf (baai)	bukt (en)	['bʉkt]
straat (de)	sund (ett)	['sund]
grond (vaste grond)	fastland (ett)	['fast̪lʲand]
continent (het)	fastland (ett), kontinent (en)	['fast̪lʲand], [kɔntiˈnɛnt]
eiland (het)	ö (en)	['øː]
schiereiland (het)	halvö (en)	['halʲvˌøː]
archipel (de)	skärgård, arkipelag (en)	['ɧæːrˌgoːd], [arkipeˈlʲag]
baai, bocht (de)	bukt (en)	['bʉkt]
haven (de)	hamn (en)	['hamn]
lagune (de)	lagun (en)	[lʲaˈgʉːn]
kaap (de)	udde (en)	['udə]
atol (de)	atoll (en)	[aˈtɔlʲ]
rif (het)	rev (ett)	['rev]
koraal (het)	korall (en)	[kɔˈralʲ]
koraalrif (het)	korallrev (ett)	[kɔˈralʲˌrev]
diep (bn)	djup	['jʉːp]
diepte (de)	djup (ett)	['jʉːp]
diepzee (de)	avgrund (en)	['avˌgrund]
trog (bijv. Marianentrog)	djuphavsgrav (en)	['jʉːphavsˌgrav]
stroming (de)	ström (en)	['strøːm]
omspoelen (ww)	att omge	[at 'ɔmje]
oever (de)	kust (en)	['kust]

181

kust (de)	kust (en)	['kʉst]
vloed (de)	flod (en)	['flʲʊd]
eb (de)	ebb (en)	['ɛb]
ondiepte (ondiep water)	sandbank (en)	['sand‚baŋk]
bodem (de)	botten (en)	['bɔtən]

golf (hoge ~)	våg (en)	['voːg]
golfkam (de)	vågkam (en)	['voːg‚kam]
schuim (het)	skum (ett)	['skum]

orkaan (de)	orkan (en)	[ɔr'kan]
tsunami (de)	tsunami (en)	[tsu'nami]
windstilte (de)	stiltje (en)	['stilʲtjə]
kalm (bijv. ~e zee)	stilla	['stilʲa]

| pool (de) | pol (en) | ['pʊlʲ] |
| polair (bn) | pol-, polar- | ['pʊlʲ-], [pʊ'lʲar-] |

breedtegraad (de)	latitud (en)	[lʲati'tʉːd]
lengtegraad (de)	longitud (en)	[lʲɔŋi'tʉːd]
parallel (de)	breddgrad (en)	['brɛd‚grad]
evenaar (de)	ekvator (en)	[ɛ'kvatʊr]

hemel (de)	himmel (en)	['himəlʲ]
horizon (de)	horisont (en)	[hʊri'sɔnt]
lucht (de)	luft (en)	['lʉft]

vuurtoren (de)	fyr (en)	['fyr]
duiken (ww)	att dyka	[at 'dyka]
zinken (ov. een boot)	att sjunka	[at 'ɧuŋka]
schatten (mv.)	skatter (pl)	['skatər]

199. Namen van zeeën en oceanen

Atlantische Oceaan (de)	Atlanten	[at'lʲantən]
Indische Oceaan (de)	Indiska oceanen	['indiska ʉse'anən]
Stille Oceaan (de)	Stilla havet	['stilʲa 'havɛt]
Noordelijke IJszee (de)	Norra ishavet	['nɔra ‚is'havɛt]

Zwarte Zee (de)	Svarta havet	['svaːʈa 'havɛt]
Rode Zee (de)	Röda havet	['røːda 'havɛt]
Gele Zee (de)	Gula havet	['gʉːlʲa 'havɛt]
Witte Zee (de)	Vita havet	['vita 'havɛt]

Kaspische Zee (de)	Kaspiska havet	['kaspiska 'havɛt]
Dode Zee (de)	Döda havet	['døːda 'havɛt]
Middellandse Zee (de)	Medelhavet	['medəlʲ‚havɛt]

| Egeïsche Zee (de) | Egeiska havet | [ɛ'gejska 'havɛt] |
| Adriatische Zee (de) | Adriatiska havet | [adri'atiska 'havɛt] |

Arabische Zee (de)	Arabiska havet	[a'rabiska 'havɛt]
Japanse Zee (de)	Japanska havet	[ja'panska 'havɛt]
Beringzee (de)	Beringshavet	['berings‚havɛt]

Zuid-Chinese Zee (de)	Sydkinesiska havet	['sydɕi‚nesiska 'havɛt]
Koraalzee (de)	Korallhavet	[kɔ'ralʲ‚havɛt]
Tasmanzee (de)	Tasmanhavet	[tas'man‚havɛt]
Caribische Zee (de)	Karibiska havet	[ka'ribiska 'havɛt]
Barentszzee (de)	Barentshavet	['barɛnts‚havɛt]
Karische Zee (de)	Karahavet	['kara‚havɛt]
Noordzee (de)	Nordsjön	['nʊːɖ‚ɧøːn]
Baltische Zee (de)	Östersjön	['œstɛː‚ɧøːn]
Noorse Zee (de)	Norska havet	['nɔːʂka 'havɛt]

200. Bergen

berg (de)	berg (ett)	['bɛrj]
bergketen (de)	bergskedja (en)	['bɛrj‚ɕedja]
gebergte (het)	bergsrygg (en)	['bɛrjs‚rʏg]
bergtop (de)	topp (en)	['tɔp]
bergpiek (de)	tinne (en)	['tinə]
voet (ov. de berg)	fot (en)	['fʊt]
helling (de)	sluttning (en)	['slɵ:tniŋ]
vulkaan (de)	vulkan (en)	[vulʲ'kan]
actieve vulkaan (de)	verksam vulkan (en)	['vɛrksam vulʲ'kan]
uitgedoofde vulkaan (de)	slocknad vulkan (en)	['slʲɔknad vulʲ'kan]
uitbarsting (de)	utbrott (ett)	['ɵt‚brɔt]
krater (de)	krater (en)	['kratər]
magma (het)	magma (en)	['magma]
lava (de)	lava (en)	['lʲava]
gloeiend (~e lava)	glödgad	['glʲœdgad]
kloof (canyon)	kanjon (en)	['kanjɔn]
bergkloof (de)	klyfta (en)	['klʲyfta]
spleet (de)	skreva (en)	['skreva]
afgrond (de)	avgrund (en)	['av‚grɵnd]
bergpas (de)	pass (ett)	['pas]
plateau (het)	platå (en)	[plʲa'to:]
klip (de)	klippa (en)	['klipa]
heuvel (de)	kulle, backe (en)	['kulʲə], ['bakə]
gletsjer (de)	glaciär, jökel (en)	[glʲas'jæːr], ['jøːkəlʲ]
waterval (de)	vattenfall (ett)	['vatən‚falʲ]
geiser (de)	gejser (en)	['gɛjsər]
meer (het)	sjö (en)	['ɧøː]
vlakte (de)	slätt (en)	['slʲæt]
landschap (het)	landskap (ett)	['lʲan‚skap]
echo (de)	eko (ett)	['ɛkʊ]
alpinist (de)	alpinist (en)	['alʲpi‚nist]
bergbeklimmer (de)	bergsbestigare (en)	['bɛrjs‚be'stigarə]

trotseren (berg ~)	att erövra	[at ɛ'rœvra]
beklimming (de)	bestigning (en)	[be'stignin]

201. Bergen namen

Alpen (de)	Alperna	['alᵖpɛ:ŋa]
Mont Blanc (de)	Mont Blanc	[ˌmɔn'blᵖaŋ]
Pyreneeën (de)	Pyrenéerna	[pyre'neæ:ŋa]
Karpaten (de)	Karpaterna	[kar'patɛ:ŋa]
Oeralgebergte (het)	Uralbergen	[ʉ'ralᵖˌbɛrjən]
Kaukasus (de)	Kaukasus	['kaukasus]
Elbroes (de)	Elbrus	['ɛlᵖbrʉs]
Altaj (de)	Altaj	[alᵖ'taj]
Tiensjan (de)	Tian Shan	[ti'anʃan]
Pamir (de)	Pamir	[pa'mir]
Himalaya (de)	Himalaya	[hi'malᵖaja]
Everest (de)	Everest	[ɛve'rɛst]
Andes (de)	Anderna	['andɛ:ŋa]
Kilimanjaro (de)	Kilimanjaro	[kiliman'jarʊ]

202. Rivieren

rivier (de)	älv, flod (en)	['ɛlᵖv], ['flᵖʊd]
bron (~ van een rivier)	källa (en)	['ɕɛlᵖa]
rivierbedding (de)	flodbädd (en)	['flᵖʊdˌbɛd]
rivierbekken (het)	flodbassäng (en)	['flᵖʊdˌba'sɛŋ]
uitmonden in ...	att mynna ut ...	[at 'mʏna ʉt ...]
zijrivier (de)	biflod (en)	['biˌflᵖʊd]
oever (de)	strand (en)	['strand]
stroming (de)	ström (en)	['strø:m]
stroomafwaarts (bw)	nedströms	['nɛdˌstrœms]
stroomopwaarts (bw)	motströms	['mʊtˌstrœms]
overstroming (de)	översvämning (en)	['ø:vəˌsvɛmnin]
overstroming (de)	flöde (ett)	['flᵖø:də]
buiten zijn oevers treden	att flöda över	[at 'flᵖø:da ˌø:vər]
overstromen (ww)	att översvämma	[at 'ø:vəˌsvɛma]
zandbank (de)	grund (ett)	['grʉnd]
stroomversnelling (de)	forsar (pl)	[fo'ʂar]
dam (de)	damm (en)	['dam]
kanaal (het)	kanal (en)	[ka'nalᵖ]
spaarbekken (het)	reservoar (ett)	[resɛrvʊ'a:r]
sluis (de)	sluss (en)	['slʉ:s]
waterlichaam (het)	vattensamling (en)	['vatənˌsamlin]
moeras (het)	myr, mosse (en)	['myr], ['mʊsə]

| broek (het) | gungfly (ett) | ['guŋ,fly] |
| draaikolk (de) | strömvirvel (en) | ['strø:m,virvəlʲ] |

stroom (de)	bäck (en)	['bɛk]
drink- (abn)	dricks-	['driks-]
zoet (~ water)	söt-, färsk-	['sø:t-], ['fæːʂk-]

| IJs (het) | is (en) | ['is] |
| bevriezen (rivier, enz.) | att frysa till | [at 'frysa tilʲ] |

203. Namen van rivieren

| Seine (de) | Seine | ['sɛ:n] |
| Loire (de) | Loire | [lʲu'a:r] |

Theems (de)	Themsen	['tɛmsən]
Rijn (de)	Rhen	['ren]
Donau (de)	Donau	['dɔnaʊ]

Wolga (de)	Volga	['vɔlʲga]
Don (de)	Don	['dɔn]
Lena (de)	Lena	['lʲena]

Gele Rivier (de)	Hwang-ho	[huaŋ'hʊ]
Blauwe Rivier (de)	Yangtze	['jɑŋtsə]
Mekong (de)	Mekong	[me'kɔŋ]
Ganges (de)	Ganges	['gaŋəs]

Nijl (de)	Nilen	['nilʲen]
Kongo (de)	Kongo	['kɔngʊ]
Okavango (de)	Okavango	[ɔka'vangʊ]
Zambezi (de)	Zambezi	[sam'besi]
Limpopo (de)	Limpopo	[lim'pɔpɔ]
Mississippi (de)	Mississippi	[misi'sipi]

204. Bos

| bos (het) | skog (en) | ['skʊg] |
| bos- (abn) | skogs- | ['skʊgs-] |

oerwoud (dicht bos)	tät skog (en)	['tɛt ,skʊg]
bosje (klein bos)	lund (en)	['lʉnd]
open plek (de)	glänta (en)	['glʲɛnta]

| struikgewas (het) | snår (ett) | ['sno:r] |
| struiken (mv.) | buskterräng (en) | ['busk tɛ'rɛŋ] |

| paadje (het) | stig (en) | ['stig] |
| ravijn (het) | ravin (en) | [ra'vin] |

| boom (de) | träd (ett) | ['trɛ:d] |
| blad (het) | löv (ett) | ['lʲø:v] |

gebladerte (het)	löv, lövverk (ett)	['lʲøːv], ['lʲøːværk]
vallende bladeren (mv.)	lövfällning (en)	['lʲøːvˌfɛlʲniŋ]
vallen (ov. de bladeren)	att falla	[at 'falʲa]
boomtop (de)	trädtopp (en)	['trɛːˌtɔp]

tak (de)	gren, kvist (en)	['gren], ['kvist]
ent (de)	gren (en)	['gren]
knop (de)	knopp (en)	['knɔp]
naald (de)	nål (en)	['noːlʲ]
dennenappel (de)	kotte (en)	['kɔtə]

boom holte (de)	trädhål (ett)	['trɛːdˌhoːlʲ]
nest (het)	bo (ett)	['bʊ]
hol (het)	lya, håla (en)	['lʲya], ['hoːlʲa]

stam (de)	stam (en)	['stam]
wortel (bijv. boom~s)	rot (en)	['rʊt]
schors (de)	bark (en)	['bark]
mos (het)	mossa (en)	['mɔsa]

ontwortelen (een boom)	att rycka upp med rötterna	[at 'rʏka up me 'rœttɛːŋa]
kappen (een boom ~)	att fälla	[at 'fɛlʲa]
ontbossen (ww)	att hugga ner	[at 'huga ner]
stronk (de)	stubbe (en)	['stubə]

kampvuur (het)	bål (ett)	['boːlʲ]
bosbrand (de)	skogsbrand (en)	['skʊgsˌbrand]
blussen (ww)	att släcka	[at 'slʲɛka]

boswachter (de)	skogsvakt (en)	['skʊgsˌvakt]
bescherming (de)	värn, skydd (ett)	['væːn], [ʃʏd]
beschermen (bijv. de natuur ~)	att skydda	[at 'ʃʏda]
stroper (de)	tjuvskytt (en)	['ɕʉːvˌʃʏt]
val (de)	sax (en)	['saks]

plukken (vruchten, enz.)	att plocka	[at 'plʲɔka]
verdwalen (de weg kwijt zijn)	att gå vilse	[at 'goː 'vilʲsə]

205. Natuurlijke hulpbronnen

natuurlijke rijkdommen (mv.)	naturresurser (pl)	[naˈtʉːr reˈsurʂər]
delfstoffen (mv.)	mineraler (pl)	[mineˈralʲər]
lagen (mv.)	fyndigheter (pl)	['fʏndiˌhetər]
veld (bijv. olie~)	fält (ett)	['fɛlʲt]

winnen (uit erts ~)	att utvinna	[at 'ʉtˌvina]
winning (de)	utvinning (en)	['ʉtˌviniŋ]
erts (het)	malm (en)	['malʲm]
mijn (bijv. kolenmijn)	gruva (en)	['grʉva]
mijnschacht (de)	gruvschakt (ett)	['grʉːvˌʃakt]
mijnwerker (de)	gruvarbetare (en)	['grʉːvˌarˈbetarə]
gas (het)	gas (en)	['gas]
gasleiding (de)	gasledning (en)	['gasˌlʲedniŋ]

olie (aardolie)	olja (en)	['ɔlja]
olieleiding (de)	oljeledning (en)	['ɔljə‚lʲednɪŋ]
oliebron (de)	oljekälla (en)	['ɔljə‚çæla]
boortoren (de)	borrtorn (ett)	['bɔr‚tuːn]
tanker (de)	tankfartyg (ett)	['taŋk‚faː'tyg]

zand (het)	sand (en)	['sand]
kalksteen (de)	kalksten (en)	[kalʲk‚sten]
grind (het)	grus (ett)	['grɵːs]
veen (het)	torv (en)	['tɔrv]
klei (de)	lera (en)	['lʲera]
steenkool (de)	kol (ett)	['kɔlʲ]

IJzer (het)	järn (ett)	['jæːn]
goud (het)	guld (ett)	['gulʲd]
zilver (het)	silver (ett)	['silʲvər]
nikkel (het)	nickel (en)	['nikəlʲ]
koper (het)	koppar (en)	['kopar]

zink (het)	zink (en)	['siŋk]
mangaan (het)	mangan (en)	[man'gan]
kwik (het)	kvicksilver (ett)	['kvik‚silʲvər]
lood (het)	bly (ett)	['blʲy]

mineraal (het)	mineral (ett)	[minə'ralʲ]
kristal (het)	kristall (en)	[kri'stalʲ]
marmer (het)	marmor (en)	['marmʊr]
uraan (het)	uran (ett)	[ʉ'ran]

De Aarde. Deel 2

206. Weer

weer (het)	väder (ett)	['vɛːdər]
weersvoorspelling (de)	väderprognos (en)	['vɛːdər͵prɔg'nɔːs]
temperatuur (de)	temperatur (en)	[tɛmpəra'tʉːr]
thermometer (de)	termometer (en)	[tɛrmʉ'metər]
barometer (de)	barometer (en)	[barʉ'metər]
vochtig (bn)	fuktig	['fuːktig]
vochtigheid (de)	fuktighet (en)	['fuːktig͵het]
hitte (de)	hetta (en)	['hɛta]
heet (bn)	het	['het]
het is heet	det är hett	[dɛ æːr 'hɛt]
het is warm	det är varmt	[dɛ æːr varmt]
warm (bn)	varm	['varm]
het is koud	det är kallt	[dɛ æːr 'kalʲt]
koud (bn)	kall	['kalʲ]
zon (de)	sol (en)	['sʉlʲ]
schijnen (de zon)	att skina	[at 'ɧina]
zonnig (~e dag)	solig	['sʉlig]
opgaan (ov. de zon)	att gå upp	[at 'goː 'up]
ondergaan (ww)	att gå ner	[at 'goː ͵ner]
wolk (de)	moln (ett), sky (en)	['mɔlʲn], ['ɧy]
bewolkt (bn)	molnig	['mɔlʲnig]
regenwolk (de)	regnmoln (ett)	['rɛgn͵mɔlʲn]
somber (bn)	mörk, mulen	['mœːrk], ['mʉːlʲen]
regen (de)	regn (ett)	['rɛgn]
het regent	det regnar	[dɛ 'rɛgnar]
regenachtig (bn)	regnväders-	['rɛgn͵vɛdəʂ-]
motregenen (ww)	att duggregna	[at 'dug͵rɛgna]
plensbui (de)	hällande regn (ett)	['hɛlʲandə 'rɛgn]
stortbui (de)	spöregn (ett)	['spøː͵rɛgn]
hard (bn)	kraftigt, häftigt	['kraftigt], ['hɛftigt]
plas (de)	pöl, vattenpuss (en)	['pøːlʲ], ['vatən͵pus]
nat worden (ww)	att bli våt	[at bli 'voːt]
mist (de)	dimma (en)	['dima]
mistig (bn)	dimmig	['dimig]
sneeuw (de)	snö (en)	['snøː]
het sneeuwt	det snöar	[dɛ 'snøːar]

207. Zwaar weer. Natuurrampen

noodweer (storm)	åskväder (ett)	['ɔsk‚vɛdər]
bliksem (de)	blixt (en)	['blikst]
flitsen (ww)	att blixtra	[at 'blikstra]
donder (de)	åska (en)	['ɔska]
donderen (ww)	att åska	[at 'ɔska]
het dondert	det åskar	[dɛ 'ɔskar]
hagel (de)	hagel (ett)	['hagəlʲ]
het hagelt	det haglar	[dɛ 'haglʲar]
overstromen (ww)	att översvämma	[at 'ø:və‚svɛma]
overstroming (de)	översvämning (en)	['ø:və‚svɛmniŋ]
aardbeving (de)	jordskalv (ett)	['jʊ:d‚skalv]
aardschok (de)	skalv (ett)	['skalʲv]
epicentrum (het)	epicentrum (ett)	[ɛpi'sɛntrum]
uitbarsting (de)	utbrott (ett)	['ʉt‚brɔt]
lava (de)	lava (en)	['lʲava]
wervelwind (de)	tromb (en)	['trɔmb]
windhoos (de)	tornado (en)	[tʊ'ɳadʊ]
tyfoon (de)	tyfon (en)	[ty'fɔn]
orkaan (de)	orkan (en)	[ɔr'kan]
storm (de)	storm (en)	['stɔrm]
tsunami (de)	tsunami (en)	[tsu'nami]
cycloon (de)	cyklon (en)	[tsʏ'klʲɔn]
onweer (het)	oväder (ett)	[ʊ:'vɛ:dər]
brand (de)	brand (en)	['brand]
ramp (de)	katastrof (en)	[kata'strɔf]
meteoriet (de)	meteorit (en)	[meteʊ'rit]
lawine (de)	lavin (en)	[lʲa'vin]
sneeuwverschuiving (de)	snöskred, snöras (ett)	['snø:‚skred], ['snø:‚ras]
sneeuwjacht (de)	snöstorm (en)	['snø:‚stɔrm]
sneeuwstorm (de)	snöstorm (en)	['snø:‚stɔrm]

208. Geluiden. Geluiden

stilte (de)	stillhet (en)	['stʏlʲ‚het]
geluid (het)	ljud (ett)	['jʉ:d]
lawaai (het)	stoj (ett)	['stoj]
lawaai maken (ww)	att stoja	[at 'stoja]
lawaaierig (bn)	stojande	['stojandə]
luid (~ spreken)	högt	['hœgt]
luid (bijv. ~e stem)	hög	['hø:g]
aanhoudend (voortdurend)	konstant	[kɔn'stant]

189

schreeuw (de)	**skrik (ett)**	['skrik]
schreeuwen (ww)	**att skrika**	[at 'skrika]
gefluister (het)	**viskning (en)**	['viskniŋ]
fluisteren (ww)	**att viska**	[at 'viska]

geblaf (het)	**skall (ett)**	['skalʲ]
blaffen (ww)	**att skälla**	[at 'ɧɛlʲa]

gekreun (het)	**stön (ett)**	['støːn]
kreunen (ww)	**att stöna**	[at 'støːna]
hoest (de)	**hosta (en)**	['hʊsta]
hoesten (ww)	**att hosta**	[at 'hʊsta]

gefluit (het)	**vissling (en)**	['visliŋ]
fluiten (op het fluitje blazen)	**att vissla**	[at 'vislʲa]
geklop (het)	**knackning (en)**	['knakniŋ]
kloppen (aan een deur)	**att knacka**	[at 'knaka]

kraken (hout, ijs)	**att spricka**	[at 'sprika]
gekraak (het)	**spricka (en)**	['sprika]

sirene (de)	**siren (en)**	[si'ren]
fluit (stoom ~)	**vissla (en)**	['vislʲa]
fluiten (schip, trein)	**att tuta**	[at 'tʉːta]
toeter (de)	**tuta (en)**	['tʉːta]
toeteren (ww)	**att tuta**	[at 'tʉːta]

209. Winter

winter (de)	**vinter (en)**	['vintər]
winter- (abn)	**vinter-**	['vintər-]
in de winter (bw)	**på vintern**	[pɔ 'vintərn]

sneeuw (de)	**snö (en)**	['snøː]
het sneeuwt	**det snöar**	[dɛ 'snøːar]
sneeuwval (de)	**snöfall (ett)**	['snøːˌfalʲ]
sneeuwhoop (de)	**snödriva (en)**	['snøːˌdriva]

sneeuwvlok (de)	**snöflinga (en)**	['snøːˌfliŋa]
sneeuwbal (de)	**snöboll (en)**	['snøːˌbɔlʲ]
sneeuwman (de)	**snögubbe (en)**	['snøːˌgubə]
IJspegel (de)	**istapp (en)**	['isˌtap]

december (de)	**december (en)**	[de'sɛmbər]
januari (de)	**januari (en)**	['januˌari]
februari (de)	**februari (en)**	[fɛbru'ari]

vorst (de)	**frost (en)**	['frɔst]
vries- (abn)	**frostig**	['frɔstig]

onder nul (bw)	**under noll**	['undə ˌnɔlʲ]
eerste vorst (de)	**lätt frost (en)**	[lʲæt frɔst]
rijp (de)	**rimfrost (en)**	['rimˌfrɔst]
koude (de)	**kyla (en)**	['çylʲa]

het is koud	det är kallt	[dɛ æːr 'kalʲt]
bontjas (de)	päls (en)	['pɛlʲs]
wanten (mv.)	vantar (pl)	['vantar]

ziek worden (ww)	att bli sjuk	[at bli 'ɧʉːk]
verkoudheid (de)	förkylning (en)	[før'ɕylʲniŋ]
verkouden raken (ww)	att bli förkyld	[at bli før'ɕylʲd]

IJs (het)	is (en)	['is]
IJzel (de)	isbeläggning (en)	['is‚be'lʲɛgniŋ]
bevriezen (rivier, enz.)	att frysa till	[at 'frysa tilʲ]
IJsschol (de)	isflak (ett)	['is‚flʲak]

ski's (mv.)	skidor (pl)	['ɧidʊr]
skiër (de)	skidåkare (en)	['ɧid‚oːkarə]
skiën (ww)	att åka skidor	[at 'oːka 'ɧidʊr]
schaatsen (ww)	att åka skridskor	[at 'oːka 'skri‚skʊr]

Fauna

210. Zoogdieren. Roofdieren

roofdier (het)	rovdjur (ett)	['rʊvˌjɐːr]
tijger (de)	tiger (en)	['tigər]
leeuw (de)	lejon (ett)	['lʲejɔn]
wolf (de)	ulv (en)	['ulʲv]
vos (de)	räv (en)	['rɛːv]

jaguar (de)	jaguar (en)	[jaguar]
luipaard (de)	leopard (en)	[lʲeʊ'paːd]
jachtluipaard (de)	gepard (en)	[je'paːd]

panter (de)	panter (en)	['pantər]
poema (de)	puma (en)	['pɐːma]
sneeuwluipaard (de)	snöleopard (en)	['snø: lʲeʊ'paːd]
lynx (de)	lodjur (ett), lo (en)	['lʲʊˌjɐːr], ['lʲʊ]

coyote (de)	koyot, prärievarg (en)	[kɔ'jʊt], ['præːrieˌvarj]
jakhals (de)	sjakal (en)	[ɧa'kalʲ]
hyena (de)	hyena (en)	[hy'ena]

211. Wilde dieren

dier (het)	djur (ett)	['jɐːr]
beest (het)	best (en), djur (ett)	['bɛst], ['jɐːr]

eekhoorn (de)	ekorre (en)	['ɛkɔrə]
egel (de)	igelkott (en)	['igəlʲˌkɔt]
haas (de)	hare (en)	['harə]
konijn (het)	kanin (en)	[ka'nin]

das (de)	grävling (en)	['grɛvliŋ]
wasbeer (de)	tvättbjörn (en)	['tvætˌbjøːrɳ]
hamster (de)	hamster (en)	['hamstər]
marmot (de)	murmeldjur (ett)	['murməlʲˌjɐːr]

mol (de)	mullvad (en)	['mulʲˌvad]
muis (de)	mus (en)	['mɐːs]
rat (de)	råtta (en)	['rɔta]
vleermuis (de)	fladdermus (en)	['flʲadərˌmɐːs]

hermelijn (de)	hermelin (en)	[hɛrme'lin]
sabeldier (het)	sobel (en)	['sɔbəlʲ]
marter (de)	mård (en)	['moːd]
wezel (de)	vessla (en)	['vɛslʲa]
nerts (de)	mink (en)	['miŋk]

bever (de)	bäver (en)	['bɛ:vər]
otter (de)	utter (en)	['ʉ:tər]

paard (het)	häst (en)	['hɛst]
eland (de)	älg (en)	['ɛlj]
hert (het)	hjort (en)	['jʉ:t]
kameel (de)	kamel (en)	[ka'meli]

bizon (de)	bison (en)	['bisɔn]
oeros (de)	uroxe (en)	['ʉ͵roksə]
buffel (de)	buffel (en)	['bufəli]

zebra (de)	sebra (en)	['sebra]
antilope (de)	antilop (en)	[anti'liʊp]
ree (de)	rådjur (ett)	['rɔ:jʉ:r]
damhert (het)	dovhjort (en)	['dɔvˌjʉ:t]
gems (de)	gems (en)	['jɛms]
everzwijn (het)	vildsvin (ett)	['vilidˌsvin]

walvis (de)	val (en)	['vali]
rob (de)	säl (en)	['sɛ:li]
walrus (de)	valross (en)	['valiˌrɔs]
zeehond (de)	pälssäl (en)	['pɛlisˌsɛli]
dolfijn (de)	delfin (en)	[dɛli'fin]

beer (de)	björn (en)	['bjøːɳ]
IJsbeer (de)	isbjörn (en)	['isˌbjøːɳ]
panda (de)	panda (en)	['panda]

aap (de)	apa (en)	['apa]
chimpansee (de)	schimpans (en)	[ɧim'pans]
orang-oetan (de)	orangutang (en)	[ʊ'raŋgʊˌtaŋ]
gorilla (de)	gorilla (en)	[gɔ'rilia]
makaak (de)	makak (en)	[ma'kak]
gibbon (de)	gibbon (en)	[gi'bʊn]

olifant (de)	elefant (en)	[ɛlie'fant]
neushoorn (de)	noshörning (en)	['nʊsˌhøːɳiŋ]
giraffe (de)	giraff (en)	[ɧi'raf]
nijlpaard (het)	flodhäst (en)	['fliʊdˌhɛst]

kangoeroe (de)	känguru (en)	['ɕɛngurʊ]
koala (de)	koala (en)	[kʊ'alia]

mangoest (de)	mangust, mungo (en)	['mangust], ['muŋgʊ]
chinchilla (de)	chinchilla (en)	[ʃin'ʃilia]
stinkdier (het)	skunk (en)	['skuŋk]
stekelvarken (het)	piggsvin (ett)	['pigˌsvin]

212. Huisdieren

poes (de)	katt (en)	['kat]
kater (de)	hankatt (en)	['hanˌkat]
hond (de)	hund (en)	['hund]

paard (het)	häst (en)	['hɛst]
hengst (de)	hingst (en)	['hiŋst]
merrie (de)	sto (ett)	['stʊ:]

koe (de)	ko (en)	['kɔ:]
stier (de)	tjur (en)	['ɕʉ:r]
os (de)	oxe (en)	['ʊksə]

schaap (het)	får (ett)	['fo:r]
ram (de)	bagge (en)	['bagə]
geit (de)	get (en)	['jet]
bok (de)	getabock (en)	['jeta,bɔk]

| ezel (de) | åsna (en) | ['ɔsna] |
| muilezel (de) | mula (en) | ['mʉlʲa] |

varken (het)	svin (ett)	['svin]
biggetje (het)	griskulting (en)	['gris,kulʲtiŋ]
konijn (het)	kanin (en)	[ka'nin]

| kip (de) | höna (en) | ['hø:na] |
| haan (de) | tupp (en) | ['tup] |

eend (de)	anka (en)	['aŋka]
woerd (de)	andrik, andrake (en)	['andrik], ['andrakə]
gans (de)	gås (en)	['go:s]

| kalkoen haan (de) | kalkontupp (en) | [kalʲ'kʊn,tup] |
| kalkoen (de) | kalkonhöna (en) | [kalʲ'kʊn,hø:na] |

huisdieren (mv.)	husdjur (pl)	['hʉsˌjʉ:r]
tam (bijv. hamster)	tam	['tam]
temmen (tam maken)	att tämja	[at 'tɛmja]
fokken (bijv. paarden ~)	att avla, att föda upp	[at 'avlʲa], [at 'fø:da up]

boerderij (de)	farm, lantgård (en)	[farm], ['lʲant,go:d̪]
gevogelte (het)	fjäderfä (ett)	['fjɛ:dər,fɛ:]
rundvee (het)	boskap (en)	['bʊskap]
kudde (de)	hjord (en)	['jʉ:d̪]

paardenstal (de)	stall (ett)	['stalʲ]
zwijnenstal (de)	svinstia (en)	['svin,stia]
koeienstal (de)	ladugård (en), kostall (ett)	['lʲadʉ,go:d̪], ['kostalʲ]
konijnenhok (het)	kaninbur (en)	[ka'nin,bʉ:r]
kippenhok (het)	hönshus (ett)	['hø:ns,hʉs]

213. Honden. Hondenrassen

hond (de)	hund (en)	['hund]
herdershond (de)	vallhund (en)	['valʲ,hund]
Duitse herdershond (de)	tysk schäferhund (en)	['tysk 'ʃɛfər,hund]
poedel (de)	pudel (en)	['pʉ:dəlʲ]
teckel (de)	tax (en)	['taks]
buldog (de)	bulldogg (en)	['bulʲ,dɔg]

boxer (de)	boxare (en)	['buksarə]
mastiff (de)	mastiff (en)	[mas'tif]
rottweiler (de)	rottweiler (en)	['rɔt‚vejlʲer]
doberman (de)	dobermann (en)	['dɔbɛrman]

basset (de)	basset (en)	['basɛt]
bobtail (de)	bobtail (en)	['bubtɛjlʲ]
dalmatiër (de)	dalmatiner (en)	[dalʲma'tinər]
cockerspaniël (de)	cocker spaniel (en)	['kɔker ‚spanielʲ]

| newfoundlander (de) | newfoundland (en) | [nju'faʊnd‚lʲend] |
| sint-bernard (de) | sankt bernhardshund (en) | ['saŋkt 'bɛ:ŋa:dʂ‚hund] |

poolhond (de)	husky (en)	['haski]
chowchow (de)	chow chow (en)	['ʧaʊ ʧaʊ]
spits (de)	spets (en)	['spets]
mopshond (de)	mops (en)	['mɔps]

214. Dierengeluiden

geblaf (het)	skall (ett)	['skalʲ]
blaffen (ww)	att skälla	[at 'ɧɛlʲa]
miauwen (ww)	att jama	[at 'jama]
spinnen (katten)	att spinna	[at 'spina]

loeien (ov. een koe)	att råma	[at 'ro:ma]
brullen (stier)	att ryta	[at 'ryta]
grommen (ov. de honden)	att morra	[at 'mo:ra]

gehuil (het)	yl (ett)	['ylʲ]
huilen (wolf, enz.)	att yla	[at 'ylʲa]
janken (ov. een hond)	att gnälla	[at 'gnɛlʲa]

mekkeren (schapen)	att bräka	[at 'brɛ:ka]
knorren (varkens)	att grymta	[at 'grymta]
gillen (bijv. varken)	att skrika	[at 'skrika]

kwaken (kikvorsen)	att kväka	[at 'kvɛ:ka]
zoemen (hommel, enz.)	att surra	[at 'sura]
tjirpen (sprinkhanen)	att gnissla	[at 'gnislʲa]

215. Jonge dieren

jong (het)	unge (en)	['uŋə]
poesje (het)	kattunge (en)	['kat‚uŋə]
muisje (het)	musunge (en)	['mʉ:s‚uŋə]
puppy (de)	valp (en)	['valʲp]

jonge haas (de)	harunge (en)	['har‚uŋə]
konijntje (het)	kaninunge (en)	[ka'nin‚uŋə]
wolfje (het)	ulvunge (en)	['ulʲv‚uŋə]
vosje (het)	rävunge (en)	['rɛ:v‚uŋə]

beertje (het)	björnunge (en)	['bjø:n̪ˌuŋə]
leeuwenjong (het)	lejonunge (en)	['lʲejonˌuŋə]
tijgertje (het)	tigerunge (en)	['tigərˌuŋə]
olifantenjong (het)	elefantunge (en)	[ɛlʲe'fantˌuŋə]

biggetje (het)	griskulting (en)	['grisˌkulʲtiŋ]
kalf (het)	kalv (en)	['kalʲv]
geitje (het)	killing (en)	['ɕiliŋ]
lam (het)	lamm (ett)	['lʲam]
reekalf (het)	hjortkalv (en)	['juːt̪ˌkalʲv]
jonge kameel (de)	kamelunge (en)	[ka'melʲˌuŋə]

| slangenjong (het) | ormunge (en) | ['urmˌuŋə] |
| kikkertje (het) | grodunge (en) | ['grʊdˌuŋə] |

vogeltje (het)	fågelunge (en)	['foːgəlʲˌuŋə]
kuiken (het)	kyckling (en)	['ɕykliŋ]
eendje (het)	ankunge (en)	['aŋkˌuŋə]

216. Vogels

vogel (de)	fågel (en)	['foːgəlʲ]
duif (de)	duva (en)	['dʉːva]
mus (de)	sparv (en)	['sparv]
koolmees (de)	talgoxe (en)	['taljʊksə]
ekster (de)	skata (en)	['skata]

raaf (de)	korp (en)	['kɔrp]
kraai (de)	kråka (en)	['kroːka]
kauw (de)	kaja (en)	['kaja]
roek (de)	råka (en)	['roːka]

eend (de)	anka (en)	['aŋka]
gans (de)	gås (en)	['goːs]
fazant (de)	fasan (en)	[fa'san]

arend (de)	örn (en)	['øːɳ]
havik (de)	hök (en)	['høːk]
valk (de)	falk (en)	['falʲk]
gier (de)	gam (en)	['gam]
condor (de)	kondor (en)	['kɔnˌdor]

zwaan (de)	svan (en)	['svan]
kraanvogel (de)	trana (en)	['trana]
ooievaar (de)	stork (en)	['stɔrk]

papegaai (de)	papegoja (en)	[pape'goja]
kolibrie (de)	kolibri (en)	['kɔlibri]
pauw (de)	påfågel (en)	['poːˌfoːgəlʲ]

struisvogel (de)	struts (en)	['struts]
reiger (de)	häger (en)	['hɛːgər]
flamingo (de)	flamingo (en)	[flʲa'mingo]
pelikaan (de)	pelikan (en)	[peli'kan]

| nachtegaal (de) | näktergal (en) | ['nɛktə‚galʲ] |
| zwaluw (de) | svala (en) | ['svalʲa] |

lijster (de)	trast (en)	['trast]
zanglijster (de)	sångtrast (en)	['sɔŋˌtrast]
merel (de)	koltrast (en)	['kɔlʲˌtrast]

gierzwaluw (de)	tornseglare, tornsvala (en)	['tʊːɳˌseglarə], ['tʊːɳˌsvalʲa]
leeuwerik (de)	lärka (en)	['lʲæːrka]
kwartel (de)	vaktel (en)	['vaktəlʲ]

specht (de)	hackspett (en)	['hakˌspet]
koekoek (de)	gök (en)	['jøːk]
uil (de)	uggla (en)	['uglʲa]
oehoe (de)	berguv (en)	['bɛrjˌʉːv]
auerhoen (het)	tjäder (en)	['ɕɛːdər]
korhoen (het)	orre (en)	['ɔrə]
patrijs (de)	rapphöna (en)	['rapˌhøːna]

spreeuw (de)	stare (en)	['starə]
kanarie (de)	kanariefågel (en)	[ka'nariə‚foːgəlʲ]
hazelhoen (het)	järpe (en)	['jæːrpə]
vink (de)	bofink (en)	['bʊˌfiŋk]
goudvink (de)	domherre (en)	['dʊmhɛrə]

meeuw (de)	mås (en)	['moːs]
albatros (de)	albatross (en)	['alʲbaˌtrɔs]
pinguïn (de)	pingvin (en)	[piŋ'vin]

217. Vogels. Zingen en geluiden

fluiten, zingen (ww)	att sjunga	[at 'ɧuːŋa]
schreeuwen (dieren, vogels)	att skrika	[at 'skrika]
kraaien (ov. een haan)	att gala	[at 'galʲa]
kukeleku	kuckeliku	[kʉkeli'kʉː]

klokken (hen)	att kackla	[at 'kaklʲa]
krassen (kraai)	att kraxa	[at 'kraksa]
kwaken (eend)	att snattra	[at 'snatra]
piepen (kuiken)	att pipa	[at 'pipa]
tjilpen (bijv. een mus)	att kvittra	[at 'kvitra]

218. Vis. Zeedieren

brasem (de)	brax (en)	['braks]
karper (de)	karp (en)	['karp]
baars (de)	ábborre (en)	['abɔrə]
meerval (de)	mal (en)	['malʲ]
snoek (de)	gädda (en)	['jɛda]

| zalm (de) | lax (en) | ['lʲaks] |
| steur (de) | stör (en) | ['støːr] |

haring (de)	sill (en)	['silʲ]
atlantische zalm (de)	atlanterhavslax (en)	[at'lantərhav͵lʲaks]
makreel (de)	makrill (en)	['makrilʲ]
platvis (de)	rödspätta (en)	['rø:d͵spæta]

snoekbaars (de)	gös (en)	['jø:s]
kabeljauw (de)	torsk (en)	['to:ʂk]
tonijn (de)	tonfisk (en)	['tʊn͵fisk]
forel (de)	öring (en)	['ø:riŋ]

paling (de)	ål (en)	['o:lʲ]
sidderrog (de)	elektrisk rocka (en)	[ɛ'lʲektrisk͵rɔka]
murene (de)	muräna (en)	[mʉ'rɛna]
piranha (de)	piraya (en)	[pi'raja]

haai (de)	haj (en)	['haj]
dolfijn (de)	delfin (en)	[dɛlʲ'fin]
walvis (de)	val (en)	['valʲ]

krab (de)	krabba (en)	['kraba]
kwal (de)	manet, medusa (en)	[ma'net], [me'dʉsa]
octopus (de)	bläckfisk (en)	['blʲɛk͵fisk]

zeester (de)	sjöstjärna (en)	['ɧø:͵ɧæ:ɳa]
zee-egel (de)	sjöpiggsvin (ett)	['ɧø:͵pigsvin]
zeepaardje (het)	sjöhäst (en)	['ɧø:͵hɛst]

oester (de)	ostron (ett)	['ʊstrʊn]
garnaal (de)	räka (en)	['rɛ:ka]
kreeft (de)	hummer (en)	['humər]
langoest (de)	languster (en)	[lʲaŋ'gustər]

219. Amfibieën. Reptielen

| slang (de) | orm (en) | ['ʊrm] |
| giftig (slang) | giftig | ['jiftig] |

adder (de)	huggorm (en)	['hʉg͵ʊrm]
cobra (de)	kobra (en)	['kɔbra]
python (de)	pytonorm (en)	[py'tɔn͵ʊrm]
boa (de)	boaorm (en)	['bʊa͵ʊrm]

ringslang (de)	snok (en)	['snʊk]
ratelslang (de)	skallerorm (en)	['skalʲer͵ʊrm]
anaconda (de)	anaconda (en)	[ana'kɔnda]

hagedis (de)	ödla (en)	['ødlʲa]
leguaan (de)	iguana (en)	[igu'ana]
varaan (de)	varan (en)	[va'ran]
salamander (de)	salamander (en)	[salʲa'mandər]
kameleon (de)	kameleont (en)	[kamelʲe'ont]
schorpioen (de)	skorpion (en)	[skɔrpi'ʊn]
schildpad (de)	sköldpadda (en)	['ɧœlʲd͵pada]
kikker (de)	groda (en)	['grʊda]

| pad (de) | padda (en) | ['pada] |
| krokodil (de) | krokodil (en) | [krɔkɔ'dilʲ] |

220. Insecten

insect (het)	insekt (en)	['insɛkt]
vlinder (de)	fjäril (en)	['fʲæ:rilʲ]
mier (de)	myra (en)	['myra]
vlieg (de)	fluga (en)	['flʉ:ga]
mug (de)	mygga (en)	['mʏga]
kever (de)	skalbagge (en)	['skalʲˌbagə]

wesp (de)	geting (en)	['jɛtiŋ]
bij (de)	bi (ett)	['bi]
hommel (de)	humla (en)	['humlʲa]
horzel (de)	styngfluga (en)	['stʏŋˌflʉ:ga]

| spin (de) | spindel (en) | ['spindəlʲ] |
| spinnenweb (het) | spindelnät (ett) | ['spindəlˌnɛ:t] |

libel (de)	trollslända (en)	['trolʲˌslʲɛnda]
sprinkhaan (de)	gräshoppa (en)	['grɛsˌhɔpa]
nachtvlinder (de)	nattfjäril (en)	['natˌfʲæ:rilʲ]

kakkerlak (de)	kackerlacka (en)	['kakɛ:ˌlʲaka]
mijt (de)	fästing (en)	['fɛstiŋ]
vlo (de)	loppa (en)	['lʲɔpa]
kriebelmug (de)	knott (ett)	['knot]

treksprinkhaan (de)	vandringsgräshoppa (en)	['vandriŋˌgrɛs'hɔparə]
slak (de)	snigel (en)	['snigəlʲ]
krekel (de)	syrsa (en)	['sʏʂa]
glimworm (de)	lysmask (en)	['lʲysˌmask]
lieveheersbeestje (het)	nyckelpiga (en)	['nʏkəlʲˌpiga]
meikever (de)	ollonborre (en)	['ɔlʲɔnˌbɔrə]

bloedzuiger (de)	igel (en)	['i:gəlʲ]
rups (de)	fjärilslarv (en)	['fʲæ:rilʲsˌlʲarv]
aardworm (de)	daggmask (en)	['dagˌmask]
larve (de)	larv (en)	['lʲarv]

221. Dieren. Lichaamsdelen

snavel (de)	näbb (ett)	['nɛb]
vleugels (mv.)	vingar (pl)	['viŋar]
poot (ov. een vogel)	fot (en)	['fʊt]
verenkleed (het)	fjäderdräkt (en)	['fʲɛ:dəˌdrɛkt]
veer (de)	fjäder (en)	['fʲɛ:dər]
kuifje (het)	tofs (en)	['tofs]

| kieuwen (mv.) | gälar (pl) | ['jɛ:ˌlʲar] |
| kuit, dril (de) | rom (en), ägg (pl) | ['rɔm], ['ɛg] |

larve (de)	larv (en)	['lʲarv]
vin (de)	fena (en)	['fena]
schubben (mv.)	fjäll (ett)	['fʲælʲ]

slagtand (de)	hörntand (en)	['hø:n̩tand]
poot (bijv. ~ van een kat)	tass (en)	['tas]
muil (de)	mule (en)	['mʉlʲe]
bek (mond van dieren)	gap (ett)	['gap]
staart (de)	svans (en)	['svans]
snorharen (mv.)	morrhår (ett)	['mɔrˌhɔ:r]

| hoef (de) | klöv, hov (en) | ['klø:v], ['hɔ:v] |
| hoorn (de) | horn (ett) | ['hʉ:n] |

schild (schildpad, enz.)	ryggsköld (en)	['rʏgˌɧœlʲd]
schelp (de)	skal (ett)	['skalʲ]
eierschaal (de)	äggskal (ett)	['ɛgˌskalʲ]

| vacht (de) | päls (en) | ['pɛlʲs] |
| huid (de) | skinn (ett) | ['ɧin] |

222. Acties van de dieren

| vliegen (ww) | att flyga | [at 'flʲyga] |
| cirkelen (vogel) | att kretsa | [at 'krɛtsa] |

| wegvliegen (ww) | att flyga bort | [at 'flʲyga ˌbɔ:t] |
| klapwieken (ww) | att flaxa | [at 'flʲaksa] |

| pikken (vogels) | att picka | [at 'pika] |
| broeden (de eend zit te ~) | att kläcka ägg | [at 'klʲɛka 'ɛg] |

| uitbroeden (ww) | att kläckas | [at 'klʲɛkas] |
| een nest bouwen | att bygga boet | [at 'bʏga 'boət] |

kruipen (ww)	att krypa	[at 'krypa]
steken (bij)	att sticka	[at 'stika]
bijten (de hond, enz.)	att bita	[at 'bita]

snuffelen (ov. de dieren)	att sniffa	[at 'snifa]
blaffen (ww)	att skälla	[at 'ɧɛlʲa]
sissen (slang)	att väsa	[at 'vɛ:sa]

| doen schrikken (ww) | att skrämma | [at 'skrɛma] |
| aanvallen (ww) | att överfalla | [at 'ø:vəˌfalʲa] |

knagen (ww)	att gnaga	[at 'gnaga]
schrammen (ww)	att klösa	[at 'klʲø:sa]
zich verbergen (ww)	att gömma sig	[at 'jœma sɛj]

spelen (ww)	att leka	[at 'lʲeka]
jagen (ww)	att jaga	[at 'jaga]
winterslapen	att gå i dvala	[at 'go: i 'dvala]
uitsterven (dinosauriërs, enz.)	att dö ut	[at 'dø: ʉt]

223. Dieren. Leefomgevingen

leefgebied (het)	habitat	[habi'tat]
migratie (de)	migration (en)	[migra'ŋʊn]
berg (de)	berg (ett)	['bɛrj]
rif (het)	rev (ett)	['rev]
klip (de)	klippa (en)	['klipa]
bos (het)	skog (en)	['skʊg]
jungle (de)	djungel (en)	['juŋəlʲ]
savanne (de)	savann (en)	[sa'van]
toendra (de)	tundra (en)	['tundra]
steppe (de)	stäpp (en)	['stɛp]
woestijn (de)	öken (en)	['ø:kən]
oase (de)	oas (en)	[ɔ'as]
zee (de)	hav (ett)	['hav]
meer (het)	sjö (en)	['ŋø:]
oceaan (de)	ocean (en)	[ʊse'an]
moeras (het)	träsk (ett), myr (en)	['trɛsk], ['myr]
zoetwater- (abn)	sötvattens-	['sø:t‚vatəns-]
vijver (de)	damm (en)	['dam]
rivier (de)	älv, flod (en)	['ɛlʲv], ['flʲʊd]
berenhol (het)	ide (ett)	['ide]
nest (het)	bo (ett)	['bʊ]
boom holte (de)	trädhål (ett)	['trɛ:d‚ho:lʲ]
hol (het)	lya, håla (en)	['lʲya], ['ho:lʲa]
mierenhoop (de)	myrstack (en)	['my‚stak]

224. Dierverzorging

dierentuin (de)	zoo (ett)	['sʊ:]
natuurreservaat (het)	naturreservat (ett)	[na'tʉ:r resɛr'vat]
fokkerij (de)	uppfödare (en)	['up‚fø:darə]
openluchtkooi (de)	voljär (en)	[vɔ'ljær]
kooi (de)	bur (en)	['bʉ:r]
hondenhok (het)	hundkoja (en)	['hund‚kɔja]
duiventil (de)	duvslag (ett)	['dʉv‚slʲag]
aquarium (het)	akvarium (ett)	[a'kvarium]
dolfinarium (het)	delfinarium (ett)	[dɛlʲfi'narium]
fokken (bijv. honden ~)	att avla, att föda upp	[at 'avlʲa], [at 'fø:da up]
nakomelingen (mv.)	kull (en)	['kulʲ]
temmen (tam maken)	att tämja	[at 'tɛmja]
voeding (de)	foder (ett)	['fʊdər]
voederen (ww)	att utfodra	[at 'ʉt‚fo:dra]
dresseren (ww)	att dressera	[at drɛ'sera]

dierenwinkel (de)	djuraffär (en)	['jɯ:ra'fæ:r]
muilkorf (de)	munkorg (ett)	['muŋ,kɔrj]
halsband (de)	halsband (ett)	['halʲs,band]
naam (ov. een dier)	namn (ett)	['namn]
stamboom (honden met ~)	stamtavla (en)	['stam,tavlʲa]

225. Dieren. Diversen

meute (wolven)	flock (en)	['flʲɔk]
zwerm (vogels)	flock (en)	['flʲɔk]
school (vissen)	stim (ett)	['stim]
kudde (wilde paarden)	hjord (en)	['jɯ:d]

| mannetje (het) | hane (en) | ['hanə] |
| vrouwtje (het) | hona (en) | ['hʊna] |

hongerig (bn)	hungrig	['huŋrig]
wild (bn)	vild	['vilʲd]
gevaarlijk (bn)	farlig	['fa:lʲig]

226. Paarden

| paard (het) | häst (en) | ['hɛst] |
| ras (het) | ras (en) | ['ras] |

| veulen (het) | föl (ett) | ['fø:lʲ] |
| merrie (de) | sto (ett) | ['stʊ:] |

mustang (de)	mustang (en)	[mɯ'staŋ]
pony (de)	ponny (en)	['pɔni]
koudbloed (de)	kallblodshäst (en)	['kalʲblʲʊd,hɛst]

| manen (mv.) | man (en) | ['man] |
| staart (de) | svans (en) | ['svans] |

hoef (de)	hov (en)	['hɔ:v]
hoefijzer (het)	hästsko (en)	['hɛst,skʊ]
beslaan (ww)	att sko	[at 'skʊ:]
paardensmid (de)	smed (en)	['smed]

zadel (het)	sadel (en)	['sadəlʲ]
stijgbeugel (de)	stigbygel (en)	['stig,bygəlʲ]
breidel (de)	betsel (ett)	['bɛtsəlʲ]
leidsels (mv.)	tömmar (pl)	['tœmar]
zweep (de)	piska (en)	['piska]

ruiter (de)	ryttare (en)	['rʏtarə]
zadelen (ww)	att sadla	[at 'sadlʲa]
een paard bestijgen	att stiga till häst	[at 'stiga tilʲ 'hɛst]

| galop (de) | galopp (en) | [ga'lʲɔp] |
| galopperen (ww) | att galoppera | [at galʲɔ'pera] |

draf (de)	trav (ett)	['trav]
in draf (bw)	i trav	[i 'trav]
draven (ww)	att trava	[at 'trava]

renpaard (het)	kapplöpningshäst (en)	['kap‚lœpniŋs 'hɛst]
paardenrace (de)	hästkapplöpning (en)	['hɛst‚kap'lˌœpniŋ]

paardenstal (de)	stall (ett)	['stalʲ]
voederen (ww)	att utfodra	[at 'ʉt‚fɔ:dra]
hooi (het)	hö (ett)	['hø:]
water geven (ww)	att vattna	[at 'vatna]
wassen (paard ~)	att borsta	[at 'bɔ:ʂta]

paardenkar (de)	kärra (en)	['ɕæ:ra]
grazen (gras eten)	att beta	[at 'beta]
hinniken (ww)	att gnägga	[at 'gnɛga]
een trap geven	att sparka bakut	[at 'sparka ‚bakʉt]

Flora

227. Bomen

boom (de)	träd (ett)	['trɛ:d]
loof- (abn)	löv-	['lʲø:v-]
dennen- (abn)	barr-	['bar-]
groenblijvend (bn)	eviggrönt	['ɛvi‚grœnt]
appelboom (de)	äppelträd (ett)	['ɛpelʲ‚trɛd]
perenboom (de)	päronträd (ett)	['pæ:rɔn‚trɛd]
zure kers (de)	körsbärsträd (ett)	['çø:ṣbæ:ṣ‚trɛd]
pruimelaar (de)	plommonträd (ett)	['plʲumɔn‚trɛd]
berk (de)	björk (en)	['bjœrk]
eik (de)	ek (en)	['ɛk]
linde (de)	lind (en)	['lind]
esp (de)	asp (en)	['asp]
esdoorn (de)	lönn (en)	['lʲøn]
spar (de)	gran (en)	['gran]
den (de)	tall (en)	['talʲ]
lariks (de)	lärk (en)	['lʲæ:rk]
zilverspar (de)	silvergran (en)	['silʲver‚gran]
ceder (de)	ceder (en)	['sedər]
populier (de)	poppel (en)	['pɔpəlʲ]
lijsterbes (de)	rönn (en)	['rœn]
wilg (de)	pil (en)	['pilʲ]
els (de)	al (en)	['alʲ]
beuk (de)	bok (en)	['buk]
iep (de)	alm (en)	['alʲm]
es (de)	ask (en)	['ask]
kastanje (de)	kastanjeträd (ett)	[ka'stanjə‚trɛd]
magnolia (de)	magnolia (en)	[maŋ'nulia]
palm (de)	palm (en)	['palʲm]
cipres (de)	cypress (en)	[sʏ'prɛs]
mangrove (de)	mangroveträd (ett)	[maŋ'rɔvə‚trɛd]
baobab (apenbroodboom)	apbrödsträd (ett)	['apbrøds‚trɛd]
eucalyptus (de)	eukalyptus (en)	[euka'lʲyptus]
mammoetboom (de)	sequoia (en)	[sek'vɔja]

228. Heesters

struik (de)	buske (en)	['buskə]
heester (de)	buske (en)	['buskə]

| wijnstok (de) | vinranka (en) | ['vin,raŋka] |
| wijngaard (de) | vingård (en) | ['vin,go:d̦] |

frambozenstruik (de)	hallonsnår (ett)	['halɔn,sno:r]
zwarte bes (de)	svarta vinbär (ett)	['sva:ʈa 'vinbæ:r]
rode bessenstruik (de)	röd vinbärsbuske (en)	['rø:d 'vinbæ:ʂ,buskə]
kruisbessenstruik (de)	krusbärsbuske (en)	['krʉ:sbæ:ʂ,buskə]

acacia (de)	akacia (en)	[a'kasia]
zuurbes (de)	berberis (en)	['bɛrberis]
jasmijn (de)	jasmin (en)	[has'min]

jeneverbes (de)	en (en)	['en]
rozenstruik (de)	rosenbuske (en)	['rʉsən,buskə]
hondsroos (de)	stenros, hundros (en)	['stenrʉs], ['hundrʉs]

229. Champignons

paddenstoel (de)	svamp (en)	['svamp]
eetbare paddenstoel (de)	matsvamp (en)	['mat,svamp]
giftige paddenstoel (de)	giftig svamp (en)	['jiftig ,svamp]
hoed (de)	hatt (en)	['hat]
steel (de)	fot (en)	['fʉt]

gewoon eekhoorntjesbrood (het)	stensopp (en)	['sten,sɔp]
rosse populierenboleet (de)	aspsopp (en)	['asp,sɔp]
berkenboleet (de)	björksopp (en)	['bjœrk,sɔp]
cantharel (de)	kantarell (en)	[kanta'rɛlʲ]
russula (de)	kremla (en)	['krɛmlʲa]

morille (de)	murkla (en)	['mʉ:rklʲa]
vliegenzwam (de)	flugsvamp (en)	['flʉ:g,svamp]
groene knolzwam (de)	lömsk flugsvamp (en)	['lʲømsk 'flʉ:g,svamp]

230. Vruchten. Bessen

vrucht (de)	frukt (en)	['frukt]
vruchten (mv.)	frukter (pl)	['fruktər]
appel (de)	äpple (ett)	['ɛplʲe]
peer (de)	päron (ett)	['pæ:rɔn]
pruim (de)	plommon (ett)	['plʲumɔn]

aardbei (de)	jordgubbe (en)	['ju:d̦,gubə]
zure kers (de)	körsbär (ett)	['ɕø:ʂ,bæ:r]
zoete kers (de)	fågelbär (ett)	['fo:gəlʲ,bæ:r]
druif (de)	druva (en)	['drʉ:va]

framboos (de)	hallon (ett)	['halɔn]
zwarte bes (de)	svarta vinbär (ett)	['sva:ʈa 'vinbæ:r]
rode bes (de)	röda vinbär (ett)	['rø:da 'vinbæ:r]
kruisbes (de)	krusbär (ett)	['krʉ:s,bæ:r]

veenbes (de)	tranbär (ett)	['tranˌbæːr]
sinaasappel (de)	apelsin (en)	[apɛlʲ'sin]
mandarijn (de)	mandarin (en)	[manda'rin]
ananas (de)	ananas (en)	['ananas]
banaan (de)	banan (en)	['banan]
dadel (de)	dadel (en)	['dadəlʲ]

citroen (de)	citron (en)	[si'trʊn]
abrikoos (de)	aprikos (en)	[apri'kʊs]
perzik (de)	persika (en)	['pɛʂika]
kiwi (de)	kiwi (en)	['kivi]
grapefruit (de)	grapefrukt (en)	['grɛjpˌfrʉkt]

bes (de)	bär (ett)	['bæːr]
bessen (mv.)	bär (pl)	['bæːr]
vossenbes (de)	lingon (ett)	['liŋɔn]
bosaardbei (de)	skogssmultron (ett)	['skʊgsˌsmulʲtrɔːn]
bosbes (de)	blåbär (ett)	['blʲoːˌbæːr]

231. Bloemen. Planten

bloem (de)	blomma (en)	['blʲʊma]
boeket (het)	bukett (en)	[bʉ'kɛt]

roos (de)	ros (en)	['rʊs]
tulp (de)	tulpan (en)	[tulʲ'pan]
anjer (de)	nejlika (en)	['nɛjlika]
gladiool (de)	gladiolus (en)	[glʲadi'ɔlʉːs]

korenbloem (de)	blåklint (en)	['blʲoːˌklint]
klokje (het)	blåklocka (en)	['blʲoːˌklʲɔka]
paardenbloem (de)	maskros (en)	['maskrʊs]
kamille (de)	kamomill (en)	[kamɔ'milʲ]

aloë (de)	aloe (en)	['alʲʊe]
cactus (de)	kaktus (en)	['kaktus]
ficus (de)	fikus (en)	['fikus]

lelie (de)	lilja (en)	['lilja]
geranium (de)	geranium (en)	[je'ranium]
hyacint (de)	hyacint (en)	[hya'sint]

mimosa (de)	mimosa (en)	[mi'mɔːsa]
narcis (de)	narciss (en)	[nar'sis]
Oostindische kers (de)	blomsterkrasse (en)	['blʲomstərˌkrasə]

orchidee (de)	orkidé (en)	[ɔrki'deː]
pioenroos (de)	pion (en)	[pi'ʊn]
viooltje (het)	viol (en)	[vi'ʊlʲ]

driekleurig viooltje (het)	styvmorsviol (en)	['styvmʊrs vi'ʊlʲ]
vergeet-mij-nietje (het)	förgätmigej (en)	[føˌrʲæt mi 'gej]
madeliefje (het)	tusensköna (en)	['tʉːsənˌɧøːna]
papaver (de)	vallmo (en)	['valʲmʊ]

hennep (de)	hampa (en)	['hampa]
munt (de)	mynta (en)	['mʏnta]
lelietje-van-dalen (het)	liljekonvalje (en)	['lilje kʊn 'valjə]
sneeuwklokje (het)	snödropp (en)	['snø:ˌdrop]
brandnetel (de)	nässla (en)	['nɛslʲa]
veldzuring (de)	syra (en)	['syra]
waterlelie (de)	näckros (en)	['nɛkrʊs]
varen (de)	ormbunke (en)	['ʊrmˌbuŋkə]
korstmos (het)	lav (en)	['lʲav]
oranjerie (de)	drivhus (ett)	['drivˌhʉs]
gazon (het)	gräsplan, gräsmatta (en)	['grɛsˌplan], ['grɛsˌmata]
bloemperk (het)	blomsterrabatt (en)	['blʲomstərˌrabat]
plant (de)	växt (en)	['vɛkst]
gras (het)	gräs (ett)	['grɛ:s]
grasspriet (de)	grässtrå (ett)	['grɛ:sˌstro:]
blad (het)	löv (ett)	['lʲø:v]
bloemblad (het)	kronblad (ett)	['kronˌblʲad]
stengel (de)	stjälk (en)	['ɧɛlʲk]
knol (de)	rotknöl (en)	['rʊtˌknø:lʲ]
scheut (de)	ung planta (en)	['uŋ 'planta]
doorn (de)	törne (ett)	['tø:ɳə]
bloeien (ww)	att blomma	[at 'blʲʊma]
verwelken (ww)	att vissna	[at 'visna]
geur (de)	lukt (en)	['lʉkt]
snijden (bijv. bloemen ~)	att skära av	[at 'ɧæ:ra av]
plukken (bloemen ~)	att plocka	[at 'plʲoka]

232. Granen, graankorrels

graan (het)	korn, spannmål (ett)	['kʊ:ɳ], ['spanˌmo:lʲ]
graangewassen (mv.)	spannmål (ett)	['spanˌmo:lʲ]
aar (de)	ax (ett)	['aks]
tarwe (de)	vete (ett)	['vetə]
rogge (de)	råg (en)	['ro:g]
haver (de)	havre (en)	['havrə]
gierst (de)	hirs (en)	['hyʂ]
gerst (de)	korn (ett)	['kʊ:ɳ]
maïs (de)	majs (en)	['majs]
rijst (de)	ris (ett)	['ris]
boekweit (de)	bovete (ett)	['bʊˌvetə]
erwt (de)	ärt (en)	['æ:t]
boon (de)	böna (en)	['bøna]
soja (de)	soja (en)	['sɔja]
linze (de)	lins (en)	['lins]
bonen (mv.)	bönor (pl)	['bønʊr]

233. Groenten. Groene groenten

| groenten (mv.) | grönsaker (pl) | ['grø:n‚sakər] |
| verse kruiden (mv.) | grönsaker (pl) | ['grø:n‚sakər] |

tomaat (de)	tomat (en)	[tʊ'mat]
augurk (de)	gurka (en)	['gurka]
wortel (de)	morot (en)	['mʊ‚rʊt]
aardappel (de)	potatis (en)	[pʊ'tatis]
ui (de)	lök (en)	['lʲø:k]
knoflook (de)	vitlök (en)	['vit‚lʲø:k]

kool (de)	kål (en)	['ko:lʲ]
bloemkool (de)	blomkål (en)	['blʲʊm‚ko:lʲ]
spruitkool (de)	brysselkål (en)	['brʏsɛlʲ‚ko:lʲ]
broccoli (de)	broccoli (en)	['brɔkɔli]

rode biet (de)	rödbeta (en)	['rø:d‚beta]
aubergine (de)	aubergine (en)	[ɔbɛr'ʒin]
courgette (de)	squash, zucchini (en)	['skvɔ:ɕ], [su'kini]
pompoen (de)	pumpa (en)	['pumpa]
knolraap (de)	rova (en)	['rʊva]

peterselie (de)	persilja (en)	[pɛ'ʂilja]
dille (de)	dill (en)	['dilʲ]
sla (de)	sallad (en)	['salʲad]
selderij (de)	selleri (en)	['sɛlʲeri]
asperge (de)	sparris (en)	['sparis]
spinazie (de)	spenat (en)	[spe'nat]

erwt (de)	ärter (pl)	['æ:ţər]
bonen (mv.)	bönor (pl)	['bønʊr]
maïs (de)	majs (en)	['majs]
boon (de)	böna (en)	['bøna]

peper (de)	peppar (en)	['pɛpar]
radijs (de)	rädisa (en)	['rɛ:disa]
artisjok (de)	kronärtskocka (en)	['krʊnæ:ţ‚skɔka]

REGIONALE AARDRIJKSKUNDE

Landen. Nationaliteiten

234. West-Europa

Europa (het)	Europa	[eu'rʊpa]
Europese Unie (de)	Europeiska unionen	[euɾʊ'peiska un'jʊnən]
Europeaan (de)	europé (en)	[euɾʊ'pe:]
Europees (bn)	europeisk	[euɾʊ'peisk]
Oostenrijk (het)	Österrike	['œstɛˌrikə]
Oostenrijker (de)	österrikare (en)	['œstɛˌri:karə]
Oostenrijkse (de)	österrikiska (en)	['œstɛˌri:kiska]
Oostenrijks (bn)	österrikisk	['œstɛˌri:kisk]
Groot-Brittannië (het)	Storbritannien	['stʊrˌbri'tanien]
Engeland (het)	England	['ɛŋlʲand]
Engelsman (de)	britt (en)	['brit]
Engelse (de)	britt (en)	['brit]
Engels (bn)	engelsk, britisk	['ɛŋɛlʲsk], ['britisk]
België (het)	Belgien	['bɛlʲgien]
Belg (de)	belgare (en)	['bɛlʲgarə]
Belgische (de)	belgiska (en)	['bɛlʲgiska]
Belgisch (bn)	belgisk	['bɛlʲgisk]
Duitsland (het)	Tyskland	['tʏsklʲand]
Duitser (de)	tysk (en)	['tʏsk]
Duitse (de)	tyska (en)	['tʏska]
Duits (bn)	tysk	['tʏsk]
Nederland (het)	Nederländerna	['nedɛːˌlʲɛndɛ:ɳa]
Holland (het)	Holland	['holʲand]
Nederlander (de)	holländare (en)	['hɔˌlʲɛndarə]
Nederlandse (de)	holländska (en)	['hɔˌlʲɛnska]
Nederlands (bn)	holländsk	['hɔˌlʲɛnsk]
Griekenland (het)	Grekland	['greklʲand]
Griek (de)	grek (en)	['grek]
Griekse (de)	grekiska (en)	['grekiska]
Grieks (bn)	grekisk	['grekisk]
Denemarken (het)	Danmark	['daŋmark]
Deen (de)	dansk (en)	['daŋsk]
Deense (de)	danska (en)	['daŋska]
Deens (bn)	dansk	['daŋsk]
Ierland (het)	Irland	['ilʲand]
Ier (de)	irer (en)	['irər]

Ierse (de)	iriska (en)	['iriska]
Iers (bn)	irisk	['irisk]
IJsland (het)	Island	['islʲand]
IJslander (de)	islänning (en)	['is,lʲɛniŋ]
IJslandse (de)	isländska (en)	['is,lʲɛŋska]
IJslands (bn)	isländsk	['is,lʲɛŋsk]
Spanje (het)	Spanien	['spaniən]
Spanjaard (de)	spanjor (en)	['spanˌjuːr]
Spaanse (de)	spanjorska (en)	['spanˌjuːʂka]
Spaans (bn)	spansk	['spansk]
Italië (het)	Italien	[i'taliən]
Italiaan (de)	italienare (en)	[ita'ljɛnarə]
Italiaanse (de)	italienska (en)	[ita'ljɛnska]
Italiaans (bn)	italiensk	[ita'ljɛnsk]
Cyprus (het)	Cypern	['sypɛːn̩]
Cyprioot (de)	cypriot (en)	[sʏpri'ʊt]
Cypriotische (de)	cypriotiska (en)	[sʏpri'ʊtiska]
Cypriotisch (bn)	cypriotisk	[sʏpri'ʊtisk]
Malta (het)	Malta	['malʲta]
Maltees (de)	maltesare (en)	[malʲ'tesarə]
Maltese (de)	maltesiska (en)	[malʲ'tesiska]
Maltees (bn)	maltesisk	[malʲ'tesisk]
Noorwegen (het)	Norge	['nɔrjə]
Noor (de)	norrman (en)	['nɔrman]
Noorse (de)	norska (en)	['nɔːʂka]
Noors (bn)	norsk	['nɔːʂk]
Portugal (het)	Portugal	['pɔːʈugalʲ]
Portugees (de)	portugis (en)	[pɔːʈu'giːs]
Portugese (de)	portugisiska (en)	[pɔːʈu'giːsiska]
Portugees (bn)	portugisisk	[pɔːʈu'giːsisk]
Finland (het)	Finland	['finlʲand]
Fin (de)	finne (en)	['finə]
Finse (de)	finska (en)	['finska]
Fins (bn)	finsk	['finsk]
Frankrijk (het)	Frankrike	['fraŋkrikə]
Fransman (de)	fransman (en)	['fransˌman]
Française (de)	fransyska (en)	['fransʏska]
Frans (bn)	fransk	['fransk]
Zweden (het)	Sverige	['svɛrijə]
Zweed (de)	svensk (en)	['svɛnsk]
Zweedse (de)	svenska (en)	['svɛnska]
Zweeds (bn)	svensk	['svɛnsk]
Zwitserland (het)	Schweiz	['ʃvɛjts]
Zwitser (de)	schweizare (en)	['ʃvɛjtsarə]
Zwitserse (de)	schweiziska (en)	['ʃvɛjtsiska]

Zwitsers (bn)	schweizisk	['ʃvɛjtsisk]
Schotland (het)	Skottland	['skɔtlˠand]
Schot (de)	skotte (en)	['skɔtə]
Schotse (de)	skotska (en)	['skɔtska]
Schots (bn)	skotsk	['skɔtsk]

Vaticaanstad (de)	Vatikanstaten	[vati'kan‚statən]
Liechtenstein (het)	Liechtenstein	['lihtənstajn]
Luxemburg (het)	Luxemburg	['lɵksəm‚burj]
Monaco (het)	Monaco	['mɔnakɔ]

235. Centraal- en Oost-Europa

Albanië (het)	Albanien	[alˠ'baniən]
Albanees (de)	alban (en)	[alˠ'ban]
Albanese (de)	albanska (en)	[alˠ'banska]
Albanees (bn)	albansk	[alˠ'bansk]

Bulgarije (het)	Bulgarien	[bɵlˠ'gariən]
Bulgaar (de)	bulgar (en)	[bɵlˠ'gar]
Bulgaarse (de)	bulgariska (en)	[bɵlˠ'gariska]
Bulgaars (bn)	bulgarisk	[bɵlˠ'garisk]

Hongarije (het)	Ungern	['uŋɛ:ɳ]
Hongaar (de)	ungrare (en)	['uŋrarə]
Hongaarse (de)	ungerska (en)	['uŋɛʂka]
Hongaars (bn)	ungersk	['uŋɛʂk]

Letland (het)	Lettland	['lˠetlˠand]
Let (de)	lett (en)	['lˠet]
Letse (de)	lettiska (en)	['lˠetiska]
Lets (bn)	lettisk	['lˠetisk]

Litouwen (het)	Litauen	[li'tauən]
Litouwer (de)	litauer (en)	[li'tauər]
Litouwse (de)	litauiska (en)	[li'tauiska]
Litouws (bn)	litauisk	[li'tauisk]

Polen (het)	Polen	['pɔlˠen]
Pool (de)	polack (en)	[pɔ'lˠak]
Poolse (de)	polska (en)	['pɔlˠska]
Pools (bn)	polsk	['pɔlˠsk]

Roemenië (het)	Rumänien	[rɵ'mɛ:niən]
Roemeen (de)	rumän (en)	[rɵ'mɛ:n]
Roemeense (de)	rumänska (en)	[rɵ'mɛ:nska]
Roemeens (bn)	rumänsk	[rɵ'mɛ:nsk]

Servië (het)	Serbien	['sɛrbiən]
Serviër (de)	serb (en)	['sɛrb]
Servische (de)	serbiska (en)	['sɛrbiska]
Servisch (bn)	serbisk	['sɛrbisk]
Slowakije (het)	Slovakien	[slˠɔ'vakiən]
Slowaak (de)	slovak (en)	[slˠɔ'vak]

| Slowaakse (de) | slovakiska (en) | [slʲɔ'vakiska] |
| Slowaakse (bn) | slovakisk | [slʲɔ'vakisk] |

Kroatië (het)	Kroatien	[krʊ'atiən]
Kroaat (de)	kroat (en)	[krʊ'at]
Kroatische (de)	kroatiska (en)	[krʊ'atiska]
Kroatisch (bn)	kroatisk	[krʊ'atisk]

Tsjechië (het)	Tjeckien	['ɕɛkiən]
Tsjech (de)	tjeck (en)	['ɕɛk]
Tsjechische (de)	tjeckiska (en)	['ɕɛkiska]
Tsjechisch (bn)	tjeckisk	['ɕɛkisk]

Estland (het)	Estland	['ɛstlʲand]
Est (de)	estländare (en)	['ɛstˌlʲɛndarə]
Estse (de)	estländska (en)	['ɛstˌlʲɛŋska]
Ests (bn)	estnisk	['ɛstnisk]

Bosnië en Herzegovina (het)	Bosnien-Hercegovina	['bɔsniən hɛrsəgɔ'vina]
Macedonië (het)	Makedonien	[make'dʊniən]
Slovenië (het)	Slovenien	[slʲɔ'veniən]
Montenegro (het)	Montenegro	['mɔntəˌnɛgrʊ]

236. Voormalige USSR landen

Azerbeidzjan (het)	Azerbajdzjan	[asɛrbaj'dʒʲan]
Azerbeidzjaan (de)	azerbajdzjan (en)	[asɛrbaj'dʒʲan]
Azerbeidjaanse (de)	azerbajdzjanska (en)	[asɛrbaj'dʒʲanska]
Azerbeidjaans (bn)	azerbajdzjansk	[asɛrbaj'dʒʲansk]

Armenië (het)	Armenien	[ar'meniən]
Armeen (de)	armenier (en)	[ar'meniɛr]
Armeense (de)	armeniska (en)	[ar'meniska]
Armeens (bn)	armenisk	[ar'menisk]

Wit-Rusland (het)	Vitryssland	['vitˌrʏslʲand]
Wit-Rus (de)	vitryss (en)	['vitˌrʏs]
Wit-Russische (de)	vitryska (en)	['vitˌrʏska]
Wit-Russisch (bn)	vitrysk	['vitˌrʏsk]

Georgië (het)	Georgien	[je'ɔrgiən]
Georgiër (de)	georgier (en)	[je'ɔrgiər]
Georgische (de)	georgiska (en)	[je'ɔrgiska]
Georgisch (bn)	georgisk	[je'ɔrgisk]

Kazakstan (het)	Kazakstan	[ka'sakˌstan]
Kazak (de)	kazakstanier (en)	[kasak'staniər]
Kazakse (de)	kazakiska (en)	[ka'sakiska]
Kazakse (bn)	kazakisk	[ka'sakisk]

Kirgizië (het)	Kirgizistan	[kir'gisiˌstan]
Kirgiziër (de)	kirgiz (en)	[kir'gis]
Kirgizische (de)	kirgiziska (en)	[kir'gisiska]
Kirgizische (bn)	kirgizisk	[kir'gisisk]

Moldavië (het)	Moldavien	[mʊlʲ'daviən]
Moldaviër (de)	moldav (en)	[mʊlʲ'dav]
Moldavische (de)	moldaviska (en)	[mʊlʲ'daviska]
Moldavisch (bn)	moldavisk	[mʊlʲ'davisk]

Rusland (het)	Ryssland	['rʏslʲand]
Rus (de)	ryss (en)	['rʏs]
Russin (de)	ryska (en)	['rʏska]
Russisch (bn)	rysk	['rʏsk]

Tadzjikistan (het)	Tadzjikistan	[ta'dʒiki͵stan]
Tadzjiek (de)	tadzjik (en)	[ta'dʒik]
Tadzjiekse (de)	tadzjikiska (en)	[ta'dʒikiska]
Tadzjieks (bn)	tadzjikisk	[ta'dʒikisk]

Turkmenistan (het)	Turkmenistan	[turk'meni͵stan]
Turkmeen (de)	turkmen (en)	[turk'mən]
Turkmeense (de)	turkmenska (en)	[turk'mɛnska]
Turkmeens (bn)	turkmensk	[turk'mɛnsk]

Oezbekistan (het)	Uzbekistan	[us'beki͵stan]
Oezbeek (de)	uzbek (en)	[us'bek]
Oezbeekse (de)	uzbekiska (en)	[us'bekiska]
Oezbeeks (bn)	uzbekisk	[us'bekisk]

Oekraïne (het)	Ukraina	[u'krajna]
Oekraïner (de)	ukrainare (en)	[u'krajnarə]
Oekraïense (de)	ukrainska (en)	[u'krajnska]
Oekraïens (bn)	ukrainsk	[u'krajnsk]

237. Azië

| Azië (het) | Asien | ['asiən] |
| Aziatisch (bn) | asiatisk | [asi'atisk] |

Vietnam (het)	Vietnam	['vjɛtnam]
Vietnamees (de)	vietnames (en)	[vjɛtna'mes]
Vietnamese (de)	vietnamesiska (en)	[vjɛtna'mesiska]
Vietnamees (bn)	vietnamesisk	[vjɛtna'mesisk]

India (het)	Indien	['indiən]
Indiër (de)	indier (en)	['indiər]
Indische (de)	indiska (en)	['indiska]
Indisch (bn)	indisk	['indisk]

Israël (het)	Israel	['israəlʲ]
Israëliër (de)	israel (en)	[isra'elʲ]
Israëlische (de)	israeliska (en)	[isra'eliska]
Israëlisch (bn)	israelisk	[isra'elisk]

Jood (etniciteit)	jude (en)	['jʉdə]
Jodin (de)	judinna (en)	[jʉ'dina]
Joods (bn)	judisk	['jʉdisk]
China (het)	Kina	['ɕina]

Chinees (de)	kines (en)	[ɕi'nes]
Chinese (de)	kinesiska (en)	[ɕi'nesiska]
Chinees (bn)	kinesisk	[ɕi'nesisk]
Koreaan (de)	korean (en)	[kʊre'an]
Koreaanse (de)	koreanska (en)	[kʊre'anska]
Koreaans (bn)	koreansk	[kʊre'ansk]
Libanon (het)	Libanon	['libanɔn]
Libanees (de)	libanes (en)	[liba'nes]
Libanese (de)	libanesiska (en)	[liba'nesiska]
Libanees (bn)	libanesisk	[liba'nesisk]
Mongolië (het)	Mongoliet	[mʊngʊ'liet]
Mongool (de)	mongol (en)	[mʊn'gʊlʲ]
Mongoolse (de)	mongoliska (en)	[mʊn'gʊliska]
Mongools (bn)	mongolisk	[mʊn'gʊlisk]
Maleisië (het)	Malaysia	[ma'lʲajsia]
Maleisiër (de)	malaysier (en)	[ma'lʲajsiər]
Maleisische (de)	malajiska (en)	[ma'lʲajiska]
Maleisisch (bn)	malaysisk	[ma'lʲajsisk]
Pakistan (het)	Pakistan	['paki͵stan]
Pakistaan (de)	pakistanier (en)	[paki'staniər]
Pakistaanse (de)	pakistanska (en)	[paki'stanska]
Pakistaans (bn)	pakistansk	[paki'stansk]
Saoedi-Arabië (het)	Saudiarabien	['saudi a'rabiən]
Arabier (de)	arab (en)	[a'rab]
Arabische (de)	arabiska (en)	[a'rabiska]
Arabisch (bn)	arabisk	[a'rabisk]
Thailand (het)	Thailand	['tajlʲand]
Thai (de)	thailändare (en)	[taj'lʲɛndarə]
Thaise (de)	thailändska (en)	['taj͵lʲɛndska]
Thai (bn)	thailändsk	[taj'lʲɛŋsk]
Taiwan (het)	Taiwan	[taj'van]
Taiwanees (de)	taiwanes (en)	[tajva'nes]
Taiwanese (de)	taiwanesiska (en)	[tajva'nesiska]
Taiwanees (bn)	taiwanesisk	[tajva'nesisk]
Turkije (het)	Turkiet	[turkiet]
Turk (de)	turk (en)	['turk]
Turkse (de)	turkiska (en)	['turkiska]
Turks (bn)	turkisk	['turkisk]
Japan (het)	Japan	['japan]
Japanner (de)	japan (en)	[ja'pan]
Japanse (de)	japanska (en)	[ja'panska]
Japans (bn)	japansk	[ja'pansk]
Afghanistan (het)	Afghanistan	[afˈgani͵stan]
Bangladesh (het)	Bangladesh	[banglʲa'dɛʃ]
Indonesië (het)	Indonesien	[indʊ'nesiən]

Jordanië (het)	Jordanien	[jʊ:'daniən]
Irak (het)	Irak	[i'rak]
Iran (het)	Iran	[i'ran]
Cambodja (het)	Kambodja	[kam'bɔdja]
Koeweit (het)	Kuwait	[kʉ'vajt]

Laos (het)	Laos	['lɂaɔs]
Myanmar (het)	Myanmar	['mjanmar]
Nepal (het)	Nepal	[ne'palɂ]
Verenigde Arabische Emiraten	Förenade arabrepubliken	[fø'renadə a'rab repub'likən]

Syrië (het)	Syrien	['syriən]
Palestijnse autonomie (de)	Palestina	[palɂe'stina]
Zuid-Korea (het)	Sydkorea	['syd ͺkʉ'rea]
Noord-Korea (het)	Nordkorea	['nʊ:d ͺkʉ'rea]

238. Noord-Amerika

Verenigde Staten van Amerika	Amerikas Förenta Stater	[a'mɛrikas fø'rɛnta 'statər]
Amerikaan (de)	amerikan (en)	[ameri'kan]
Amerikaanse (de)	amerikanska (en)	[ameri'kanska]
Amerikaans (bn)	amerikansk	[ameri'kansk]

Canada (het)	Kanada	['kanada]
Canadees (de)	kanadensare (en)	[kana'dɛnsarə]
Canadese (de)	kanadensiska (en)	[kana'dɛnsiska]
Canadees (bn)	kanadensisk	[kana'dɛnsisk]

Mexico (het)	Mexiko	['mɛksikɔ]
Mexicaan (de)	mexikan (en)	[mɛksi'kan]
Mexicaanse (de)	mexikanska (en)	[mɛksi'kanska]
Mexicaans (bn)	mexikansk	[mɛksi'kansk]

239. Midden- en Zuid-Amerika

Argentinië (het)	Argentina	[argɛn'tina]
Argentijn (de)	argentinare (en)	[argɛn'tinarə]
Argentijnse (de)	argentinska (en)	[argɛn'tinska]
Argentijns (bn)	argentinsk	[argɛn'tinsk]

Brazilië (het)	Brasilien	[bra'siliən]
Braziliaan (de)	brasilianare (en)	[brasili'anarə]
Braziliaanse (de)	brasilianska (en)	[brasili'anska]
Braziliaans (bn)	brasiliansk	[brasili'ansk]

Colombia (het)	Colombia	[kɔ'lɂumbia]
Colombiaan (de)	colombian (en)	[kɔlɂumbi'an]
Colombiaanse (de)	colombianska (en)	[kɔlɂumbi'anska]
Colombiaans (bn)	colombiansk	[kɔlɂumbi'ansk]
Cuba (het)	Kuba	['kʉ:ba]

Cubaan (de)	**kuban (en)**	[ku'ban]
Cubaanse (de)	**kubanska (en)**	[ku'banska]
Cubaans (bn)	**kubansk**	[ku'bansk]

Chili (het)	**Chile**	['ɕiːlʲe]
Chileen (de)	**chilenare (en)**	[ɕi'lʲenarə]
Chileense (de)	**chilenska (en)**	[ɕi'lʲenska]
Chileens (bn)	**chilensk**	[ɕi'lʲensk]

Bolivia (het)	**Bolivia**	[bu'livia]
Venezuela (het)	**Venezuela**	[venesu'ɛlʲa]
Paraguay (het)	**Paraguay**	[parag'waj]
Peru (het)	**Peru**	[pɛ'ru]
Suriname (het)	**Surinam**	['suri,nam]
Uruguay (het)	**Uruguay**	[urug'waj]
Ecuador (het)	**Ecuador**	[ɛkva'dur]

Bahama's (mv.)	**Bahamas**	[ba'hamas]
Haïti (het)	**Haiti**	[ha'iti]
Dominicaanse Republiek (de)	**Dominikanska republiken**	[domini'kanska repu'blikən]
Panama (het)	**Panama**	['panama]
Jamaica (het)	**Jamaica**	[ja'majka]

240. Afrika

Egypte (het)	**Egypten**	[e'jyptən]
Egyptenaar (de)	**egyptier (en)**	[e'jyptiər]
Egyptische (de)	**egyptiska (en)**	[e'jyptiska]
Egyptisch (bn)	**egyptisk**	[e'jyptisk]

Marokko (het)	**Marocko**	[ma'rɔku]
Marokkaan (de)	**marockan (en)**	[maru'kan]
Marokkaanse (de)	**marockanska (en)**	[maru'kanska]
Marokkaans (bn)	**marockansk**	[maru'kansk]

Tunesië (het)	**Tunisien**	[tu'nisiən]
Tunesiër (de)	**tunisier (en)**	[tu'nisiər]
Tunesische (de)	**tunisiska (en)**	[tu'nisiska]
Tunesisch (bn)	**tunisisk**	[tu'nisisk]

Ghana (het)	**Ghana**	['gana]
Zanzibar (het)	**Zanzibar**	['sansibar]
Kenia (het)	**Kenya**	['kenja]
Libië (het)	**Libyen**	['libiən]
Madagaskar (het)	**Madagaskar**	[mada'gaskar]

Namibië (het)	**Namibia**	[na'mibia]
Senegal (het)	**Senegal**	[sene'galʲ]
Tanzania (het)	**Tanzania**	[tansa'nija]
Zuid-Afrika (het)	**Republiken Sydafrika**	[repu'blikən 'syd,afrika]

Afrikaan (de)	**afrikan (en)**	[afri'kan]
Afrikaanse (de)	**afrikanska (en)**	[afri'kanska]
Afrikaans (bn)	**afrikansk**	[afri'kansk]

241. Australië. Oceanië

Australië (het)	Australien	[au'straliən]
Australiër (de)	australier (en)	[au'straliər]
Australische (de)	australiska (en)	[au'straliska]
Australisch (bn)	australisk	[au'stralisk]
Nieuw-Zeeland (het)	Nya Zeeland	['nya 'se:lʲand]
Nieuw-Zeelander (de)	nyzeeländare (en)	[ny'se:lʲɛndarə]
Nieuw-Zeelandse (de)	nyzeeländska (en)	[ny'se:lʲɛŋska]
Nieuw-Zeelands (bn)	nyzeeländsk	[ny'se:lʲɛŋsk]
Tasmanië (het)	Tasmanien	[tas'maniən]
Frans-Polynesië	Franska Polynesien	['franska polʲy'nesiən]

242. Steden

Amsterdam	Amsterdam	['amstə,dam]
Ankara	Ankara	['aŋkara]
Athene	Aten	[a'ten]
Bagdad	Bagdad	['bagdad]
Bangkok	Bangkok	['baŋkɔk]
Barcelona	Barcelona	[barsə'lʲona]
Beiroet	Beirut	['bejrut]
Berlijn	Berlin	[bɛr'lin]
Boedapest	Budapest	['budapɛst]
Boekarest	Bukarest	['bukarɛst]
Bombay, Mumbai	Bombay	[bɔm'bɛj]
Bonn	Bonn	['bɔn]
Bordeaux	Bordeaux	[bɔ'dɔ:]
Bratislava	Bratislava	[brati'slʲava]
Brussel	Bryssel	['brysəlʲ]
Caïro	Kairo	['kajrʊ]
Calcutta	Kalkutta	[kalʲ'kʉta]
Chicago	Chicago	[ɕi'kagʊ]
Dar Es Salaam	Dar es-Salaam	[dar ɛs sa'lʲam]
Delhi	New Delhi	[nju 'dɛlʲi]
Den Haag	Haag	['ha:g]
Dubai	Dubai	[du'baj]
Dublin	Dublin	['dablin]
Düsseldorf	Düsseldorf	['dusəlʲ,dɔrf]
Florence	Florens	['flʲørɛns]
Frankfort	Frankfurt	['fraŋkfʉ:t]
Genève	Genève	[ʒe'nɛv]
Hamburg	Hamburg	['hambʉrj]
Hanoi	Hanoi	[ha'nɔj]
Havana	Havanna	[ha'vana]
Helsinki	Helsingfors	['hɛlʲsiŋ,fɔ:ʂ]

Hiroshima	Hiroshima	[hirɔ'ʃima]
Hongkong	Hongkong	['hɔŋˌkɔŋ]
Istanbul	Istanbul	['istambɵlʲ]
Jeruzalem	Jerusalem	[je'rɵsalʲem]
Kiev	Kiev	['kiev]

Kopenhagen	Köpenhamn	['ɕøːpɛnˌhamn]
Kuala Lumpur	Kuala Lumpur	[ku'alʲa 'lɵmpɵːr]
Lissabon	Lissabon	['lisabɔn]
Londen	London	['lʲondɔn]
Los Angeles	Los Angeles	[lʲɔs 'aŋəlʲes]

Lyon	Lion	[li'ɔn]
Madrid	Madrid	[ma'drid]
Marseille	Marseille	[ma'ʂɛj]
Mexico-Stad	Mexico City	['mɛksikɔ 'siti]
Miami	Miami	[ma'jami]

Montreal	Montreal	[mɔntre'ɔlʲ]
Moskou	Moskva	[mɔ'skva]
München	München	['mɵnʃən]
Nairobi	Nairobi	[naj'rɔːbi]
Napels	Neapel	[ne'apəlʲ]

New York	New York	[nju 'jork]
Nice	Nice	['nis]
Oslo	Oslo	['ʊslʲʊ]
Ottawa	Ottawa	['ɔtava]
Parijs	Paris	[pa'ris]

Peking	Peking	['pekiŋ]
Praag	Prag	['prag]
Rio de Janeiro	Rio de Janeiro	['riʊ de ʃa'nɛjrʊ]
Rome	Rom	['rɔm]
Seoel	Söul	[sɶʊlʲ]
Singapore	Singapore	['siŋapʊr]

Sint-Petersburg	Sankt Petersburg	['saŋkt 'peteʂˌburj]
Sjanghai	Shanghai	[ʃan'haj]
Stockholm	Stockholm	['stɔkɔlʲm]
Sydney	Sydney	['sidni]
Taipei	Taipei	[taj'pɛj]
Tokio	Tokyo	['tɔkiʊ]

Toronto	Toronto	[tɔ'rɔntʊ]
Venetië	Venedig	[ve'nedig]
Warschau	Warszawa	[va:'ʂava]
Washington	Washington	['wɔʃiŋtɔn]
Wenen	Wien	['ve:n]

243. Politiek. Overheid. Deel 1

| politiek (de) | politik (en) | [pʊli'tik] |
| politiek (bn) | politisk | [pʊ'litisk] |

218

politicus (de)	politiker (en)	[pʊ'litikər]
staat (land)	stat (en)	['stat]
burger (de)	medborgare (en)	['mɛd‚bɔrjarə]
staatsburgerschap (het)	medborgarskap (ett)	[mɛd'bɔrja‚skap]

| nationaal wapen (het) | riksvapen (ett) | ['riks‚vapən] |
| volkslied (het) | nationalhymn (en) | [natɧʊ'nalʲ‚hʏmn] |

regering (de)	regering (en)	[re'jeriŋ]
staatshoofd (het)	statschef (en)	['stats‚ɧef]
parlement (het)	parlament (ett)	[parla'mɛnt]
partij (de)	parti (ett)	[pa:'ʈi:]

| kapitalisme (het) | kapitalism (en) | [kapita'lism] |
| kapitalistisch (bn) | kapitalistisk | [kapita'listisk] |

| socialisme (het) | socialism (en) | [sɔsia'lism] |
| socialistisch (bn) | socialistisk | [sɔsia'listisk] |

communisme (het)	kommunism (en)	[kɔmu'nism]
communistisch (bn)	kommunistisk	[kɔmu'nistisk]
communist (de)	kommunist (en)	[kɔmu'nist]

democratie (de)	demokrati (en)	[demʊkra'ti:]
democraat (de)	demokrat (en)	[demʊ'krat]
democratisch (bn)	demokratisk	[demʊ'kratisk]
democratische partij (de)	Demokratiska partiet	[demɔ'kratiska pa:'ʈi:et]

liberaal (de)	liberal (en)	[libe'ralʲ]
liberaal (bn)	liberal-	[libe'ralʲ-]
conservator (de)	konservativ (en)	[kɔn'sɛrva‚tiv]
conservatief (bn)	konservativ	[kɔn'sɛrva‚tiv]

republiek (de)	republik (en)	[repu'blik]
republikein (de)	republikan (en)	[republi'kan]
Republikeinse Partij (de)	republikanskt parti (ett)	[republi'kansk pa:'ʈi:]

verkiezing (de)	val (ett)	['valʲ]
kiezen (ww)	att välja	[at 'vɛlja]
kiezer (de)	väljare (en)	['vɛljarə]
verkiezingscampagne (de)	valkampanj (en)	['valʲkam‚panʲ]

stemming (de)	omröstning (en)	['ɔm‚rœstniŋ]
stemmen (ww)	att rösta	[at 'rœsta]
stemrecht (het)	rösträtt (en)	['rœst‚ræt]

kandidaat (de)	kandidat (en)	[kandi'dat]
zich kandideren	att kandidera	[at kandi'dera]
campagne (de)	kampanj (en)	[kam'panʲ]

| oppositie- (abn) | oppositions- | [ɔpɔsi'ɧʊns-] |
| oppositie (de) | opposition (en) | [ɔpɔsi'ɧʊn] |

bezoek (het)	besök (ett)	[be'sø:k]
officieel bezoek (het)	officiellt besök (ett)	[ɔfi'sjɛlʲt be'sø:k]
internationaal (bn)	internationell	['intɛːɳatɧʊ‚nɛlʲ]

| onderhandelingen (mv.) | förhandlingar (pl) | [før'handliŋar] |
| onderhandelen (ww) | att förhandla | [at før'handlʲa] |

244. Politiek. Overheid. Deel 2

maatschappij (de)	samhälle (ett)	['sam,hɛlʲe]
grondwet (de)	konstitution (en)	[kɔnstitu'ɧʊn]
macht (politieke ~)	makt (en)	['makt]
corruptie (de)	korruption (en)	[kɔrup'ɧʊn]

| wet (de) | lag (en) | ['lʲag] |
| wettelijk (bn) | laglig | ['lʲaglig] |

| rechtvaardigheid (de) | rättvisa (en) | ['ræt,visa] |
| rechtvaardig (bn) | rättvis, rättfärdig | ['rætvis], ['ræt,fæ:dɪg] |

comité (het)	kommitté (en)	[kɔmi'te:]
wetsvoorstel (het)	lagförslag (ett)	['lag,fœ:'ʂlag]
begroting (de)	budget (en)	['budjet]
beleid (het)	policy (en)	['pɔlisi]
hervorming (de)	reform (en)	[re'fɔrm]
radicaal (bn)	radikal	[radi'kalʲ]

macht (vermogen)	kraft (en)	['kraft]
machtig (bn)	mäktig, kraftfull	['mɛktig], ['kraft,fulʲ]
aanhanger (de)	anhängare (en)	['an,hɛ:ŋarə]
invloed (de)	inflytande (ett)	['in,flʲytandə]

regime (het)	regim (en)	[re'ɧim]
conflict (het)	konflikt (en)	[kɔn'flikt]
samenzwering (de)	sammansvärning (en)	['samans,væ:ɳiŋ]
provocatie (de)	provokation (en)	[prɔvʊka'ɧʊn]

omverwerpen (ww)	att störta	[at 'stø:ʈa]
omverwerping (de)	störtande (ett)	['stø:ʈandə]
revolutie (de)	revolution (en)	[revʊlʉ'ɧʊn]

| staatsgreep (de) | statskupp (en) | ['stats,kup] |
| militaire coup (de) | militärkupp (en) | [mili'tæ:r,kup] |

crisis (de)	kris (en)	['kris]
economische recessie (de)	ekonomisk nedgång (en)	[ɛkʊ'nɔmisk 'ned,gɔŋ]
betoger (de)	demonstrant (en)	[demɔn'strant]
betoging (de)	demonstration (en)	[demɔnstra'ɧʊn]
krijgswet (de)	krigstillstånd (ett)	['krigs,tilʲ'stɔnd]
militaire basis (de)	militärbas (en)	[mili'tæ:r,bas]

| stabiliteit (de) | stabilitet (en) | [stabili'tet] |
| stabiel (bn) | stabil | [sta'bilʲ] |

uitbuiting (de)	utsugning (en)	['ʉt,sɵgniŋ]
uitbuiten (ww)	att utnyttja	[at 'ʉt,nʏtja]
racisme (het)	rasism (en)	[ra'sism]
racist (de)	rasist (en)	[ra'sist]

| fascisme (het) | fascism (en) | [fa'çism] |
| fascist (de) | fascist (en) | [fa'çist] |

245. Landen. Diversen

vreemdeling (de)	utlänning (en)	['ʉt‚lʲɛniŋ]
buitenlands (bn)	utländsk	['ʉt‚lʲɛŋsk]
in het buitenland (bw)	utomlands	['ʉtɔm‚lʲands]

emigrant (de)	emigrant (en)	[ɛmi'grant]
emigratie (de)	emigration (en)	[ɛmigra'ɧʊn]
emigreren (ww)	att emigrera	[at ɛmi'grera]

Westen (het)	Västen	['vɛstən]
Oosten (het)	Östen	['œstən]
Verre Oosten (het)	Fjärran Östern	['fʲæ:ran 'œstɛ:ɳ]

beschaving (de)	civilisation (en)	[sivilisa'ɧʊn]
mensheid (de)	mänsklighet (en)	['mɛnsklig‚het]
wereld (de)	värld (en)	['væ:ɖ]
vrede (de)	fred (en)	['fred]
wereld- (abn)	världs-	['væ:ɖs-]

vaderland (het)	hemland (ett)	['hɛm‚lʲand]
volk (het)	folk (ett)	['fɔlʲk]
bevolking (de)	befolkning (en)	[be'fɔlʲkniŋ]
mensen (mv.)	folk (ett)	['fɔlʲk]
natie (de)	nation (en)	[nat'ɧʊn]
generatie (de)	generation (en)	[jenera'ɧʊn]
gebied (bijv. bezette ~en)	territorium (ett)	[tɛri'tʊrium]
regio, streek (de)	region (en)	[regi'ʊn]
deelstaat (de)	delstat (en)	['dɛlʲ‚stat]

traditie (de)	tradition (en)	[tradi'ɧʊn]
gewoonte (de)	sedvänja (en)	['sed‚vɛnja]
ecologie (de)	ekologi (en)	[ɛkʊlʲɔ'gi:]

Indiaan (de)	indian (en)	[indi'an]
zigeuner (de)	zigenare (en)	[si'jenarə]
zigeunerin (de)	zigenska (en)	[si'jenska]
zigeuner- (abn)	zigensk	[si'jensk]

rijk (het)	kejsardöme, rike (ett)	['çɛjsardømə], ['rikə]
kolonie (de)	koloni (en)	[kʊlʲɔ'ni:]
slavernij (de)	slaveri (ett)	[slʲave'ri:]
invasie (de)	invasion (en)	[inva'ɧʊn]
hongersnood (de)	hungersnöd (en)	['huŋɛʂ‚nø:d]

246. Grote religieuze groepen. Bekentenissen

| religie (de) | religion (en) | [reli'jʊn] |
| religieus (bn) | religiös | [reli'ɧø:s] |

Nederlands	Zweeds	Uitspraak
geloof (het)	tro (en)	['trʊ]
geloven (ww)	att tro	[at 'trʊ]
gelovige (de)	troende (en)	['trʊəndə]
atheïsme (het)	ateism (en)	[ate'ism]
atheïst (de)	ateist (en)	[ate'ist]
christendom (het)	kristendom (en)	['kristən‚dʊm]
christen (de)	kristen (en)	['kristən]
christelijk (bn)	kristen	['kristən]
katholicisme (het)	katolicism (en)	[katʊli'sism]
katholiek (de)	katolik (en)	[katʊ'lik]
katholiek (bn)	katolsk	[ka'tʊlᶦsk]
protestantisme (het)	protestantism (en)	[prʊtɛstan'tism]
Protestante Kerk (de)	den protestantiska kyrkan	[dɛn prʊtɛ'stantiska 'ɕyrkan]
protestant (de)	protestant (en)	[prʊtɛ'stant]
orthodoxie (de)	ortodoxi (en)	[ɔ:tɔdɔ'ksi:]
Orthodoxe Kerk (de)	den ortodoxa kyrkan	[dɛn ɔ:tɔ'dɔ:ksa 'ɕyrkan]
orthodox	ortodox (en)	[ɔ:tɔ'dɔ:ks]
presbyterianisme (het)	presbyterianism (en)	[prɛsbyteria'nism]
Presbyteriaanse Kerk (de)	den presbyterianska kyrkan	[dɛn prɛsbyteri'anska 'ɕyrkan]
presbyteriaan (de)	presbyter (en)	[prɛ'sbytər]
lutheranisme (het)	lutherdom (en)	['lʉtərdʊm]
lutheraan (de)	lutheran (en)	[lʉte'ran]
baptisme (het)	baptism (en)	[bap'tism]
baptist (de)	baptist (en)	[bap'tist]
Anglicaanse Kerk (de)	den anglikanska kyrkan	[dɛn aŋli'kanska 'ɕyrkan]
anglicaan (de)	anglikan (en)	['aŋli‚kan]
mormonisme (het)	mormonism (en)	[mɔrmʊ'nism]
mormoon (de)	mormon (en)	[mɔr'mʊn]
Jodendom (het)	judendom (en)	['jʉdən‚dʊm]
jood (aanhanger van het Jodendom)	jude (en)	['jʉdə]
boeddhisme (het)	Buddism (en)	[bu'dism]
boeddhist (de)	buddist (en)	[bu'dist]
hindoeïsme (het)	hinduism (en)	[hindʉ'i:sm]
hindoe (de)	hindu (en)	[hin'dʉ:]
islam (de)	islam (en)	[is'lᶦam]
islamiet (de)	muselman (en)	[mʉsɛlᶦ'man]
islamitisch (bn)	muselmansk	[mʉsɛlᶦ'mansk]
sjiisme (het)	shiism (en)	[ʃi'ism]
sjiiet (de)	shiit (en)	[ʃi'it]
soennisme (het)	sunnism (en)	[su'ni:sm]
soenniet (de)	sunnit (en)	[su'nit]

247. Religies. Priesters

priester (de)	präst (en)	['prɛst]
paus (de)	Påven	['po:vən]
monnik (de)	munk (en)	['muŋk]
non (de)	nunna (en)	['nuna]
pastoor (de)	pastor (en)	['pastʊr]
abt (de)	abbé (en)	[a'be:]
vicaris (de)	kyrkoherde (en)	['ɕyrkʊˌhɛ:ɖə]
bisschop (de)	biskop (en)	['biskɔp]
kardinaal (de)	kardinal (en)	[ka:ɖi'nalʲ]
predikant (de)	predikant (en)	[predi'kant]
preek (de)	predikan (en)	[pre'dikan]
kerkgangers (mv.)	sockenbor (pl)	['sɔkənˌbʊr]
gelovige (de)	troende (en)	['trʊəndə]
atheïst (de)	ateist (en)	[ate'ist]

248. Geloof. Christendom. Islam

Adam	Adam	['adam]
Eva	Eva	['ɛva]
God (de)	Gud	['gɵ:d]
Heer (de)	Herren	['hɛrən]
Almachtige (de)	Den Allsmäktige	[dɛn 'alʲsmɛktigə]
zonde (de)	synd (en)	['sʏnd]
zondigen (ww)	att synda	[at 'sʏnda]
zondaar (de)	syndare (en)	['sʏndarə]
zondares (de)	synderska (en)	['sʏndɛʂka]
hel (de)	helvete (ett)	['hɛlʲvetə]
paradijs (het)	paradis (ett)	['paraˌdis]
Jezus	Jesus	['jesus]
Jezus Christus	Jesus Kristus	['jesus ˌkristus]
Heilige Geest (de)	Den Helige Ande	[dɛn 'heligə ˌandə]
Verlosser (de)	Frälsaren	['frɛlʲsarən]
Maagd Maria (de)	Jungfru Maria	['juŋfrɵ ma'ria]
duivel (de)	Djävul (en)	['jɛ:vulʲ]
duivels (bn)	djävulsk	['jɛ:vulʲsk]
Satan	Satan	['satan]
satanisch (bn)	satanisk	[sa'tanisk]
engel (de)	ängel (en)	['ɛŋəlʲ]
beschermengel (de)	skyddsängel (en)	['ɧydsˌɛŋəlʲ]
engelachtig (bn)	änglalik	['ɛŋlʲalik]

apostel (de)	apostel (en)	[a'postəlʲ]
aartsengel (de)	ärkeängel (en)	['æ:rkəˌɛŋəlʲ]
antichrist (de)	Antikrist (en)	['antiˌkrist]

Kerk (de)	Kyrkan	['ɕyrkan]
bijbel (de)	bibel (en)	['bibəlʲ]
bijbels (bn)	biblisk	['biblisk]

Oude Testament (het)	Gamla Testamentet	['gamlʲa tɛsta'mɛntət]
Nieuwe Testament (het)	Nya Testamentet	['nya tɛsta'mɛntət]
evangelie (het)	evangelium (ett)	[ɛva'ŋe:lium]
Heilige Schrift (de)	Den Heliga Skrift	[dɛn 'heliga ˌskrift]
Hemel, Hemelrijk (de)	Himmelen, Guds rike	['himelʲən], ['guds 'rikə]

gebod (het)	bud (ett)	['bʉ:d]
profeet (de)	profet (en)	[prʊ'fet]
profetie (de)	profetia (en)	[prʊfe'tsia]

Allah	Allah	['alʲa]
Mohammed	Muhammed	[mʉ'hamed]
Koran (de)	Koranen	[kʊ'ranən]

moskee (de)	moské (en)	[mʊs'ke:]
moellah (de)	mullah (en)	[mu'lʲa:]
gebed (het)	bön (en)	['bø:n]
bidden (ww)	att be	[at 'be:]

pelgrimstocht (de)	pilgrimsresa (en)	['pilʲrimˌresa]
pelgrim (de)	pilgrim (en)	['pilʲrim]
Mekka	Mecka	['meka]

kerk (de)	kyrka (en)	['ɕyrka]
tempel (de)	tempel (ett)	['tɛmpəlʲ]
kathedraal (de)	katedral (en)	[katɛ'dralʲ]
gotisch (bn)	gotisk	['gʊtisk]
synagoge (de)	synagoga (en)	['synaˌgɔga]
moskee (de)	moské (en)	[mʊs'ke:]

kapel (de)	kapell (ett)	[ka'pɛlʲ]
abdij (de)	abbedi (ett)	['abədi:]
nonnenklooster (het)	kloster (ett)	['klʲostər]
mannenklooster (het)	kloster (ett)	['klʲostər]

klok (de)	klocka (en)	['klʲoka]
klokkentoren (de)	klocktorn (ett)	['klʲokˌtʊ:n]
luiden (klokken)	att ringa	[at 'riŋa]

kruis (het)	kors (ett)	['kɔ:ʂ]
koepel (de)	kupol (en)	[kʉ'pɔ:lʲ]
icoon (de)	ikon (en)	[i'kon]

ziel (de)	själ (en)	['ɧɛ:lʲ]
lot, noodlot (het)	öde (ett)	['ø:də]
kwaad (het)	ondska (en)	['ʊŋˌska]
goed (het)	godhet (en)	['gʊdˌhet]
vampier (de)	vampyr (en)	[vam'pyr]

heks (de)	häxa (en)	['hɛ:ksa]
demoon (de)	demon (en)	[de'mɔn]
geest (de)	ande (en)	['andə]

| verzoeningsleer (de) | förlossning (en) | [fœ:'l̩ɔsniŋ] |
| vrijkopen (ww) | att sona | [at 'sʊna] |

mis (de)	gudstjänst (en)	['gu:d,ɕɛnst]
de mis opdragen	att hålla gudstjänst	[at 'ho:l̩a 'gu:d,ɕɛnst]
biecht (de)	bikt, bekännelse (en)	[bikt], [be'ɕɛ:ŋəl̩se]
biechten (ww)	att skrifta	[at 'skrifta]

heilige (de)	helgon (ett)	['hɛl̩gɔn]
heilig (bn)	helig	['hɛlig]
wijwater (het)	vigvatten (ett)	['vig,vatən]

ritueel (het)	ritual (en)	[ritu'al̩]
ritueel (bn)	rituell	[ritu'ɛl̩]
offerande (de)	blot (ett)	['bl̩ʊt]

bijgeloof (het)	vidskepelse (en)	['vid,ɦɛpəl̩se]
bijgelovig (bn)	vidskeplig	['vid,ɦɛplig]
hiernamaals (het)	livet efter detta	['livet ,ɛftə 'deta]
eeuwige leven (het)	det eviga livet	[dɛ 'eviga ,livet]

DIVERSEN

249. Diverse nuttige woorden

achtergrond (de)	bakgrund (en)	['bak,grʉnd]
balans (de)	balans (en)	[ba'lʲans]
basis (de)	bas (en)	['bas]
begin (het)	början (en)	['bœrjan]
beurt (wie is aan de ~?)	tur (en)	['tʉ:r]
categorie (de)	kategori (en)	[katego'ri:]
comfortabel (~ bed, enz.)	bekväm	[bɛk'vɛ:m]
compensatie (de)	kompensation (en)	[kɔmpɛnsa'ɧʉn]
deel (gedeelte)	del (en)	['delʲ]
deeltje (het)	partikel (en)	[pa:'ţi:kəlʲ]
ding (object, voorwerp)	sak (en), ting (ett)	['sak], ['tiŋ]
dringend (bn, urgent)	brådskande	['brɔ,skandə]
dringend (bw, met spoed)	brådskande	['brɔ,skandə]
effect (het)	effekt (en)	[ɛ'fɛkt]
eigenschap (kwaliteit)	egenskap (en)	['ɛgɛn,skap]
einde (het)	slut (ett)	['slʉ:t]
element (het)	element (ett)	[ɛlʲe'mɛnt]
feit (het)	faktum (ett)	['faktum]
fout (de)	fel (ett)	['felʲ]
geheim (het)	hemlighet (en)	['hɛmlig,het]
graad (mate)	grad (en)	['grad]
groei (ontwikkeling)	växt (en)	['vɛkst]
hindernis (de)	hinder (ett)	['hindər]
hinderpaal (de)	hinder (ett)	['hindər]
hulp (de)	hjälp (en)	['jɛlʲp]
ideaal (het)	ideal (ett)	[ide'alʲ]
inspanning (de)	ansträngning (en)	['an,strɛŋniŋ]
keuze (een grote ~)	val (ett)	['valʲ]
labyrint (het)	labyrint (en)	[lʲaby'rint]
manier (de)	sätt (ett)	['sæt]
moment (het)	moment (ett)	[mʊ'mɛnt]
nut (bruikbaarheid)	nytta (en)	['nʏta]
onderscheid (het)	skillnad (en)	['ɧilʲnad]
ontwikkeling (de)	utveckling (en)	['ʉt,vɛkliŋ]
oplossing (de)	lösning (en)	['lʲœsniŋ]
origineel (het)	original (ett)	[ɔrigi'nalʲ]
pauze (de)	paus (en)	['paus]
positie (de)	position (en)	[pʊsi'ɧʉn]
principe (het)	princip (en)	[prin'sip]

probleem (het)	problem (ett)	[prɔ'blʲem]
proces (het)	process (en)	[prʊ'sɛs]
reactie (de)	reaktion (en)	[reak'fjʊn]

reden (om ~ van)	orsak (en)	['ʊ:ṣak]
risico (het)	risk (en)	['risk]
samenvallen (het)	sammanfall (ett)	['sam,anfalʲ]
serie (de)	serie (en)	['serie]

situatie (de)	situation (en)	[sitʉa'fjʊn]
soort (bijv. ~ sport)	slag (ett), sort (en)	['slʲag], ['sɔ:t]
standaard (bn)	standard-	['standa:ɖ-]
standaard (de)	standard (en)	['standa:ɖ]
stijl (de)	stil (en)	['stilʲ]

stop (korte onderbreking)	uppehåll (ett), vila (en)	['upe'ho:lʲ], ['vilʲa]
systeem (het)	system (ett)	[sʏ'stem]
tabel (bijv. ~ van Mendelejev)	tabell (en)	[ta'bɛlʲ]
tempo (langzaam ~)	tempo (ett)	['tɛmpʊ]
term (medische ~en)	term (en)	['tɛrm]

type (soort)	typ (en)	['typ]
variant (de)	variant (en)	[vari'ant]
veelvuldig (bn)	frekvent	[frɛ'kvɛnt]
vergelijking (de)	jämförelse (en)	['jɛm,førelʲse]
voorbeeld (het goede ~)	exempel (ett)	[ɛk'sɛmpelʲ]

voortgang (de)	framsteg (ett)	['fram,steg]
voorwerp (ding)	objekt, ting (ett)	[ɔb'jɛkt], ['tiŋ]
vorm (uiterlijke ~)	form (en)	['fɔrm]
waarheid (de)	sanning (en)	['saniŋ]
zone (de)	zon (en)	['sʊn]

250. Beperkende bijwoorden. Bijvoeglijke naamwoorden. Deel 1

accuraat (uurwerk, enz.)	noggrann	['nʊgran]
achter- (abn)	bak-, bakre	[bak-], ['bakre]
additioneel (bn)	ytterligare	['yte,ligare]
anders (bn)	olik	[ʊ:'lik]

arm (bijv. ~e landen)	fattig	['fatig]
begrijpelijk (bn)	klar	['klʲar]
belangrijk (bn)	viktig	['viktig]
belangrijkst (bn)	viktigaste	['viktigaste]

beleefd (bn)	hövlig, artig	['hœvlig], ['a:tig]
beperkt (bn)	begränsad	[be'grɛnsad]
betekenisvol (bn)	betydande	[be'tydande]
bijziend (bn)	närsynt	['næ:,ṣynt]
binnen- (abn)	inre	['inre]

bitter (bn)	bitter	['biter]
blind (bn)	blind	['blind]
breed (een ~e straat)	bred	['bred]

| breekbaar (porselein, glas) | skör, bräcklig | ['ɧøːr], ['brɛklig] |
| buiten- (abn) | yttre | ['ytrə] |

buitenlands (bn)	utländsk	['ʉt,lʲɛŋsk]
burgerlijk (bn)	civil	[si'vilʲ]
centraal (bn)	central	[sɛn'tralʲ]
dankbaar (bn)	tacksam, tacknämlig	['taksam], ['tak'nɛmlig]
dicht (~e mist)	tät	['tɛt]

dicht (bijv. ~e mist)	tjock	['ɕøk]
dicht (in de ruimte)	nära	['næːra]
dichtbij (bn)	nära	['næːra]
dichtstbijzijnd (bn)	närmast	['næːrmast]

diepvries (~product)	fryst	['frʏst]
dik (bijv. muur)	tjock	['ɕøk]
dof (~ licht)	svag	['svag]
dom (dwaas)	dum	['dum]

donker (bijv. ~e kamer)	mörk	['mœːrk]
dood (bn)	död	['døːd]
doorzichtig (bn)	genomskinlig	['jenɔm,ɧinlig]
droevig (~ blik)	trist	['trist]
droog (bn)	torr	['tɔr]

dun (persoon)	mager	['magər]
duur (bn)	dyr	['dyr]
eender (bn)	samma, lika	['sama], ['lika]
eenvoudig (bn)	lätt, enkel	['lʲæt], ['ɛŋkəlʲ]
eenvoudig (bn)	enkel	['ɛŋkəlʲ]

eeuwenoude (~ beschaving)	forntida, antikens	['fuːn̪tida], [an'tikəns]
enorm (bn)	enorm	[ɛ'nɔrm]
geboorte- (stad, land)	hem-, födelse-	['hɛm-], ['fødəlʲsə-]
gebruind (bn)	solbränd	['sʉlʲ,brɛnd]

gelijkend (bn)	lik	['lik]
gelukkig (bn)	lycklig	['lʲyklig]
gesloten (bn)	stängd	['stɛŋd]
getaand (bn)	mörkhyad	['mœːrk,hyad]

gevaarlijk (bn)	farlig	['faːʝig]
gewoon (bn)	vanlig	['vanlig]
gezamenlijk (~ besluit)	gemensam	[je'mɛnsam]
glad (~ oppervlak)	glatt	['glʲat]
glad (~ oppervlak)	jämn	['jɛmn]

goed (bn)	bra	['brɔː]
goedkoop (bn)	billig	['bilig]
gratis (bn)	gratis	['gratis]
groot (bn)	stor	['stʊr]

hard (niet zacht)	hård	['hoːɖ]
heel (volledig)	hel	['helʲ]
heet (bn)	het, varm	['het], ['varm]
hongerig (bn)	hungrig	['huŋrig]

hoofd- (abn)	huvud-	['hʉ:vʉd-]
hoogste (bn)	högst	['hœgst]
huidig (courant)	nuvarande	['nʉ:ˌvarandə]
jong (bn)	ung	['uŋ]

juist, correct (bn)	riktig	['riktig]
kalm (bn)	lugn	['lʉgn]
kinder- (abn)	barnslig	['ba:nʃlig]
klein (bn)	liten, små	['litən], ['smo:]
koel (~ weer)	kylig	['ɕylig]

kort (kortstondig)	kortvarig	['kɔ:tˌvarig]
kort (niet lang)	kort	['kɔ:t]
koud (~ water, weer)	kall	['kalʲ]
kunstmatig (bn)	konstgjord	['kɔnstjʉ:d]

laatst (bn)	sista	['sista]
lang (een ~ verhaal)	lång	['lʲɔŋ]
langdurig (bn)	långvarig	['lʲɔŋˌvarig]
lastig (~ probleem)	komplicerad	[kɔmpli'serad]

leeg (glas, kamer)	tom	['tɔm]
lekker (bn)	läcker	['lʲɛkər]
licht (kleur)	ljus	['jʉ:s]
licht (niet veel weegt)	lätt	['lʲæt]

linker (bn)	vänster	['vɛnstər]
luid (bijv. ~e stem)	hög	['hø:g]
mager (bn)	benig, mager	['benig], ['magər]
mat (bijv. ~ verf)	matt	['mat]
moe (bn)	trött	['trœt]

moeilijk (~ besluit)	svår	['svo:r]
mogelijk (bn)	möjlig	['mœjlig]
mooi (bn)	vacker	['vakər]
mysterieus (bn)	mystisk	['mystisk]

naburig (bn)	grann-	['gran-]
nalatig (bn)	slarvig	['slʲarvig]
nat (~te kleding)	våt	['vo:t]
nerveus (bn)	nervös	[nɛr'vø:s]
niet groot (bn)	liten, inte stor	['litən], [ˌintə 'stʉr]

niet moeilijk (bn)	lätt	['lʲæt]
nieuw (bn)	ny	['ny]
nodig (bn)	nödvändig	['nø:dˌvɛndig]
normaal (bn)	normal	[nɔr'malʲ]

251. Beperkende bijwoorden. Bijvoeglijke naamwoorden. Deel 2

onbegrijpelijk (bn)	obegriplig	['ʉbeˌgripling]
onbelangrijk (bn)	obetydlig	['ʉbeˌtydlig]
onbeweeglijk (bn)	orörlig	[ʉ'rø:ʲlig]
onbewolkt (bn)	molnfri	['mɔlʲnˌfri:]

ondergronds (geheim)	hemlig	['hɛmlig]
ondiep (bn)	grund	['grʉnd]
onduidelijk (bn)	oklar	[ʊ:'klʲar]
onervaren (bn)	oerfaren	['ʉer͵farən]
onmogelijk (bn)	omöjlig	[ʊ:'mœjlig]
onontbeerlijk (bn)	nödvändig	['nø:d͵vɛndig]
onophoudelijk (bn)	oavbruten	[ʊ:'av͵brʉ:tən]
ontkennend (bn)	negativ	['nega͵tiv]
open (bn)	öppen	['øpən]
openbaar (bn)	offentlig	[ɔ'fɛntlig]
origineel (ongewoon)	original	[ɔrigi'nalʲ]
oud (~ huis)	gammal	['gamalʲ]
overdreven (bn)	överdriven	['ø:və͵driven]
passend (bn)	lämplig	['lʲɛmplig]
permanent (bn)	fast, permanent	['fast], [pɛrma'nɛnt]
persoonlijk (bn)	personlig	[pɛ'ʂʉnlig]
plat (bijv. ~ scherm)	flat	['flʲat]
prachtig (~ paleis, enz.)	vacker	['vakər]
precies (bn)	precis, exakt	[prɛ'sis], [ɛk'sakt]
prettig (bn)	trevlig	['trɛvlig]
privé (bn)	privat	[pri'vat]
punctueel (bn)	punktlig	['puŋktlig]
rauw (niet gekookt)	rå	['ro:]
recht (weg, straat)	rak, rakt	['rak], ['rakt]
rechter (bn)	höger	['hø:gər]
rijp (fruit)	mogen	['mʊgən]
riskant (bn)	riskabel	[ris'kabəlʲ]
ruim (een ~ huis)	rymlig	['rʏmlig]
rustig (bn)	lugn	['lʉgn]
scherp (bijv. ~ mes)	skarp	['skarp]
schoon (niet vies)	ren	['ren]
slecht (bn)	dålig	['do:lig]
slim (verstandig)	klok	['klʲʊk]
smal (~le weg)	smal	['smalʲ]
snel (vlug)	snabb	['snab]
somber (bn)	mörk	['mœ:rk]
speciaal (bn)	speciell	[spesi'ɛlʲ]
sterk (bn)	stark	['stark]
stevig (bn)	solid, hållbar	[sɔ'lid], ['ho:lʲ͵bar]
straatarm (bn)	utfattig	['ʉt͵fatig]
strak (schoenen, enz.)	snäv, trång	['snɛv], ['trɔŋ]
teder (liefderijk)	öm	['ø:m]
tegenovergesteld (bn)	motsatt	['mʊt͵sat]
tevreden (bn)	nöjd, tillfreds	['nœjd], ['tilʲfrɛds]
tevreden (klant, enz.)	belåten	[be'lʲo:tən]
treurig (bn)	sorgmodig	['sɔrj͵mʊdig]
tweedehands (bn)	begagnad, secondhand	['be͵gagnad], ['sekond͵hɛnd]
uitstekend (bn)	utmärkt	['ʉt͵mæ:rkt]

uitstekend (bn)	utmärkt	['ʉt‚mæː rkt]
uniek (bn)	unik	[u'nik]
veilig (niet gevaarlijk)	säker	['sɛːkər]
ver (in de ruimte)	fjärran	['fʲæː ran]

verenigbaar (bn)	förenlig	[fø'rɛnlig]
vermoeiend (bn)	tröttande	['trœtandə]
verplicht (bn)	obligatorisk	[ɔbliga'tʉrisk]
vers (~ brood)	färsk	['fæːʂk]
verschillende (bn)	olika	[ʉː'lika]

verst (meest afgelegen)	fjärran	['fʲæː ran]
vettig (voedsel)	fet	['fet]
vijandig (bn)	fientlig	['fjɛntlig]
vloeibaar (bn)	flytande	['flʲytandə]
vochtig (bn)	fuktig	['fuːktig]
vol (helemaal gevuld)	full	['fulʲ]

volgend (~ jaar)	nästa	['nɛsta]
voorbij (bn)	förra	['fœːra]
voornaamste (bn)	huvud-	['hʉːvʉd-]
vorig (~ jaar)	förra	['fœːra]
vorig (bijv. ~e baas)	föregående	['førə‚goːəndə]

vriendelijk (aardig)	snäll	['snɛlʲ]
vriendelijk (goedhartig)	god	['gʊd]
vrij (bn)	fri	['friː]
vrolijk (bn)	glad, munter	['glʲad], ['muntər]
vruchtbaar (~ land)	fruktbar	['frʉkt‚bar]

vuil (niet schoon)	smutsig	['smutsig]
waarschijnlijk (bn)	sannolik	[sanʊ'lik]
warm (bn)	varm	['varm]
wettelijk (bn)	laglig	['lʲaglig]
zacht (bijv. ~ kussen)	mjuk	['mjʉːk]

zacht (bn)	låg, lågmäld	['lʲoːg], ['lʲoːgmɛlʲd]
zeldzaam (bn)	sällsynt	['sɛlʲsʏnt]
ziek (bn)	sjuk	['ɧʉːk]
zoet (~ water)	söt-, färsk-	['søːt-], ['fæːʂk-]
zoet (bn)	söt	['søːt]

zonnig (~e dag)	solig	['sʊlig]
zorgzaam (bn)	omtänksam	['ɔm‚tɛŋksam]
zout (de soep is ~)	salt	['salʲt]
zuur (smaak)	syr	['syr]
zwaar (~ voorwerp)	tung	['tuŋ]

DE 500 BELANGRIJKSTE WERKWOORDEN

252. Werkwoorden A-C

aaien (bijv. een konijn ~)	att stryka	[at 'stryka]
aanbevelen (ww)	att rekommendera	[at rekɔmən'dera]
aandringen (ww)	att insistera	[at insi'stera]
aankomen (ov. de treinen)	att ankomma	[at 'aŋˌkɔma]
aanleggen (bijv. bij de pier)	att förtöja	[at fœ:'tɕœ:ja]
aanraken (met de hand)	att röra	[at 'rø:ra]
aansteken (kampvuur, enz.)	att tända	[at 'tɛnda]
aanstellen (in functie plaatsen)	att utnämna	[at 'ʉtˌnɛmna]
aanvallen (mil.)	att angripa	[at 'anˌgripa]
aanvoelen (gevaar ~)	att känna	[at 'ɕɛna]
aanvoeren (leiden)	att leda	[at 'lʲeda]
aanwijzen (de weg ~)	att peka	[at 'peka]
aanzetten (computer, enz.)	att slå på	[at 'slʲo: pɔ]
ademen (ww)	att andas	[at 'andas]
adverteren (ww)	att reklamera	[at rɛklʲa'mera]
adviseren (ww)	att råda	[at 'ro:da]
afdalen (on.ww.)	att gå ned	[at 'go: ˌned]
afgunstig zijn (ww)	att avundas	[at 'avundas]
afhakken (ww)	att hugga av	[at 'huga av]
afhangen van ...	att bero på ...	[at be'rʉ pɔ ...]
afluisteren (ww)	att tjuvlyssna	[at 'ɕʉ:vˌlʲysna]
afnemen (verwijderen)	att ta ned	[at ta ned]
afrukken (ww)	att riva av	[at 'riva av]
afslaan (naar rechts ~)	att svänga	[at 'svɛŋa]
afsnijden (ww)	att skära av	[at 'ʃæ:ra av]
afzeggen (ww)	att inställa, att annullera	[at in'stɛlʲa], [at anʉ'lʲera]
amputeren (ww)	att amputera	[at ampʉ'tera]
amuseren (ww)	att underhålla	[at 'undəˌho:lʲa]
antwoorden (ww)	att svara	[at 'svara]
applaudisseren (ww)	att applådera	[at aplʲo:'dera]
aspireren (iets willen worden)	att aspirera	[at aspi'rera]
assisteren (ww)	att assistera	[at asi'stera]
bang zijn (ww)	att frukta	[at 'frʉkta]
barsten (plafond, enz.)	att spricka	[at 'sprika]
bedienen (in restaurant)	att betjäna	[at be'ɕɛ:na]
bedreigen (bijv. met een pistool)	att hota	[at 'hʉta]

bedriegen (ww)	att fuska	[at 'fʉska]
beduiden (betekenen)	att betyda	[at be'tyda]
bedwingen (ww)	att avhålla	[at 'avˌhoːlʲa]
beëindigen (ww)	att sluta	[at 'slʉːta]
begeleiden (vergezellen)	att följa	[at 'følja]
begieten (water geven)	att vattna	[at 'vatna]
beginnen (ww)	att börja	[at 'bœrja]
begrijpen (ww)	att förstå	[at fœː'ʂtoː]
behandelen (patiënt, ziekte)	att behandla	[at be'handlʲa]
beheren (managen)	att styra, att leda	[at 'styra], [at 'lʲeda]
beïnvloeden (ww)	att påverka	[at 'poˌvɛrka]
bekennen (misdadiger)	att erkänna	[at ɛ'ɕɛna]
beledigen (met scheldwoorden)	att förolämpa	[at 'førʉˌlʲɛmpa]
beledigen (ww)	att förnärma	[at fœː'ŋæːrma]
beloven (ww)	att lova	[at 'lʲova]
beperken (de uitgaven ~)	att begränsa	[at be'grɛnsa]
bereiken (doel ~, enz.)	att uppnå	[at 'upnoː]
bereiken (plaats van bestemming ~)	att nå	[at 'noː]
beschermen (bijv. de natuur ~)	att skydda	[at 'ɧyda]
beschuldigen (ww)	att anklaga	[at 'aŋˌklʲaga]
beslissen (~ iets te doen)	att besluta	[at be'slʉːta]
besmet worden (met …)	att bli smittad	[at bli 'smitad]
besmetten (ziekte overbrengen)	att smitta	[at 'smita]
bespreken (spreken over)	att diskutera	[at diskʉ'tera]
bestaan (een ~ voeren)	att leva	[at 'lʲeva]
bestellen (eten ~)	att beställa	[at be'stɛlʲa]
bestraffen (een stout kind ~)	att straffa	[at 'strafa]
betalen (ww)	att betala	[at be'talʲa]
betekenen (beduiden)	att betyda	[at be'tyda]
betreuren (ww)	att beklaga	[at be'klʲaga]
bevallen (prettig vinden)	att gilla	[at 'jilʲa]
bevelen (mil.)	att beordra	[at be'oːdra]
bevredigen (ww)	att tillfredsställa	[at 'tilʲfredˌstɛlʲa]
bevrijden (stad, enz.)	att befria	[at be'fria]
bewaren (oude brieven, enz.)	att behålla	[at be'hoːlʲa]
bewaren (vrede, leven)	att bevara	[at be'vara]
bewijzen (ww)	att bevisa	[at be'visa]
bewonderen (ww)	att beundra	[at be'undra]
bezitten (ww)	att besitta, att äga	[at be'sita], [at 'ɛːga]
bezorgd zijn (ww)	att bekymra sig	[at be'ɕymra sɛj]
bezorgd zijn (ww)	att vara orolig	[at 'vara ʉ'rʉlig]
bidden (praten met God)	att be	[at 'beː]
bijvoegen (ww)	att tillfoga	[at 'tilʲˌfoga]

binden (ww)	att binda	[at 'binda]
binnengaan (een kamer ~)	att komma in	[at 'kɔma 'in]
blazen (ww)	att blåsa	[at 'blʲoːsa]
blozen (zich schamen)	att rodna	[at 'rɔdna]
blussen (brand ~)	att släcka	[at 'slʲɛka]
boos maken (ww)	att göra arg	[at 'jøːra arj]
boos zijn (ww)	att vara vred på ...	[at 'vara vred pɔ ...]
breken	att gå sönder	[at 'goː 'sœndər]
(on.ww., van een touw)		
breken (speelgoed, enz.)	att bryta	[at 'bryta]
brengen (iets ergens ~)	att föra med sig	[at 'føra me sɛj]
charmeren (ww)	att charmera	[at 'ʃarˌmera]
citeren (ww)	att citera	[at si'tera]
compenseren (ww)	att kompensera	[at kɔmpen'sera]
compliceren (ww)	att komplicera	[at kɔmplʲi'sera]
componeren (muziek ~)	att komponera	[at kɔmpʊ'nera]
compromitteren (ww)	att komprometttera	[at kɔmprʊme'tera]
concurreren (ww)	att konkurrera	[at kɔŋku'rera]
controleren (ww)	att kontrollera	[at kɔntrɔ'lʲera]
coöpereren (samenwerken)	att samarbeta	[at 'samarˌbeta]
coördineren (ww)	att koordinera	[at kʊɔdi'nera]
corrigeren (fouten ~)	att rätta	[at 'ræta]
creëren (ww)	att skapa	[at 'skapa]

253. Werkwoorden D-K

danken (ww)	att tacka	[at 'taka]
de was doen	att tvätta	[at 'tvæta]
de weg wijzen	att visa vägen	[at 'visa 'vɛːgən]
deelnemen (ww)	att delta	[at 'dɛlʲta]
delen (wisk.)	att dividera	[at divi'dera]
denken (ww)	att tänka	[at 'tɛŋka]
doden (ww)	att döda, att mörda	[at 'døːda], [at 'møːɖa]
doen (ww)	att göra	[at 'jøːra]
dresseren (ww)	att dressera	[at drɛ'sera]
drinken (ww)	att dricka	[at 'drika]
drogen (klederen, haar)	att torka	[at 'tɔrka]
dromen (in de slaap)	att drömma	[at 'drœma]
dromen (over vakantie ~)	att drömma	[at 'drœma]
duiken (ww)	att dyka	[at 'dyka]
durven (ww)	att våga	[at 'voːga]
duwen (ww)	att knuffa, att skjuta	[at 'knufa], [at 'ɧʉːta]
een auto besturen	att köra bil	[at 'ɕøːra ˌbilʲ]
een bad geven	att bada	[at 'bada]
een bad nemen	att tvätta sig	[at 'tvæta sɛj]
een conclusie trekken	att dra en slutsats	[at 'dra en 'slʉːtsats]

een foto maken (ww)	att fotografera	[at fʊtʊgra'fera]
eisen (met klem vragen)	att kräva	[at 'krɛːva]
erkennen (schuld)	att erkänna	[at ɛ:'ɕɛna]
erven (ww)	att ärva	[at 'æːrva]

eten (ww)	att äta	[at 'ɛːta]
excuseren (vergeven)	att ursäkta	[at 'ʉːˌsɛkta]
existeren (bestaan)	att existera	[at ɛksi'stera]
feliciteren (ww)	att gratulera	[at gratʉ'lʲera]
gaan (te voet)	att gå	[at 'goː]

gaan slapen	att gå till sängs	[at 'goː tilʲ 'sɛŋs]
gaan zitten (ww)	att sätta sig	[at 'sæta sɛj]
gaan zwemmen	att bada	[at 'bada]
garanderen (garantie geven)	att garantera	[at garan'tera]

gebruiken (bijv. een potlood ~)	att använda	[at 'anˌvɛnda]
gebruiken (woord, uitdrukking)	att använda	[at 'anˌvɛnda]
geconserveerd zijn (ww)	att bevaras	[at be'varas]
gedateerd zijn (ww)	att datera sig	[at da'tera sɛj]
gehoorzamen (ww)	att underordna sig	[at 'undərˌɔːdna sɛj]

gelijken (op elkaar lijken)	att likna	[at 'likna]
geloven (vinden)	att tro	[at 'trʊ]
genoeg zijn (ww)	att vara nog	[at 'vara ˌnoːg]
geven (ww)	att ge	[at jeː]
gieten (in een beker ~)	att hälla upp	[at 'hɛlʲa up]

glimlachen (ww)	att småle	[at 'smoːlʲe]
glimmen (glanzen)	att skina	[at 'ʃina]
gluren (ww)	att kika, att titta	[at 'ɕika], [at 'tita]
goed raden (ww)	att gissa	[at 'jisa]
gooien (een steen, enz.)	att kasta	[at 'kasta]

grappen maken (ww)	att skämta, att skoja	[at 'ʃɛmta], [at 'skɔja]
graven (tunnel, enz.)	att gräva	[at 'grɛːva]
haasten (iemand ~)	att skynda	[at 'ʃʏnda]
hebben (ww)	att ha	[at 'ha]
helpen (hulp geven)	att hjälpa	[at 'jɛlʲpa]

herhalen (opnieuw zeggen)	att upprepa	[at 'uprepa]
herinneren (ww)	att minnas	[at 'minas]
herinneren aan ... (afspraak, opdracht)	att påminna	[at 'poˌmina]
herkennen (identificeren)	att känna igen	[at 'ɕɛna 'ijɛn]
herstellen (repareren)	at reparere	[at repa'rera]

het haar kammen	att kamma	[at 'kama]
hopen (ww)	att hoppas	[at 'hɔpas]
horen (waarnemen met het oor)	att höra	[at 'høːra]
houden van (muziek, enz.)	att tycka om	[at 'tyka ɔm]
huilen (wenen)	att gråta	[at 'groːta]
huiveren (ww)	att rysa	[at 'rysa]

huren (een boot ~)	att hyra	[at 'hyra]
huren (huis, kamer)	att hyra	[at 'hyra]
huren (personeel)	att anställa	[at 'anˌstɛlʲa]
imiteren (ww)	att imitera	[at imi'tera]

importeren (ww)	att importera	[at impɔ:'ʈera]
inenten (vaccineren)	att vaksinera	[at vaksi'nera]
informeren (informatie geven)	att informera	[at infɔr'mera]
informeren naar ... (navraag doen)	att få veta	[at fo: 'veta]
inlassen (invoegen)	att sätta in	[at 'sæta in]

inpakken (in papier)	att packa in	[at 'paka in]
inspireren (ww)	att inspirera	[at inspi'rera]
instemmen (akkoord gaan)	att samtycka	[at 'samˌtʏka]
interesseren (ww)	att intressera	[at intrɛ'sera]

irriteren (ww)	att irritera	[at iri'tera]
isoleren (ww)	att isolera	[at isʊ'lʲera]
jagen (ww)	att jaga	[at 'jaga]
kalmeren (kalm maken)	att lugna	[at 'lʉgna]

kennen (kennis hebben van iemand)	att känna	[at 'ɕɛna]
kennismaken (met ...)	att göra bekantskap med	[at 'jø:ra be'kantˌskap me]
kiezen (ww)	att välja	[at 'vɛlja]
kijken (ww)	att se	[at 'se:]

klaarmaken (een plan ~)	att förbereda	[at 'førbəˌreda]
klaarmaken (het eten ~)	att laga	[at 'lʲaga]
klagen (ww)	att klaga	[at 'klʲaga]
kloppen (aan een deur)	att knacka	[at 'knaka]

kopen (ww)	att köpa	[at 'ɕø:pa]
kopieën maken	att kopiera	[at kɔ'pjera]
kosten (ww)	att kosta	[at 'kɔsta]
kunnen (ww)	att kunna	[at 'kuna]
kweken (planten ~)	att odla	[at 'ʊdlʲa]

254. Werkwoorden L-R

lachen (ww)	att skratta	[at 'skrata]
laden (geweer, kanon)	att ladda	[at 'lʲada]
laden (vrachtwagen)	att lasta	[at 'lʲasta]
laten vallen (ww)	att tappa	[at 'tapa]

lenen (geld ~)	att låna	[at 'lʲo:na]
leren (lesgeven)	att undervisa	[at 'undəˌvisa]
leven (bijv. in Frankrijk ~)	att bo	[at 'bʊ:]
lezen (een boek ~)	att läsa	[at 'lʲɛ:sa]

lid worden (ww)	att ansluta sig till ...	[at 'anˌslʉ:ta sɛj tilʲ ...]
liefhebben (ww)	att älska	[at 'ɛlʲska]
liegen (ww)	att ljuga	[at 'jʉ:ga]

liggen (op de tafel ~)	att ligga	[at 'liga]
liggen (persoon)	att ligga	[at 'liga]
lijden (pijn voelen)	att lida	[at 'lida]
losbinden (ww)	att lösa upp	[at 'lʲøːsa up]
luisteren (ww)	att lyssna	[at 'lʲysna]
lunchen (ww)	att äta lunch	[at 'ɛːta ‚lʉnɕ]
markeren (op de kaart, enz.)	att markera	[at mar'kera]
melden (nieuws ~)	att meddela	[at 'me‚delʲa]
memoriseren (ww)	att memorera	[at memɔ'rera]
mengen (ww)	att blanda	[at 'blʲanda]
mikken op (ww)	att sikta på ...	[at 'sikta pɔ ...]
minachten (ww)	att förakta	[at fø'rakta]
moeten (ww)	att måste	[at 'moːstə]
morsen (koffie, enz.)	att spilla	[at 'spilʲa]
naderen (dichterbij komen)	att närma sig	[at 'næːrma sɛj]
neerlaten (ww)	att sänka	[at 'sɛŋka]
nemen (ww)	att ta	[at ta]
nodig zijn (ww)	att vara behövd	[at 'vara be'høːvd]
noemen (ww)	att kalla	[at 'kalʲa]
noteren (opschrijven)	att notera	[at nʊ'tera]
omhelzen (ww)	att omfamna	[at 'ɔm‚famna]
omkeren (steen, voorwerp)	att vända	[at 'vɛnda]
onderhandelen (ww)	att förhandla	[at før'handlʲa]
ondernemen (ww)	att företa	[at 'førə‚ta]
onderschatten (ww)	att underskatta	[at 'undə‚skata]
onderscheiden (een ereteken geven)	att belöna	[at be'lʲøːna]
onderstrepen (ww)	att understryka	[at 'undə‚stryka]
ondertekenen (ww)	att underteckna	[at 'undə‚tɛkna]
onderwijzen (ww)	att instruera	[at instrʉ'era]
onderzoeken (alle feiten, enz.)	att undersöka	[at 'undə‚ʂøːka]
ongerust maken (ww)	att bekymra, att oroa	[at be'ɕymra], [at 'ʊːrʊa]
onmisbaar zijn (ww)	att vara nödvändig	[at 'vara 'nøːd‚vɛndig]
ontbijten (ww)	att äta frukost	[at 'ɛːta 'frʉːkɔst]
ontdekken (bijv. nieuw land)	att upptäcka	[at 'up‚tɛka]
ontkennen (ww)	att förneka	[at fœːˈŋeka]
ontlopen (gevaar, taak)	att undgå	[at 'und‚goː]
ontnemen (ww)	att beröva	[at be'røːva]
ontwerpen (machine, enz.)	att projektera	[at prʊŋɛk'tera]
oorlog voeren (ww)	att vara i krig	[at 'vara i ‚krig]
op orde brengen	att bringa ordning	[at 'briŋa 'ɔːdŋiŋ]
opbergen (in de kast, enz.)	att lägga undan	[at 'lʲɛga 'undan]
opduiken (ov. een duikboot)	att dyka upp	[at 'dyka up]
openen (ww)	att öppna	[at 'øpna]
ophangen (bijv. gordijnen ~)	att hänga	[at 'hɛŋa]

ophouden (ww)	att sluta	[at 'slʉ:ta]
oplossen (een probleem ~)	att lösa	[at 'lʲø:sa]
opmerken (zien)	att märka	[at 'mæ:rka]
opmerken (zien)	att märka	[at 'mæ:rka]
opscheppen (ww)	att skryta	[at 'skryta]
opschrijven (op een lijst)	att skriva in	[at 'skriva in]
opschrijven (ww)	att skriva ner	[at 'skriva ner]
opstaan (uit je bed)	att gå upp	[at 'go: 'up]
opstarten (project, enz.)	att starta	[at sta:ʈa]
opstijgen (vliegtuig)	att lyfta	[at 'lʲyfta]
optreden (resoluut ~)	att handla	[at 'handlʲa]
organiseren (concert, feest)	att arrangera	[at aran'ʃera]
overdoen (ww)	att göra om	[at 'jø:ra ɔm]
overheersen (dominant zijn)	att dominera	[at domi'nera]
overschatten (ww)	att övervärdera	[at 'ø:vəvæˌɖera]
overtuigd worden (ww)	att vara övertygad	[at 'vara 'ø:vəˌtygad]
overtuigen (ww)	att överbevisa	[at 'ø:vəˌbe'visa]
passen (jurk, broek)	att passa	[at 'pasa]
passeren	att passera	[at pa'sera]
(~ mooie dorpjes, enz.)		
peinzen (lang nadenken)	att grubbla	[at 'grublʲa]
penetreren (ww)	att tränga in	[at 'trɛŋa in]
plaatsen (ww)	att lägga	[at 'lʲɛga]
plaatsen (zetten)	att placera	[at plʲa'sera]
plannen (ww)	att planera	[at plʲa'nera]
plezier hebben (ww)	att ha roligt	[at ha 'rʊlit]
plukken (bloemen ~)	att plocka	[at 'plʲoka]
prefereren (verkiezen)	att föredra	[at 'førədra]
proberen (trachten)	att pröva	[at 'prø:va]
proberen (trachten)	att försöka	[at fœ:'ʂø:ka]
protesteren (ww)	att protestera	[at prʊtə'stera]
provoceren (uitdagen)	att provocera	[at prʊvʊ'sera]
raadplegen (dokter, enz.)	att konsultera	[at kɔnsulʲ'tera]
rapporteren (ww)	att rapportera	[at rapo'ʈera]
redden (ww)	att rädda	[at 'rɛda]
regelen (conflict)	att lösa	[at 'lʲø:sa]
reinigen (schoonmaken)	att rengöra	[at rɛn'jø:ra]
rekenen op ...	att räkna med ...	[at 'rɛkna me ...]
rennen (ww)	att löpa, att springa	[at 'lʲø:pa], [at 'spriŋa]
reserveren	att reservera	[at resɛr'vera]
(een hotelkamer ~)		
rijden (per auto, enz.)	att åka	[at 'o:ka]
rillen (ov. de kou)	att skälva	[at 'ɦɛlʲva]
riskeren (ww)	att riskera	[at ris'kera]
roepen (met je stem)	att kalla	[at 'kalʲa]
roepen (om hulp)	att tillkalla	[at 'tilʲˌkalʲa]

ruiken (bepaalde geur verspreiden)	att lukta	[at 'lʉkta]
ruiken (rozen)	att lukta	[at 'lʉkta]
rusten (verpozen)	att vila	[at 'vilʲa]

255. Verbs S-V

samenstellen, maken (een lijst ~)	att sammanställa	[at 'saman‚stɛlʲa]
schieten (ww)	att skjuta	[at 'hʉ:ta]
schoonmaken (bijv. schoenen ~)	att rensa	[at 'rɛnsa]
schoonmaken (ww)	att städa	[at 'stɛda]

schrammen (ww)	att klösa	[at 'klʲø:sa]
schreeuwen (ww)	att skrika	[at 'skrika]
schrijven (ww)	att skriva	[at 'skriva]
schudden (ww)	att rista	[at 'rista]

selecteren (ww)	att välja ut	[at 'vɛlja ʉt]
simplificeren (ww)	att förenkla	[at fø'rɛŋklʲa]
slaan (een hond ~)	att slå	[at 'slʲo:]
sluiten (ww)	att stänga	[at 'stɛŋa]

smeken (bijv. om hulp ~)	att bönfalla	[at 'bøn‚falʲa]
souperen (ww)	att äta kvällsmat	[at 'ɛ:ta 'kvɛlʲs‚mat]
spelen (bijv. filmacteur)	att spela	[at 'spelʲa]
spelen (kinderen, enz.)	att leka	[at 'lʲeka]

spreken met ...	att tala med ...	[at 'talʲa me ...]
spuwen (ww)	att spotta	[at 'spota]
stelen (ww)	att stjäla	[at 'hɛ:lʲa]
stemmen (verkiezing)	att rösta	[at 'rœsta]
steunen (een goed doel, enz.)	att stödja	[at 'stœdja]

stoppen (pauzeren)	att stanna	[at 'stana]
storen (lastigvallen)	att störa	[at 'stø:ra]
strijden (tegen een vijand)	att kämpa	[at 'ɕɛmpa]
strijden (ww)	att kämpa	[at 'ɕɛmpa]

strijken (met een strijkbout)	att stryka	[at 'stryka]
studeren (bijv. wiskunde ~)	att studera	[at stu'dera]
sturen (zenden)	att skicka	[at 'ɧika]
tellen (bijv. geld ~)	att räkna	[at 'rɛkna]

terugkeren (ww)	att komma tillbaka	[at 'kɔma tilʲ'baka]
terugsturen (ww)	att skicka tillbaka	[at 'ɧika tilʲ'baka]
toebehoren aan ...	att tillhöra ...	[at 'tilʲ‚hø:ra ...]
toegeven (zwichten)	att ge efter	[at je: 'ɛftər]

toenemen (on. ww)	att öka	[at 'ø:ka]
toespreken (zich tot iemand richten)	att tilltala	[at 'tilʲ‚talʲa]

toestaan (goedkeuren)	att tillåta	[at 'tilʲoːta]
toestaan (ww)	att tillåta	[at 'tilʲoːta]

toewijden (boek, enz.)	att tillägna	[at 'tilʲˌɛgna]
tonen (uitstallen, laten zien)	att visa	[at 'visa]
trainen (ww)	att träna	[at 'trɛːna]
transformeren (ww)	att transformera	[at trasfɔr'mera]

trekken (touw)	att dra	[at 'dra]
trouwen (ww)	att gifta sig	[at 'jifta sɛj]
tussenbeide komen (ww)	att intervenera	[at intərve'nera]
twijfelen (onzeker zijn)	att tvivla	[at 'tvivlʲa]

uitdelen (pamfletten ~)	att dela ut	[at 'delʲa ʉt]
uitdoen (licht)	att släcka	[at 'slʲɛka]
uitdrukken (opinie, gevoel)	att uttrycka	[at 'ʉtˌtryka]
uitgaan (om te dineren, enz.)	att gå ut	[at 'goː ʉt]
uitlachen (bespotten)	att håna	[at 'hoːna]

uitnodigen (ww)	att inbjuda, att invitera	[at in'bjʉːda], [at invi'tera]
uitrusten (ww)	att utrusta	[at 'ʉtˌrusta]
uitsluiten (wegsturen)	att utesluta	[at 'ʉtəˌslʉːta]
uitspreken (ww)	att uttala	[at 'ʉtˌtalʲa]

uittorenen (boven ...)	att höja sig	[at 'høːja sɛj]
uitvaren tegen (ww)	att skälla	[at 'ɧɛlʲa]
uitvinden (machine, enz.)	att uppfinna	[at 'upˌfina]
uitwissen (ww)	att radera ut	[at ra'dera ʉt]

vangen (ww)	att fånga	[at 'fɔŋa]
vastbinden aan ...	att binda fast	[at 'binda fast]
vechten (ww)	att slåss	[at 'slʲɔs]
veranderen (bijv. mening ~)	att ändra	[at 'ɛndra]

verbaasd zijn (ww)	att bli förvånad	[at bli før'voːnad]
verbazen (verwonderen)	att förvåna	[at før'voːna]
verbergen (ww)	att gömma	[at 'jœma]
verbieden (ww)	att förbjuda	[at før'bjʉːda]

verblinden (andere chauffeurs)	att blända	[at 'blʲɛnda]
verbouwereerd zijn (ww)	att vara förvirrad	[at 'vara før'virad]
verbranden (bijv. papieren ~)	att bränna	[at 'brɛna]
verdedigen (je land ~)	att försvara	[at fœ:'ʂvara]

verdenken (ww)	att misstänka	[at 'misˌtɛŋka]
verdienen (een complimentje, enz.)	att förtjäna	[at fœ:'ɕɛːna]
verdragen (tandpijn, enz.)	att tåla	[at 'toːlʲa]
verdrinken (in het water omkomen)	att drunkna	[at 'drʉŋkna]

verdubbelen (ww)	att fördubbla	[at fœ:'dublʲa]
verdwijnen (ww)	att försvinna	[at fœ:'ʂvina]
verenigen (ww)	att förena	[at 'førena]
vergelijken (ww)	att jämföra	[at 'jɛmˌføra]

vergeten (achterlaten)	att lämna	[at 'lˈɛmna]
vergeten (ww)	att glömma	[at 'glˈœma]
vergeven (ww)	att förlåta	[at 'fœː͵lˈoːta]
vergroten (groter maken)	att öka	[at 'øːka]
verklaren (uitleggen)	att förklara	[at før'klˈara]

verklaren (volhouden)	att påstå	[at 'pɔ͵stɔː]
verklikken (ww)	att ange	[at 'aŋnə]
verkopen (per stuk ~)	att sälja	[at 'sɛlja]
verlaten (echtgenoot, enz.)	att efterlämna	[at 'ɛftə͵lˈɛmna]
verlichten (gebouw, straat)	att belysa	[at be'lˈysa]

verlichten (gemakkelijker maken)	att lätta	[at 'lˈæta]
verliefd worden (ww)	att förälska sig	[at fø'rɛlˈska sɛj]
verliezen (bagage, enz.)	att mista	[at 'mista]
vermelden (praten over)	att omnämna	[at 'ɔm͵nɛmna]

vermenigvuldigen (wisk.)	att multiplicera	[at mulˈtipli'sera]
verminderen (ww)	att minska	[at 'minska]
vermoeid raken (ww)	att bli trött	[at bli 'trœt]
vermoeien (ww)	att trötta	[at 'trœta]

256. Verbs V-Z

vernietigen (documenten, enz.)	att förstöra	[at 'fœː͵støːra]
veronderstellen (ww)	att anta, att förmoda	[at 'anta], [at før'mʉda]
verontwaardigd zijn (ww)	att bli indignerad	[at bli indl'nˈerad]
veroordelen (in een rechtszaak)	att döma	[at 'døːma]

veroorzaken ... (oorzaak zijn van ...)	att vara orsak	[at 'vara 'ʉːʂak]
verplaatsen (ww)	att flytta	[at 'flˈyta]
verpletteren (een insect, enz.)	att krossa	[at 'krɔsa]

| verplichten (ww) | att tvinga | [at 'tviŋa] |
| verschijnen (bijv. boek) | att komma ut | [at 'kɔma ʉt] |

verschijnen (in zicht komen)	att dyka upp	[at 'dyka up]
verschillen (~ van iets anders)	att skilja sig från ...	[at 'ɧilja sɛj frɔn ...]
versieren (decoreren)	att pryda	[at 'pryda]
verspreiden (pamfletten, enz.)	att dela ut	[at 'delˈa ʉt]

verspreiden (reuk, enz.)	att sprida	[at 'sprida]
versterken (positie ~)	att stärka	[at 'stærka]
verstommen (ww)	att tystna	[at 'tʏsna]
vertalen (ww)	att översätta	[at 'øːvə͵sæta]
vertellen (verhaal ~)	att berätta	[at be'ræta]
vertrekken (bijv. naar Mexico ~)	att avresa	[at 'av͵resa]

241

vertrouwen (ww)	att lita på	[at 'lita pɔ]
vervolgen (ww)	att fortsätta	[at 'fʊt‚sæta]
verwachten (ww)	att förvänta	[at før'vɛnta]

verwarmen (ww)	att värma	[at 'væ:rma]
verwarren (met elkaar ~)	att förväxla	[at før'vɛkslʲa]
verwelkomen (ww)	att hälsa	[at 'hɛlʲsa]
verwezenlijken (ww)	att realisera	[at reali'sera]

verwijderen (een obstakel)	att undanröja	[at 'undan‚rø:ja]
verwijderen (een vlek ~)	att ta bort	[at ta 'bɔ:t]
verwijten (ww)	att förebrå	[at 'førəbro:]
verwisselen (ww)	att växla	[at 'vɛkslʲa]
verzoeken (ww)	att be	[at 'be:]

verzuimen (school, enz.)	att missa	[at 'misa]
vies worden (ww)	att smutsa ned sig	[at 'smutsa ned sɛj]
vinden (denken)	att tro	[at 'trʊ]
vinden (ww)	att finna	[at 'fina]

vissen (ww)	att fiska	[at 'fiska]
vleien (ww)	att smickra	[at 'smikra]
vliegen (vogel, vliegtuig)	att flyga	[at 'flʲyga]
voederen (een dier voer geven)	att mata	[at 'mata]

volgen (ww)	att följa efter ...	[at 'følja 'ɛftər ...]
voorstellen (introduceren)	att presentera	[at presən'tera]
voorstellen (Mag ik jullie ~)	att presentera	[at presən'tera]
voorstellen (ww)	att föreslå	[at 'førə‚slʲo:]

voorzien (verwachten)	att förutse	[at 'førʉt‚se]
vorderen (vooruitgaan)	att gå framåt	[at 'go: 'framo:t]
vormen (samenstellen)	att bilda, att forma	[at 'bilʲda], [at 'forma]
vullen (glas, fles)	att fylla	[at 'fylʲa]

waarnemen (ww)	att observera	[at ɔbsɛr'vera]
waarschuwen (ww)	att varna	[at 'va:ŋa]
wachten (ww)	att vänta	[at 'vɛnta]
wassen (ww)	att tvätta	[at 'tvæta]

weerspreken (ww)	att invända	[at 'in‚vɛnda]
wegdraaien (ww)	att vända sig bort	[at 'vɛnda sɛj 'bɔ:t]
wegdragen (ww)	att ta bort	[at ta 'bɔ:t]
wegen (gewicht hebben)	att väga	[at 'vɛ:ga]

wegjagen (ww)	att jaga bort	[at 'jaga bo:t]
weglaten (woord, zin)	att utelämna	[at 'ʉtə‚lʲɛmna]
wegvaren (uit de haven vertrekken)	att kasta loss	[at 'kasta 'lʲɔs]
weigeren (iemand ~)	att avslå	[at 'av‚slʲo:]

wekken (ww)	att väcka	[at 'vɛka]
wensen (ww)	att önska	[at 'ønska]
werken (ww)	att arbeta	[at 'ar‚beta]
weten (ww)	att veta	[at 'veta]

willen (verlangen)	att vilja	[at 'vilja]
wisselen (omruilen, iets ~)	att utväxla	[at 'ʉt‚vɛksla]
worden (bijv. oud ~)	att bli	[at 'bli]
worstelen (sport)	att brottas	[at 'brɔtas]
wreken (ww)	att hämnas	[at 'hɛmnas]

zaaien (zaad strooien)	att så	[at soː]
zeggen (ww)	att säga	[at 'sɛːja]
zich baseerd op	att vara baserat på ...	[at 'vara ba'serat pɔ ...]
zich bevrijden van ... (afhelpen)	att bli kvitt ...	[at bli 'kvit ...]

zich concentreren (ww)	att koncentrera sig	[at kɔnsən'trera sɛj]
zich ergeren (ww)	att bli irriterad	[at bli iri'terad]
zich gedragen (ww)	att uppföra sig	[at 'up‚føra sɛj]
zich haasten (ww)	att skynda sig	[at 'ɦʏnda sɛj]
zich herinneren (ww)	att minnas	[at 'minas]

zich herstellen (ww)	att återhämta sig	[at 'oːter‚hɛmta sɛj]
zich indenken (ww)	att föreställa sig	[at 'førə‚stɛlʲa sɛj]
zich interesseren voor ...	att intressera sig	[at intrɛ'sera sɛj]
zich scheren (ww)	att raka sig	[at 'raka sɛj]

zich trainen (ww)	att träna	[at 'trɛːna]
zich verdedigen (ww)	att försvara sig	[at fœːʂvara sɛj]
zich vergissen (ww)	att göra fel	[at 'jøːra ‚felʲ]
zich verontschuldigen	att ursäkta sig	[at 'ʉː‚sɛkta sɛj]

zich verspreiden (meel, suiker, enz.)	att spillas ut	[at 'spilʲas ʉt]
zich vervelen (ww)	att ha tråkigt	[at ha 'troːkit]
zijn (ww)	att vara	[at 'vara]

zinspelen (ww)	att insinuera	[at insinʉ'era]
zitten (ww)	att sitta	[at 'sita]
zoeken (ww)	att söka ...	[at 'søːka ...]
zondigen (ww)	att synda	[at 'sʏnda]

zuchten (ww)	att sucka	[at 'suka]
zwaaien (met de hand)	att vinka	[at 'viɳka]
zwemmen (ww)	att simma	[at 'sima]
zwijgen (ww)	att tiga	[at 'tiga]

www.ingramcontent.com/pod-product-compliance
Lightning Source LLC
Chambersburg PA
CBHW071325090426
42738CB00012B/2796